W9-ARW-865

Level 2

¡Avancemos!

Cuaderno práctica por niveles

HOLT McDOUGAL
a division of Houghton Mifflin Harcourt

Printed in United States of America

ISBN-13: 978-0-618-76594-2
ISBN-10: 0-618-76594-8 40 0928 18
Internet: www.holtmcdougal.com 4500703396

TABLE OF CONTENTS

UNIDAD 1
Lección 1
Vocabulario A, B, C 1
Gramática A, B, C 4
Gramática A, B, C 7
Integración 10
Escuchar A, B, C 12
Leer A, B, C 15
Escribir A, B, C 18
Cultura A, B, C 21
Lección 2
Vocabulario A, B, C 24
Gramática A, B, C 27
Gramática A, B, C 30
Integración 33
Escuchar A, B, C 35
Leer A, B, C 38
Escribir A, B, C 41
Cultura A, B, C 44
Comparación cultural 47
UNIDAD 2
Lección 1
Vocabulario A, B, C 50
Gramática A, B, C 53
Gramática A, B, C 56
Integración 59
Escuchar A, B, C 61
Leer A, B, C 64
Escribir A, B, C 67
Cultura A, B, C 70
Lección 2
Vocabulario A, B, C 73
Gramática A, B, C 76
Gramática A, B, C 79
Integración 82
Escuchar A, B, C 84
Leer A, B, C 87
Escribir A, B, C 90
Cultura A, B, C 93
Comparación cultural 96
UNIDAD 3
Lección 1
Vocabulario A, B, C 99
Gramática A, B, C 102
Gramática A, B, C 105
Integración 108
Escuchar A, B, C 110
Leer A, B, C 113
Escribir A, B, C 116
Cultura A, B, C 119
Lección 2
Vocabulario A, B, C 122
Gramática A, B, C 125
Gramática A, B, C 128
Integración 131
Escuchar A, B, C 133
Leer A, B, C 136
Escribir A, B, C 139
Cultura A, B, C 142
Comparación cultural 145
UNIDAD 4
Lección 1
Vocabulario A, B, C 148
Gramática A, B, C 151
Gramática A, B, C 154
Integración 157
Escuchar A, B, C 159
Leer A, B, C 162
Escribir A, B, C 165
Cultura A, B, C 168
Lección 2
Vocabulario A, B, C 171
Gramática A, B, C 174
Gramática A, B, C 177
Integración 180
Escuchar A, B, C 182
Leer A, B, C 185
Escribir A, B, C 188
Cultura A, B, C 191
Comparación cultural 194

UNIDAD 5
Lección 1
Vocabulario A, B, C 197
Gramática A, B, C 200
Gramática A, B, C 203
Integración 206
Escuchar A, B, C 208
Leer A, B, C 211
Escribir A, B, C 214
Cultura A, B, C 217
Lección 2
Vocabulario A, B, C 220
Gramática A, B, C 223
Gramática A, B, C 226
Integración 229
Escuchar A, B, C 231
Leer A, B, C 234
Escribir A, B, C 237
Cultura A, B, C 240
Comparación cultural 243
UNIDAD 6
Lección 1
Vocabulario A, B, C 246
Gramática A, B, C 249
Gramática A, B, C 252
Integración 255
Escuchar A, B, C 257
Leer A, B, C 260
Escribir A, B, C 263
Cultura A, B, C 266
Lección 2
Vocabulario A, B, C 269
Gramática A, B, C 272
Gramática A, B, C 275
Integración 278
Escuchar A, B, C 280
Leer A, B, C 283
Escribir A, B, C 286
Cultura A, B, C 289
Comparación cultural 292
UNIDAD 7
Lección 1
Vocabulario A, B, C 295
Gramática A, B, C 298
Gramática A, B, C 301
Integración 304
Escuchar A, B, C 306
Leer A, B, C 309
Escribir A, B, C 312
Cultura A, B, C 315
Lección 2
Vocabulario A, B, C 318
Gramática A, B, C 321
Gramática A, B, C 324
Integración 327
Escuchar A, B, C 329
Leer A, B, C 332
Escribir A, B, C 335
Cultura A, B, C 338
Comparación cultural 341
UNIDAD 8
Lección 1
Vocabulario A, B, C 344
Gramática A, B, C 347
Gramática A, B, C 350
Integración 353
Escuchar A, B, C 355
Leer A, B, C 358
Escribir A, B, C 361
Cultura A, B, C 364
Lección 2
Vocabulario A, B, C 367
Gramática A, B, C 370
Gramática A, B, C 373
Integración 376
Escuchar A, B, C 378
Leer A, B, C 381
Escribir A, B, C 384
Cultura A, B, C 387
Comparación cultural 390
Vocabulary & Grammar Review Bookmarks 393

TO THE STUDENT:

Cuaderno práctica por niveles provides activities for practice at different levels of difficulty. Leveled vocabulary and grammar activities cover the entire content of each lesson of your student book. Other activity pages practice the content of the lesson while targeting a specific skill, such as listening. Within most categories of practice there are three pages, each at a different level of difficulty (A, B, and C). The A level is the easiest and C is the most challenging. The different levels of difficulty (A, B, C) are distinguished by the amount of support you're given. A level activities usually give you choices, B level activities often call for short answers to be written, and C level activities require longer answers.

The following sections are included in the **Cuaderno** for each lesson:

- **Vocabulario**
  Each page in this section has three activities that practice the lesson vocabulary.
- **Gramática**
  This section follows the same pattern as the **Vocabulario** section and reinforces the grammar points taught in each lesson.
- **Integración**
  Each of these pages has a pre-AP* activity that requires you to gather information from two different sources and respond to a related question. The source material is always presented in two different formats: written and spoken.
- **Escuchar**
  Each page in this section has two audio passages, each followed by a short activity. The passages allow you to practice your oral comprehension of Spanish.
- **Leer**
  This section contains short readings accompanied by **¿Comprendiste?** and **¿Qué piensas?** questions.
- **Escribir**
  In this section you are asked to write a short composition. A pre-writing activity will help you prepare to write your composition.
- **Cultura**
  Activities in this section focus on the cultural information found in each lesson.

* Pre-Ap is a registered trademark of the College Entrance Examination Board, which was not involved in the production of and does not endorse this product.

Nombre ______________________________ Clase ________________ Fecha __________

Vocabulario A

Level 2, pp. 36-40

¡AVANZA! **Goal:** Talk about air travel and other forms of transportation

1 ¿Qué necesito para viajar? Subraya la mejor expresión entre paréntesis para completar cada oración. *(Underline the best expression to complete each sentence.)*

1. Voy de vacaciones y primero necesito (confirmar el vuelo / pasar por seguridad).

2. Voy a Dallas y luego vuelvo a Miami. Necesito un boleto (de ida y vuelta / de ida).

2 Rosalía y Jorge se preparan para viajar. Completa la conversación con las siguientes palabras y expresiones. *(Complete the conversation.)*

el itinerario	facturar el equipaje	la identificación
hacer las maletas	el traje de baño	dónde queda

Rosalía: Vamos de viaje y voy a **1.** ____________________.
Debo traer **2.** ____________________ si vamos a la playa.

Jorge: ¿Tienes **3.** ____________________ para confirmar la hora del vuelo?

Rosalía: Sí, y también tengo **4.** ____________________ para abordar el avión.

Jorge: En el aeropuerto, vamos a hacer cola para **5.** ____________________.

Rosalía: Sí, y tenemos que preguntar **6.** ____________________ la puerta.

3 Estás de vacaciones en Madrid y necesitas llegar a tu hotel. ¿Cómo pides direcciones? Escribe tres preguntas usando los dibujos. *(Use the pictures and write questions asking for directions.)*

modelo:

1.

2.

3.

modelo: Por favor, ¿dónde queda la parada de autobús?

1. ____

2. ____

3. ____

Nombre ______________________ Clase ______________ Fecha __________

Vocabulario B

Level 2, pp. 36-40

¡AVANZA! **Goal:** Talk about your travel preparations, getting around in an airport and around town.

1 Antonio y Olivia van de vacaciones. ¿Qué necesitan hacer? Pon las actividades en orden del 1 al 6. *(Write what Antonio and Olivia need to do in order from 1 to 6.)*

____ comprar el boleto de ida y vuelta ____ facturar el equipaje

____ llegar al aeropuerto ____ hacer las maletas

____ pasar por seguridad ____ abordar

2 Usa los dibujos para completar las oraciones. *(Use the drawings to complete the sentences.)*

1. 

2. 

1. La señora García compra un boleto en ______________ .
2. Ellos hacen cola para ______________________________

3 Piensa en un(a) amigo(a). En una oración, escribe adónde va a viajar. Escribe otra oración para decir cómo busca transporte. *(Write two sentences about a friend or relative's trip and how they ask about transportation.)*

1. ____
____
2. ____
____

Nombre ____________________ Clase ______________ Fecha ______________

Vocabulario C

Level 2, pp. 36-40

¡AVANZA! **Goal:** Talk about your travel preparations, getting around in an airport and around town.

1 Lidia quiere viajar. Completa las oraciones con la letra de las palabras correctas de la caja. *(Choose the correct words from the box.)*

a. el boleto	**d.** traje de baño	**f.** el reclamo de equipaje
b. confirmar el vuelo	**e.** facturar el equipaje	**g.** va de viaje
c. el itinerario		

Lidia ____ porque es verano y no tiene clases. Necesita comprar ____ y hacer ____ con un agente de viajes. Antes de viajar, tiene que ____ . En el aeropuerto, tiene que ____. Después del vuelo, buscar las maletas en ____. Lidia trae en el equipaje su ____ para ir a la playa.

2 Mira los dibujos y escribe oraciones completas para decir qué hacen estas personas cuando van de viaje. *(Describe the drawings in complete sentences.)*

1.

2.

3.
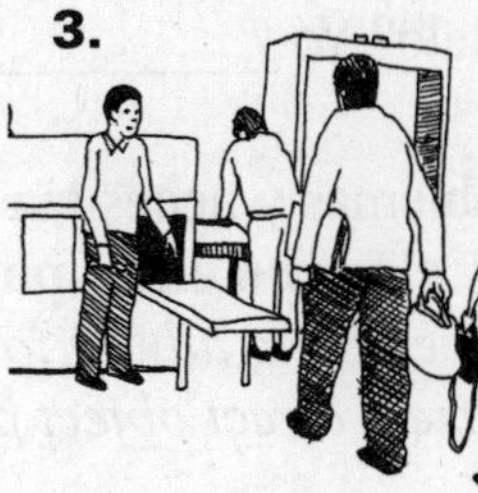
4.

1. ____
2. ____
3. ____
4. ____

3 Marcela llega a Puerto Rico y le pide direcciones al agente de turismo. Completa la conversación con tres oraciones entre Marcela y el agente. *(Complete this conversation.)*

Marcela: Por favor, ¿dónde queda el Hotel Bellavista?

Agente: ____

Marcela: ____

Agente: ____

Nombre ______________________ Clase ______________ Fecha __________

UNIDAD 1 • Lección 1 Gramática A

Gramática A *Direct object pronouns*

Level 2, pp. 41-45

¡AVANZA! **Goal:** Use **direct object pronouns** in place of nouns.

1 Rosalba y Manuel verifican si tienen todo para el viaje. Subraya el pronombre de objeto directo correcto. *(Underline the correct direct object pronoun.)*

1. ¿Tienes la maleta? No, no (lo / la) tengo.
2. Mi tío tiene las maletas en su coche. Va a facturar (los / las) en el aeropuerto.
3. ¿Quién tiene el itinerario? Rosalba (lo / la) tiene.
4. No tengo los pasaportes. Manuel (las / los) tiene.

2 Dos chicos hablan de su viaje. Completa la oración con **lo, los, la** o **las** delante del verbo. *(Choose one).*

1. La agencia de viajes vende boletos; yo __________ compro.
2. No sé dónde está mi maleta; Luis __________ busca.
3. El taxi no está aquí; nosotros __________ llamamos.
4. ¿Ves a las auxiliares de vuelo? Yo __________ veo en la puerta.

3 Miguel y Linda tienen problemas y necesitan ayuda. Escríbeles tu consejo en una oración completa. Usa **tener que** y el **verbo entre paréntesis**. Usa el pronombre de objeto directo apropiado. *(Write a sentence giving advice to Miguel and Linda. Use **tener que**, the verb in parentheses, and the correct direct object pronoun.)*

modelo **Ana:** No tengo **el boleto.**
Tú: (comprar) Tienes que compra**rlo** con el agente de viajes. (*Or*) **Lo** tienes que comprar con el agente de viajes.

1. **Miguel:** No encuentro **la tarjeta de embarque.**
   Tú: (buscar) ______________________________
2. **Miguel:** No veo **las puertas** de salida.
   Tú: (buscar)
3. **Linda:** ¿Necesito facturar **mi equipaje**?
   Tú: (facturar) ______________________________
4. **Linda:** Necesito comprar **unos trajes de baño.**
   Tú: (comprar) ______________________________

Nombre ______________________ Clase ______________ Fecha __________

Gramática B *Direct object pronouns*

Level 2, pp. 41-45

¡AVANZA! **Goal:** Use **direct object pronouns** in place of direct object nouns.

1 Estas personas necesitan algo para viajar. Escoge el pronombre de objeto directo correcto para cada oración. *(Write the correct direct object pronoun.)*

lo
los
la
las

1. Luz y Miguel necesitan comprar maletas. Van a comprar__________.
2. Mis abuelos necesitan dos boletos para viajar a Miami. Quieren comprar__________ con el agente de viajes.
3. Mi prima necesita su identificación para pasar por seguridad. Tiene que buscar__________ en su equipaje.
4. Inés necesita su pasaporte. __________ necesita para viajar.

2 Describe qué hacen Julia y su familia cuando van de viaje. Forma oraciones con un pronombre de objeto directo. *(Describe what Julia does.)*

modelo: Julia necesita boletos. **Ella los compra.**

1. Juan quiere comprar una maleta. ______________________
2. Mis tíos necesitan tomar un taxi. ______________________
3. Mi prima quiere comprar unos trajes de baño. ______________________

3 Completa este diálogo sobre el pasaporte de Marcos. Escribe tres oraciones completas y usa pronombres de objeto directo. *(Complete this dialog about Marcos' passport.)*

modelo **Diego:** ¡Marcos! ¡No tengo el pasaporte!
Marcos: ¡Ay, no! ¿No lo tienes en tu chaqueta?

____

____

____

Nombre ____________________ Clase ______________ Fecha __________

Gramática C *Direct object pronouns*

Level 2, pp. 41-45

¡AVANZA! **Goal:** Use **direct object pronouns** in place of direct object nouns.

1 ¡Las siguientes personas van de vacaciones! Escribe el pronombre de objeto directo apropiado para decir qué hace cada una. *(Write the corect direct object pronoun to complete the sentences.)*

1. Javier mira la pantalla; __________ mira para ver la hora de salida.
2. Mariela lleva el traje de baño en su maleta; __________ lleva para poder ir a la playa.
3. Mi abuela factura las maletas; luego __________ va a buscar en el reclamo de equipaje.
4. Felipe necesita ver a los agentes de viajes; Felipe necesita ver __________.

2 Contesta las preguntas sobre tus planes para las vacaciones. Sustituye los nombres por pronombres de objeto directo. *(Substitute with a direct object pronoun.)*

1. ¿Dónde compraste los boletos?

   ____

2. ¿Quién va a hacer las maletas?

   ____

3. ¿Vas a confirmar el vuelo?

   ____

4. ¿Necesitas el pasaporte cuando pasas por la aduana?

   ____

5. Después del vuelo, ¿necesitan buscar la parada de autobús?

   ____

3 Tú y tu amigo(a) viajan a otro país. Escribe cuatro oraciones sobre sus planes. Usa dos pronombres de objeto directo. *(Write about your vacation plans.)*

modelo: Mi amiga y yo vamos a... Voy a...

____

____

____

____

Nombre ______________________ Clase ______________ Fecha ____________

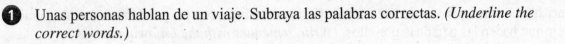

Gramática A *Indirect object pronouns*

Level 2, pp. 46-48

¡AVANZA! **Goal:** Use **indirect object pronouns** to accompany or replace indirect object nouns.

1 Unas personas hablan de un viaje. Subraya las palabras correctas. *(Underline the correct words.)*

1. El agente de viajes (me / te) da los boletos a mí.
2. La auxiliar de vuelo (me / te) pide la identificación a ti.
3. Las pasajeras (le / les) dan las tarjetas de embarque al auxiliar de vuelo.
4. Nuestros padres (nos / os) van a regalar un viaje a nosotros.

2 A veces, necesitamos ayuda cuando viajamos. Usa el pronombre de objeto indirecto apropiado para completar las siguientes oraciones. *(Complete the sentences with indirect object pronouns.)*

modelo: la agente de viajes / hacer un itinerario / para mí
La agente de viajes **me** hace un itinerario.

1. la agente de viajes / confirmar el vuelo / a mi papá
____
2. mi mamá / hacer las maletas / para nosotros
____
3. la pasajera / pide direcciones / a los agentes de la oficina de turismo
____
4. el muchacho / pregunta dónde queda la estación de tren / a ti
____

3 ¡Todo el mundo tiene preguntas! Completa las siguientes oraciones con **le** o **les**. *(Complete the sentences.)*

1. El señor __________ va a preguntar a Luz a qué hora sale el vuelo.
2. La auxiliar de vuelo __________ pregunta a los pasajeros si quieren un refresco.
3. El agente de viajes __________ tiene que confirmar el vuelo a los Solís.
4. ¿A quién __________ puedes comprar un boleto de ida y vuelta?

Nombre ______________________ Clase ______________ Fecha ________

Gramática B *Indirect object pronouns*

Level 2, pp. 46-48

¡AVANZA! **Goal:** Use **indirect object pronouns** to accompany or replace indirect object nouns.

1 Marisol y sus amigos van de vacaciones. Forma oraciones con las palabras de la caja para decir qué hacen las personas por ellos. *(Write sentences with the following words.)*

te	les	nos	le

1. Papá / confirmar el vuelo / a ti

____

2. el agente de viajes / vender un boleto / a ustedes

____

3. Mamá / comprar / un traje de baño / a nosotros

____

4. Nosotros / preguntar / dónde queda la estación de tren / a él

____

2 Completa el siguiente párrafo con **me**, **le** o **les**. *(Fill in the blanks with the appropriate indirect object pronoun.)*

La señora Mora **1.** __________ dice a Roberta que van a hacer un viaje a Cancún. Roberta **2.** __________ habla del viaje a sus hermanos. **3.** __________ dice que hay playas en Cancún. Sus hermanos **4.** __________ preguntan a ella si necesita ayuda para hacer la maleta.

3 Imagina que vas de viaje y contesta las siguientes preguntas con una oración original y completa. Usa los pronombres de objeto indirecto. *(Thinking about one of your own trips, answer the questions using indirect object pronouns.)*

modelo: ¿Quién te da el itinerario?
La agente de viajes **me** da el itinerario.

1. ¿A quién le pides direcciones para llegar a tu hotel?

____

2. ¿A quiénes les pides dinero para viajar?

____

Nombre ______________________ Clase ______________ Fecha ________

Gramática C *Indirect object pronouns*

Level 2, pp. 46-48

¡AVANZA! **Goal:** Learn the **indirect object pronouns**. Then use the pronouns to accompany or replace indirect object nouns.

1 ¿Qué pasa cuando viajamos? Completa las oraciones con **me, te, le, nos** o **les**. *(Complete the sentences with an appropriate form of the indirect object pronoun.)*

1. María __________ da un boleto a mí.
2. ¿Juan __________ hace la maleta a ti?
3. Cuando Nora pasa por la aduana __________ preguntan qué tiene en su maleta.
4. Nuestros padres __________ van a pagar el boleto. (a nosotros)
5. La pasajera __________ pregunta dónde está la puerta. (a ellos)

2 Escribe una oración nueva usando el pronombre de objeto indirecto correcto. Sigue el modelo. *(Write a new sentence using the correct pronoun.)*

modelo: Unos turistas piden direcciones (**a nosotros**).
Unos turistas **nos** piden direcciones (a nosotros).

1. Papá da la maleta (**a mi hermana**).
   ____
2. La auxiliar de vuelo da la tarjeta de embarque (**a los pasajeros**).
   ____
3. Mamá dice (**a Roberta**) que se van de viaje.
   ____
4. El auxiliar de vuelo pregunta (**a mí**) si quiero un refresco .
   ____
5. José da las maletas (**a Lourdes**).
   ____

3 Después del vuelo, bajas del avión. Escribe dos oraciones que digan a quién le haces preguntas para encontrar cosas que necesitas. Tienes que usar los pronombres de objeto indirecto. *(Write two sentences telling from whom you ask for things after your flight.)*

modelo: **Le** pregunto al auxiliar de vuelo dónde está el reclamo de equipaje.

1. ____
2. ____

Integración: Hablar

Level 2, pp. 49-51
WB CD 01 track 01

Mabel y su familia van de vacaciones, y una agencia de viajes los ayuda a organizar el viaje. *(A travel agent helps Mabel and her family organize their trip.)*

Fuente 1 Leer

Lee la confirmación que la agencia de viajes le manda a la familia. *(Read the e-mail.)*

A: **la famila Gómez** De: **«El cóndor»**
Tema: **Itinerario a Santiago de Chile**

¡Gracias por viajar con nosotros!

La agencia de viajes «El cóndor» tiene su reservación para cuatro boletos de ida y vuelta con Aerolínea Andina de Nueva York a Santiago de Chile el 4 de junio y de Santiago de Chile a Nueva York el 18 de junio. Es un vuelo directo de 13 horas e incluye dos comidas.

Abajo le mandamos el itinerario con toda la información que necesitan. Mañana van a recibir los boletos; los mandamos hoy.

Cada persona puede facturar una maleta grande y puede tener una maleta pequeña o una mochila en el avión.

Deben confirmar el vuelo con 24 horas de anticipación. Si tienen preguntas, deben llamar a un agente de viajes al 1-800-555-2525. ¡Buen viaje!

Fuente 2 Escuchar ***WB CD 01 track 02***

Escucha el anuncio en el aeropuerto. Toma apuntes. *(Listen to the airport announcement and take notes.)*

____

____

____

Hablar

Describe qué tiene que hacer la familia Gómez antes del vuelo y qué tienen que hacer en el aeropuerto. Incluye los detalles de su vuelo (fecha, hora, puerta, destino, etc.) y qué tienen que traer con ellos. *(Describe what the Gómez family has to do before their trip and at the airport. Include details about their flight.)*

modelo: Antes del viaje, la familia tiene que... En el aeropuerto, tienen que...

Integración: Escribir

Level 2, pp. 49-51
WB CD 01 track 03

La novelista Amanda Sanz publica su nuevo libro, un misterio sobre una mujer que viaja a Costa Rica. Lo que le pasa a ella allí es lo misterioso. *(Amanda Sanz's new book involves the mysterious events of a woman's trip to Costa Rica.)*

Fuente 1 Leer

Lee un poco del nuevo misterio de Amanda Sanz. *(Read part of Amanda Sanz's mystery novel.)*

> Viviana Vásquez entra al aeropuerto y compra su boleto a Costa Rica.
>
> —¿Un boleto de ida y vuelta? — le pregunta el agente. —No, de ida nada más. —contesta ella —Y no necesito facturar mi equipaje.
>
> El agente le da el boleto y ella pasa por seguridad. Le da su pasaporte al agente de seguridad. Él lo mira, luego la mira a ella, y mira el pasaporte otra vez.
>
> —No sabe que es un pasaporte falso —piensa Viviana. Ella toma su pasaporte y la pequeña maleta y aborda el avión.

Fuente 2 Escuchar *WB CD 01 track 04*

Escucha la descripción del libro en un anuncio de la radio. Toma apuntes. *(Listen to the book's description on the radio and take notes.)*

____

____

____

____

Escribir

Describe el misterio de Amanda Sanz. ¿Por qué va Viviana a Costa Rica y cómo sabemos que no va a volver? ¿Qué hace en el aeropuerto antes del vuelo y qué trae con ella? ¿Qué le pasa al llegar? *(Describe what happens in the mystery novel.)*

modelo: Sabemos que no va a volver porque... En el aeropuerto...

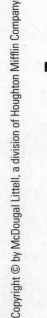

____

____

____

____

____

____

Nombre ______________________ Clase ______________ Fecha ________

Escuchar A

Level 2, pp. 56-57
WB CD 01 tracks 05-06

¡AVANZA! **Goal:** Listen to find out how Claudio and his family get ready for vacation.

1 Claudio hace un viaje. Escucha sus planes. Luego lee cada oración y contesta cierto o falso. *(Answer true or false.)*

C F **1.** Claudio va de vacaciones con su familia.

C F **2.** Va a viajar a California.

C F **3.** Pone su traje de baño en la maleta porque va a nadar.

C F **4.** Claudio hace el itinerario.

C F **5.** La abuela de Claudio habla con la agente de viajes.

C F **6.** Claudio no sabe dónde están los pasaportes.

2 ¿Qué hacen? Escucha la conversación de Claudio y su papá. Haz una línea desde el dibujo del miembro de la familia al dibujo que describe qué hace. *(Listen and connect the person to his/her task.)*

La abuela de Claudio

Claudio

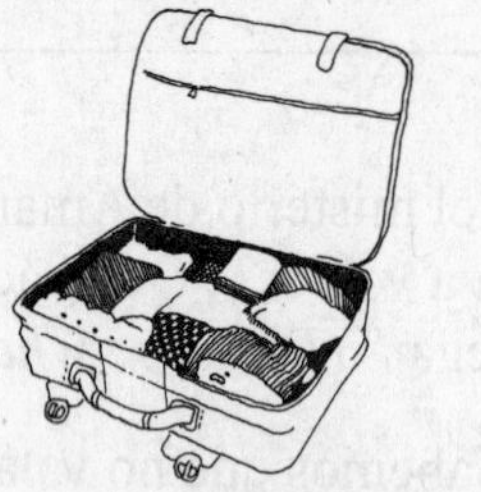

El papá de Claudio

La hermana de Claudio

Escuchar B

Level 2, pp. 56-57
WB CD 01 tracks 07-08

¡AVANZA! **Goal:** Listen to find out how Claudio's family gets ready for vacation.

1 Claudio hace un viaje. Escucha sus planes y luego completa las oraciones. *(Listen and complete the sentences.)*

1. Claudio va ______________________ con su familia.
2. Van a viajar a ______________________ .
3. Claudio pone el ______________________ en la maleta.
4. La abuela de Claudio prepara el ______________________ .
5. El papá de Claudio tiene los ______________________ en su cuarto.

2 ¿Qué hacen? Escucha la conversación de Claudio y su papá. Escribe el nombre del miembro de la familia debajo del dibujo que corresponde y luego describe qué hace en una oración completa. *(Who does each task?)*

1. ______________________

____

____

2.

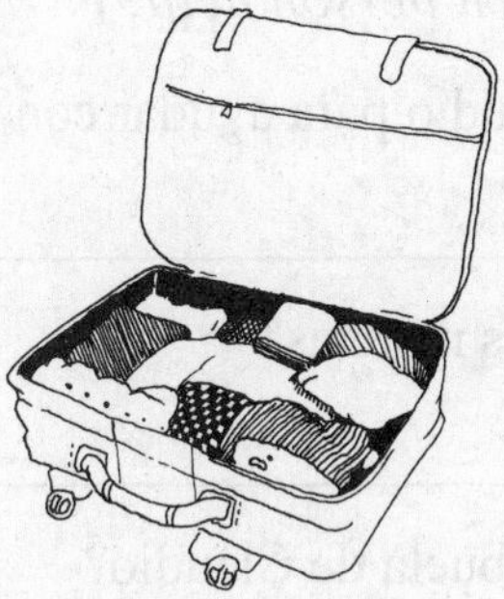

____

____

3.

____

____

4.

____

____

Escuchar C

Level 2, pp. 56-57
WB CD 01 tracks 09-10

¡AVANZA! **Goal:** Listen to find out how Claudio's family gets ready for vacation.

1 Claudio hace un viaje. Toma apuntes de qué hace la familia de Claudio y describe en una oración completa cómo se prepara para su viaje. Usa las palabras entre paréntesis. *(Use the clues to describe Claudio's plans.)*

1. (el viaje) ______________________
2. (las maletas) ______________________
3. (el traje de baño) ______________________
4. (itinerario) ______________________
5. (los pasaportes) ______________________

2 ¿Qué hace? Escucha la conversación que describe cómo la familia de Claudio ayuda con el viaje. Toma apuntes y luego, contesta las preguntas con oraciones completas. *(How does each person help?)*

1. ¿Qué hace Claudio para ayudar con el viaje?

   ____

2. ¿Quién hace las maletas?

   ____

3. ¿Qué hace la abuela de Claudio?

   ____

4. ¿Cómo ayuda la hermana de Claudio con el viaje?

   ____

Nombre ______________________ Clase ______________ Fecha __________

Leer A

Level 2, pp. 56-57

¡AVANZA! **Goal:** Read about planning a trip.

¡Atención, pasajeros de vuelos internacionales!

Los viajeros de vuelos internacionales deben tener todos los documentos necesarios antes de viajar. Necesitan boleto, itinerario, pasaporte e identificación. Tienen que hacer las maletas. Después de llegar a su destino, deben buscar el equipaje y pasar por la aduana. Allí les van a mirar las maletas y el pasaporte. Luego, el pasajero puede entrar al país. Si necesita información sobre servicios de taxi, autobús u hoteles, puede ir a la oficina de turismo.

¿Comprendiste?

Lee cada oración y contesta **cierto** o **falso**. (*Answer true or false.*)

C F **1.** Es importante tener el boleto, el pasaporte y la identificación antes de viajar.

C F **2.** En la aduana miran las maletas.

C F **3.** En un viaje internacional, no tienes que pasar por la aduana.

C F **4.** En la oficina de turismo, puedes pedir direcciones.

¿Qué piensas?

1. ¿Conoces otro país o estado? Descríbelo.

____

____

____

2. ¿A qué país te gustaría viajar?

____

Nombre ______________________ Clase ______________ Fecha __________

Leer B

Level 2, pp. 56-57

¡AVANZA! **Goal:** Read about planning a trip.

Laura y su mamá no saben dónde están sus boletos. Ellas van a ir a Lima, pero primero tienen que ir a la agencia de viajes a buscar sus boletos y sus tarjetas de embarque. Ellas los necesitan para facturar el equipaje. Después de pasar por seguridad, quieren abordar el avión, así que leen la tarjeta de embarque para ver de qué puerta sale el vuelo.

Tarjeta de embarque

Número de vuelo:	617
De:	Los Ángeles
A:	Lima
Hora de salida:	5:00 p.m.
Puerta de salida:	C39

¿Comprendiste?

1. ¿A qué hora sale el vuelo de Los Ángeles?

____

2. ¿Adónde va el vuelo número 617?

____

3. ¿Qué hacen Laura y su mamá antes de llegar al aeropuerto?

____

4. ¿Cuándo llegan al aeropuerto, qué documentos necesitan para facturar el equipaje?

____

5. ¿Qué hacen después de pasar por seguridad?

____

¿Qué piensas?

1. ¿Vas a ir de viaje en avión? ¿A qué aeropuerto vas?

____

____

2. ¿Cómo prefieres viajar: en coche, en autobús, en tren o en avión? ¿Por qué?

____

Nombre ______________________ Clase ______________ Fecha ____________

Leer C

Level 2, pp. 56-57

¡AVANZA! **Goal:** Read about planning a trip.

¡Vamos a San Juan!

Alberto: Buenos días. Quiero ir a San Juan, Puerto Rico.

Agente de viajes: ¡Buenos días! Puedo ayudarlo. ¿Cuándo quiere ir?

Alberto: Quiero ir el lunes por la mañana y estar dos semanas.

Agente de viajes: Bueno, hay un vuelo que sale el lunes a las 10:00. Tiene que estar en el aeropuerto una hora antes del vuelo.

Alberto: ¡Perfecto!

Agente de viajes: ¿También necesita un hotel?

Alberto: Sí, por favor. Prefiero uno cerca de la playa porque me gusta nadar.

Agente de viajes: ¡Va a gustarle mucho! Voy a hacer un itinerario para su viaje.

¿Comprendiste?

1. ¿Qué quiere hacer Alberto?

____

2. ¿En qué lugar prefiere Alberto un hotel?

____

3. ¿Cómo ayuda el agente de viajes a Alberto a prepararse para su viaje?

____

¿Qué piensas?

1. ¿Piensas que Alberto tiene que estar en el aeropuerto una hora antes del vuelo? ¿Por qué?

____

____

____

2. ¿Adónde quieres ir de viaje? ¿Qué actividades te gusta hacer en tus vacaciones?

____

____

Nombre ______________________ Clase ______________ Fecha __________

Escribir A

Level 2, pp. 56-57

¡AVANZA! **Goal:** Write about a trip.

Step 1

Escribe qué tienes que hacer antes y después del vuelo. *(What do you do before and after your flight?)*

Antes del vuelo:	Después del vuelo:
1.	1.
2.	2.
3.	3.

Step 2

Usa la información de arriba (*above*) para escribirle una carta a un amigo o amiga sobre tus planes de viaje. Di con quién viajas, adónde viajas y qué haces antes y después de tu viaje.

Querido(a) ______________,

____

____

____

____

____

____

Step 3

Evaluate your writing using the information in the table.

Writing Criteria	Excellent	Good	Needs Work
Content	Your letter includes many details.	Your letter includes some details.	Your letter includes little information.
Communication	Most of your letter is clear.	Parts of your letter are clear.	Your letter is not very clear.
Accuracy	Your letter has few mistakes in grammar and vocabulary.	Your letter has some mistakes in grammar and vocabulary.	Your letter has many mistakes in grammar and vocabulary.

Nombre ______________________ Clase ____________ Fecha ________

Escribir B

Level 2, pp. 56-57

¡AVANZA! **Goal:** Write about planning a trip.

Step 1

Escribe lo que tienes que hacer antes y después del vuelo. *(What do you need to do before and after your flight?)*

Antes del vuelo:	Después del vuelo:

Step 2

Usa la información de arriba para escribir un párrafo sobre qué hay que hacer antes y después de un vuelo. Escribe seis oraciones completas, una para cada cosa que hay que hacer. *(Write six complete sentences, one for each of the things you need to do before and after a flight.)*

____

____

____

____

____

Step 2

Evaluate your writing using the information in the table.

Writing Criteria	Excellent	Good	Needs Work
Content	Your paragraph includes all of the information.	Your paragraph includes some of the information.	You paragraph includes little information.
Communication	Most of your paragraph is organized and easy to follow.	Parts of your paragraph are organized and easy to follow.	Your paragraph is disorganized and hard to follow.
Accuracy	Your paragraph has few mistakes in grammar and vocabulary.	Your paragraph has some mistakes in grammar and vocabulary.	Your paragraph has many mistakes in grammar and vocabulary.

Nombre ______________________________ Clase ________________ Fecha __________

UNIDAD 1 Lección 1 • Escribir C

Escribir C

Level 2, pp. 56-57

¡AVANZA! **Goal:** Write about planning a trip.

Step 1

Escribe lo que tienes que hacer antes y después del vuelo. *(What do you need to do before and after your flight?)*

Antes del vuelo: en casa	Antes del vuelo: en el aeropuerto	Después del vuelo: en el aeropuerto

Step 2

Con la información de la tabla, escribe un correo electrónico a un amigo o amiga a quien vas a visitar por avión. *(Write an email to the friend you are going to visit.)*

______________________________,

____

____

____

____

____

Step 3

Evaluate your writing using the information in the table.

Writing Criteria	Excellent	Good	Needs Work
Content	Your email includes all of the information.	Your email includes some of the information.	Your email includes little information.
Communication	Most of your email is clear.	Parts of your email are clear.	Your email is not very clear.
Accuracy	Your email has few mistakes in grammar and vocabulary.	Your email has some mistakes in grammar and vocabulary.	Your email has many mistakes in grammar and vocabulary.

Nombre _______________ Clase _______________ Fecha _______________

Cultura A

Level 2, pp. 56-57

¡AVANZA! **Goal:** Review cultural information about Costa Rica.

1 **Costa Rica** Indica si las siguientes oraciones sobre Costa Rica son **ciertas** o **falsas**. *(Circle true or false.)*

C F **1.** Costa Rica es un país grande de Sudamérica.

C F **2.** La capital de Costa Rica es San Juan.

C F **3.** Una comida típica de Costa Rica es el gallo pinto.

C F **4.** El equipo nacional de fútbol de Costa Rica se llama «Los Ticos».

C F **5.** Muchos costarricenses dicen la frase «pura vida».

2 **Para los turistas** Completa las oraciones con la palabra correcta. *(Complete the sentences.)*

aguas termales	carretas	mariposas	orquídeas

1. En las calles de Costa Rica, los artistas pintan _______________ de muchos colores.

2. En el resorte de Tabacón hay jardines tropicales y _______________.

3. En el Jardín de Cataratas La Paz los turistas ven muchas _______________ y _______________.

3 **El Jardín de Cataratas la Paz** Tú y un(a) amigo(a) van de vacaciones a Costa Rica y visitan el Jardín de Cataratas la Paz. Escribe las actividades que tú quieres hacer allí, las que quiere hacer tu amigo(a), y las que quieren hacer juntos. *(Write what you and your friend want to do at Jardín de Cataratas la Paz.)*

modelo: Yo quiero pasar debajo de las cataratas. Julia quiere buscar morfos azules. Nosotras dos vamos a ver orquídeas.

Qué quieres hacer tú	Qué quiere hacer tu amigo(a)	Qué quieren hacer los dos

____

____

Nombre ______________________ Clase ______________ Fecha ________

Cultura B

Level 2, pp. 56-57

¡AVANZA! **Goal:** Review cultural information about Costa Rica.

1 **¿Cómo es Costa Rica?** Completa las oraciones con las expresiones de la caja. *(Complete the sentences with the expressions from the box.)*

el gallo pinto	Los Ticos
San José	el colón

1. La capital de Costa Rica es ______________.
2. El equipo nacional de fútbol se llama «______________».
3. Una comida típica de Costa Rica es ______________.
4. La moneda costarricense es ______________.

2 **Costa Rica** Contesta las siguientes preguntas. *(Answer the following questions.)*

1. ¿Qué actividades pueden hacer las personas en el resorte de Tabacón en Arenal?

____

2. ¿Qué son las carretas?

____

____

3. ¿Qué frase popular dicen en Costa Rica para saludar (*greet*) a amigos y dar las gracias?

____

3 **La naturaleza costarricense** Escribe tres oraciones sobre la naturaleza de Costa Rica para una agencia de viajes. ¿Qué tipo de fauna y flora hay? ¿Qué se puede hacer? *(Write three sentences about Costa Rica's natural beauty for a travel agency.)*

modelo: Tienen que visitar el Jardín de Cataratas La Paz porque es muy bonito. Hay muchas mariposas allí. Pueden ver...

____

____

____

Nombre ______________________ Clase ______________ Fecha ________

Cultura C

Level 2, pp. 56-57

¡AVANZA! **Goal:** Review cultural information about Costa Rica.

1 Actividades en Costa Rica Escribe qué cosas puedes hacer en cada lugar de Costa Rica. *(Complete this chart listing activities for each place.)*

Resorte de Tabacón	Jardín de Cataratas La Paz

2 Costa Rica Contesta estas preguntas sobre Costa Rica en oraciones completas. *(Answer the following questions.)*

1. ¿Cuál es la moneda costarricense? ______________________
2. ¿Qué países están al lado de Costa Rica? ______________________

____

3. ¿Qué artista refleja la esencia de la frase popular ‹‹pura vida›› en su arte?

____

3 Costa Rica y mi estado Escribe un párrafo para comparar Costa Rica con la región donde tú vives. Sigue el modelo y escribe como mínimo cuatro oraciones. *(Write a paragraph comparing Costa Rica to the region where you live. Write at least four sentences.)*

modelo: Costa Rica es un país pequeño en Centroamérica. Mi estado es muy grande. En Costa Rica hay...

____

____

____

____

____

____

Vocabulario A

Level 2, pp. 60-64

¡AVANZA! **Goal:** Talk about vacation activities.

1 La familia Quiñones está de vacaciones. Subraya la palabra apropiada para decir qué necesita. *(Underline the correct word.)*

1. La familia necesita (alojamiento / tomar fotos).
2. Emilia (hace reservaciones / visita) en el hotel.
3. Sus padres quieren una habitación (individual / doble).
4. Las habitaciones están en el tercer piso. Necesitan tomar (fotos / el ascensor).

2 Alfonso está de vacaciones. Escoge cuatro actividades de la lista que puede hacer al aire libre y escríbelas abajo. *(Choose four activities from the list and write them below.)*

comprar artesanías	montar a caballo	visitar un museo
dar una caminata	hacer una reservación	pescar

1. _______________
2. _______________
3. _______________
4. _______________

3 Cuando tú estás de vacaciones, ¿qué haces? Contesta las preguntas con una oración completa. *(Answer in complete sentences.)*

modelo: ¿Te gusta comprar un recuerdo?
Sí, (No, no) me gusta comprar un recuerdo.

1. ¿Te gusta regatear por un buen precio?

____

2. ¿Cómo pagas el recuerdo, con dinero en efectivo o con tarjeta de crédito?

____

Nombre ______________________ Clase ____________ Fecha ________

Vocabulario B

Level 2, pp. 60-64

¡AVANZA! **Goal:** Talk about vacation activities.

1 ¿Qué compra la familia Quiñones cuando está de vacaciones? Escoge cuatro de las siguientes cosas que pueden comprar y márcalas con una X. *(Choose four things to buy and mark them with an X.)*

modelo: __×__ el collar

1. ____ el anillo
2. ____ las artesanías
3. ____ una excursión
4. ____ los aretes
5. ____ la tarjeta postal
6. ____ el turista
7. ____ una caminata
8. ____ las atracciones

2 La familia Quiñones está de vacaciones. ¿Qué necesitan? Escribe la palabra apropiada para completar las oraciones. *(Complete the sentences.)*

1. La familia quiere un hotel pequeño. Necesitan un ______________________.
2. Emilia quiere un cuarto para una persona. Necesita una habitación ______________________.
3. Las habitaciones están en el tercer piso. Necesitan tomar el ______________________.
4. Ernesto quiere comprar un recuerdo para su maestra. Necesita ir al ______________________.

3 Trabajas en la oficina de turismo, y unos turistas necesitan tu ayuda. Diles qué actividades de la lista pueden hacer. Sigue el modelo. *(Help these tourists decide what to do.)*

acampar	montar a caballo	ir a pescar	visitar un museo

1. Me gusta el mar. Me gustaría salir en barco. ______________________
2. No me gusta dormir en hoteles. ______________________
3. Quiero conocer la historia de la región. ______________________
4. Me gustan mucho los animales. ______________________

Nombre ______________________ Clase ______________ Fecha ________

Vocabulario C

Level 2, pp. 60-64

¡AVANZA! **Goal:** Talk about vacation activities.

1 Emilia y Ernesto están de vacaciones. ¿Qué hacen? Escoge la expresión apropiada. *(Choose the best expression.)*

1. A Ernesto y Emilia les gusta comer pescado, así que (van a pescar / tienen reservaciones).
2. A Emilia y Ernesto les encanta el arte, así que (hacen una excursión / visitan un museo).
3. Emilia quiere comprar un anillo, aretes y un collar en el mercado al aire libre; le gustan (las tarjetas de crédito / las joyas).
4. Ernesto está de vacaciones en otro país; es un (caballo / turista).

2 La familia Sala está de vacaciones. Escoge la expresión apropiada para completar las oraciones. *(Complete the sentences.)*

1. La familia Sala necesita ______________; necesitan un hotel o un hostal.
2. Reciben las llaves de las habitaciones en la ______________.
3. Federico les quiere escribir a sus amigos; les va a mandar ______________.
4. Quieren comprar las artesanías, pero, ¡qué caras! Cuestan ______________.

3 Contesta estas preguntas de un amigo que visita tu región. Escribe oraciones completas. *(Answer the following questions from a friend visiting your city.)*

1. ¿Puedo acampar en la región donde vives?

____

____

2. ¿Puedo visitar museos allí? ¿Cuáles?

____

____

3. ¿Qué tipo de alojamiento hay?

____

____

Nombre ______________________ Clase ____________ Fecha ________

Gramática A *Preterite of regular –ar verbs*

Level 2, pp. 65-69

¡AVANZA! **Goal:** Use the preterite of regular **–ar** verbs.

1 Subraya la forma apropiada de los verbos entre paréntesis. *(Underline the correct verb.)*

1. La semana pasada yo (monté / montó) a caballo.
2. Anteayer nosotros (tomaste / tomamos) fotos del museo.
3. El mes pasado ustedes (mandó / mandaron) tarjetas postales.
4. ¿El año pasado tú (acampaste / acampamos) en las montañas?

2 Lee lo que hicieron Ernesto y Emilia en sus vacaciones. Escribe la forma correcta del pretérito del verbo entre paréntesis para completar cada oración. *(Complete the sentences in the preterite.)*

De vacaciones el año pasado, Ernesto y Emilia **1.** ______________ (visitar) un museo en San José. **2.** ______________ (tomar) muchas fotos. En el mercado al aire libre, Emilia **3.** ______________ (comprar) muchas joyas y artesanías; ella **4.** ______________ (regatear) por un buen precio. **5.** ______________ (mandar) muchas tarjetas postales a su familia y amigos.

3 ¿En qué actividad(es) participaste con tus amigos durante tu tiempo libre? Contesta las siguientes preguntas con oraciones completas. *(Answer in complete sentences.)*

modelo: ¿Visitaste un museo el año pasado?
Sí, (No, no) visité un museo el año pasado.

1. ¿Tomaron tú y tu familia muchas fotos de sus vacaciones? ¿Cuántas?

   ____

2. ¿Quiénes te mandaron tarjetas postales de sus vacaciones? ¿De dónde?

   ____

   ____

3. ¿Qué recuerdos compraste durante tus vacaciones?

   ____

Nombre ______________________ Clase ______________ Fecha ________

Gramática B *Preterite of regular –ar verbs*

Level 2, pp. 65-69

¡AVANZA! **Goal:** Use the preterite of regular **–ar** verbs.

1 ¿Qué hicieron los miembros de la familia Quiñones? Escoge la forma apropiada del verbo para completar la oración. *(Choose the correct form of the verb.)*

1. La familia Quiñones ____ el hotel con tarjeta de crédito.
   a. pagaron **b.** pagó **c.** pagaste
2. Emilia y Ernesto ____ muchas fotos.
   a. tomé **b.** tomamos **c.** tomaron
3. Emilia ____ por un buen precio para el collar.
   a. regateó **b.** regateaste **c.** regateamos
4. Nosotros ____ en el mar.
   a. pescó **b.** pescaron **c.** pescamos

2 Contesta las preguntas sobre las vacaciones de estas personas. Escribe la forma del pretérito de los verbos de la caja. *(Write the correct preterite form of the verbs in the box.)*

hablar
viajar
acampar
comprar

1. ¿ ______________ tú con la recepción anoche?
2. ¿Profesora Loreto, ______________ usted en avión el verano pasado?
3. ¿Miguel y Manuel, ______________ ustedes en el parque anteayer?
4. ¿Tú y tu mamá ______________ joyas en el centro comercial la semana pasada?

3 Escribe a tu amigo(a) tres preguntas sobre lo que el/ella y su familia hicieron durante las vacaciones. Usa las expresiones de la lista y palabras interrogrativas, como: **cuándo, dónde, adónde, qué, quién, cuál(es),** y **cuántos.** *(Write about your vacation.)*

comprar	mandar	viajar	montar
tomar fotos	hablar	visitar	acampar

modelo: **¿Cuándo acampaste?**

____

____

Nombre ______________________________ Clase ________________ Fecha __________

Gramática C *Preterite of regular –ar verbs*

Level 2, pp.65-69

UNIDAD 1 • Gramática C
Lección 2

¡AVANZA! **Goal:** Use the preterite of regular **–ar** verbs.

1 ¡Estas personas van de vacaciones! Subraya la forma correcta del verbo. *(Underline the correct form of the verb.)*

1. El mes pasado mi familia y yo ______________________ a caballo. (montar)
2. La semana pasada mi papá ______________________ unas artesanías muy bellas. (comprar)
3. Anteayer mis hermanos ______________________ el vuelo. (confirmar)
4. Anoche yo ______________________ a un taxi. (llamar)

2 Lee lo que hizo Alicia en sus vacaciones. Escribe un verbo en pretérito para completar cada oración. *(Complete the sentences in the preterite.)*

En las vacaciones del año pasado, mi familia y yo

1. __________________ la noche en un hostal. Yo **2.** __________________ recuerdos para mis abuelos en una tienda de artesanías, pero, ¡qué caros! Mi papá y mi mamá **3.** __________________ por un buen precio y los **4.** __________________ con dinero en efectivo. Mi hermano Marcelo **5.** __________________ a caballo.

3 Escribe cuatro preguntas para tus amigos sobre lo que hicieron ayer, anoche, anteayer o la semana pasada. Usa el pretérito y las palabras interrogativas **adónde, dónde, cuándo, quién, qué, cuál(es), cuánto(s).** *(Write what your friends did.)*

____

____

____

____

Gramática A *Preterite of **ir, ser, hacer, ver** and **dar***

Level 2, pp. 70-72

¡AVANZA! **Goal:** Use the preterite of **ir**, **ser**, **hacer**, **ver** and **dar**.

1 Unas personas hablan de lo que hicieron. Escoge el pronombre correcto de la caja para completar las siguientes oraciones. *(Choose the correct pronoun from the box.)*

a. Ella	b. Yo	c. Manolo y Esteban	d. Tú	e. Nosotros

modelo: __a__ vio las atracciones.

____ fueron a pescar el año pasado.

____ hice las maletas anteayer.

____ dimos una caminata anoche.

____ fuiste a la recepción para hablarles del problema.

2 ¿Qué hicieron? Completa las siguientes oraciones con el pretérito de los verbos entre paréntesis. *(Complete the sentences using the preterite.)*

Yo ______________ (ver) una película anoche.

Nosotros ______________ (ir) de vacaciones el verano pasado.

Ellos ______________ (dar) una caminata anteayer.

¿Tú ______________ (hacer) una excursión el mes pasado?

¿ ______________ (ser) divertido regatear?

3 Mira los dibujos y escribe oraciones sobre lo que hicieron estas personas el verano pasado. Usa **ir**, **ser**, **hacer**, **ver** o **dar**. *(Look at the drawings and write sentences in the preterite.)*

1.

2.

1. (ellos) ____

2. (usted) ____

Nombre ______________________________ Clase ______________ Fecha __________

Gramática B *Preterite of **ir, ser, hacer, ver** and **dar***

Level 2, pp. 70-72

¡AVANZA! **Goal:** Use the preterite of **ir**, **ser**, **hacer**, **ver** and **dar**.

1 La familia Laredo participó en muchas actividades en su tiempo libre la semana pasada. Escoge el verbo apropiado para completar las siguientes oraciones. *(Choose the correct verb to complete the sentences.)*

a. vimos	b. fuiste	c. dio	d. hicieron

modelo: Nosotros __a__ una película la semana pasada.

1. Enrique y Ricardo ____ una excursión la semana pasada.
2. ¿Tú ____ al centro comercial la semana pasada?
3. Pablo le ____ un anillo a Paloma.

2 Maribel está de vacaciones. Forma oraciones en pretérito con las siguientes palabras para decir lo que hicieron las personas. *(Write sentences with the following words.)*

modelo: Papá / hacer las reservaciones
Papá hizo las reservaciones.

1. La turista / dar una caminata ______________________________
2. Francisco y Ángela / ir de compras ______________________________
3. Mis amigas y yo / ver las atracciones ______________________________
4. Tú / darle el recuerdo a tu tía ______________________________

3 Mira los dibujos y escribe una oración completa sobre lo que hicieron estas personas en su tiempo libre. *(Use the drawings to write complete sentences about what these people did during their free time.)*

1. 

2. 

1. ____
2. ____

Nombre ______________________________ Clase ______________ Fecha __________

Gramática C *Preterite of **ir, ser, hacer, ver** and **dar***

Level 2, pp. 70-72

UNIDAD 1 • Gramática C
Lección 2

¡AVANZA! **Goal:** Use the preterite of **ir**, **ser**, **hacer**, **ver** and **dar**.

1 ¿Qué hicieron ayer? Completa las oraciones con un verbo en pretérito. *(Complete the sentences with a preterite of a verb.)*

1. Esa turista ________________ mucho arte interesante en el museo.
2. Yo ________________ una excursión por la montaña.
3. Norberto ________________ de compras al centro comercial.
4. Tú le ________________ una tarjeta de crédito y dinero en efectivo a tu hermana.

2 ¿Qué hicieron anteayer? Escribe las oraciones en orden. Escribe el verbo en paréntesis en pretérito. *(Write the sentences in order with the verb in the preterite.)*

modelo: reservaciones / mis amigos / en / un hotel (hacer)
Mis amigos hicieron reservaciones en un hotel.

1. collar / le / a / su hija / un collar / Nélida (dar)
____
2. bellas / el museo / de arte / cosas / muchas (ver)
____
3. muy / la caminata / divertida (ser)
____
4. mercado / tú / al / aire / libre / de / compras / al (ir)
____

3 Escribe tres oraciones completas sobre lo que hicieron tú, los miembros de tu familia y tus amigos el verano pasado. *(Write three sentences about what you, your family and friends did last summer.)*

modelo: Mis hermanos y yo fuimos a pescar.

1. ____
2. ____
3. ____

Integración: Hablar

Level 2, pp. 73-75
WB CD 01 track 11

Javier buscó por Internet algunos lugares para ir de vacaciones en Costa Rica. Viajó allí en febrero, y al regresar le contó de su viaje a su amiga. *(Javier searches the Internet for vacation spots in Costa Rica, travels there, and tells his friend about his trip.)*

Fuente 1 Leer

Lee los sitios web que encontró Javier. *(Read the web sites Javier finds.)*

- **Playacampa:** Ofrecemos alojamiento al aire libre en la playa más bella de Costa Rica. Puede venir solo o en grupos de dos a doce personas. Cuesta $10 por noche por persona. De aquí puede ir a pescar y a dar caminatas por el mar Caribe. *www.playacampa.com*
- **Hostal de la Familia:** Para un viaje tranquilo, usted debe venir a nuestro hostal en un bello parque nacional. Tenemos actividades para todos: puede montar a caballo, descansar y hacer excursiones a lugares naturales e interesantes. *www.hostalfamilia.com*
- **Hotel Las Nubes:** Si quiere conocer San José, ¡nuestro hotel queda cerca de todo! Tenemos piscina y un restaurante excelente. Excursiones para ver las atracciones y visitar los museos de San José salen todos los días de la recepción. *www.hotellasnubes.com*

Fuente 2 Escuchar *WB CD 01 track 12*

Escucha el mensaje telefónico de Javier a su amiga Susana y toma apuntes. *(Listen to Javier's phone message and take notes.)*

____

____

____

____

Hablar

De los lugares que encontró Javier por Internet, ¿cuáles visitó en su viaje? ¿Qué hicieron él y su familia allí? ¿Qué va a hacer en sus próximas vacaciones?

Modelo: Él visitó... Con su familia... Las próximas vacaciones...

Nombre ______________________ Clase ______________ Fecha ________

Integración: Escribir

Level 2, pp. 73-75
WB CD 01 track 13

Emilia fue de vacaciones con Lorena y su familia. Encontraron un hotel que ofrece muchas actividades. ¿Qué actividades hicieron las chicas? *(What did Emilia and Lorena do while on vacation?)*

Fuente 1 Leer

Lee el anuncio del hotel. *(Read the ad from the hotel.)*

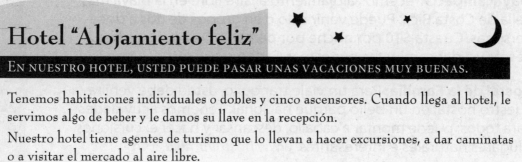

Hotel "Alojamiento feliz"

EN NUESTRO HOTEL, USTED PUEDE PASAR UNAS VACACIONES MUY BUENAS.

Tenemos habitaciones individuales o dobles y cinco ascensores. Cuando llega al hotel, le servimos algo de beber y le damos su llave en la recepción.

Nuestro hotel tiene agentes de turismo que lo llevan a hacer excursiones, a dar caminatas o a visitar el mercado al aire libre.

Usted puede hacer su reservación por teléfono.
Puede pagar con dinero en efectivo o con tarjeta de crédito.

Fuente 2 Escuchar *WB CD 01 track 14*

Escucha lo que le dice Emilia a su mamá en un video por Internet y toma apuntes. *(Listen to Emilia's Web video message and take notes.)*

____

____

____

____

Escribir

De las actividades que ofrecen los agentes de turismo del hotel, ¿cuáles hicieron Emilia y Lorena? *(Which activities offered did Emilia and Lorena do?)*

modelo: Emilia y Lorena fueron a... Ellas también...

____

____

____

____

____

____

Nombre ______________________ Clase ______________ Fecha __________

Escuchar A

Level 2, pp. 80-81
WB CD 01 tracks 15-16

¡AVANZA! **Goal:** Listen to find out what Laura and her family did on vacation.

1 Laura fue de vacaciones. Escucha lo que hizo ella en sus vacaciones. Lee cada frase y contesta **cierto** o **falso**. *(Answer true or false.)*

C F **1.** Laura fue de vacaciones a Francia.

C F **2.** Fueron de vacaciones la semana pasada.

C F **3.** Su padre hizo reservaciones en un hotel.

C F **4.** Ella se quedó en una habitación individual.

C F **5.** Les dieron las llaves en el ascensor.

2 ¿Qué hizo cada uno? Escucha la conversación. Haz una línea desde el dibujo del miembro de la familia al dibujo que describe lo que hizo. *(Listen and connect the person to his/her action.)*

Tomás

Tobías

Laura

El papá de Laura

Nombre ______________________ Clase ______________ Fecha __________

UNIDAD 1 • Lección 2 • Escuchar B

Escuchar B

Level 2, pp. 80-81
WB CD 01 tracks 17-18

¡AVANZA! **Goal:** Listen to find out what Laura and her family did on vacation.

1 Escucha lo que hizo David durante sus vacaciones y luego, completa las oraciones. *(Listen and complete the sentences.)*

1. David fue de vacaciones con ______________.
2. Viajaron a ______________
3. Pasaron la primera noche en ______________
4. El grupo ______________ un museo.
5. Su profesor ______________
6. Los estudiantes españoles les dieron ______________.

2 ¿Quién hizo qué? Escucha la conversación. Escribe el nombre del miembro de la familia debajo del dibujo correspondiente, y luego describe qué hizo en una oración completa. *(Who did each task?)*

1.

____

____

2.

____

____

3.

____

____

4.

____

____

Nombre ______________________ Clase ______________ Fecha __________

Escuchar C

Level 2, pp. 80-81
WB CD 01 tracks 19-20

¡AVANZA! **Goal:** Listen to find out what Laura and her family did on vacation.

1 Escucha lo que David y su familia hicieron en vacaciones y decide si las siguientes oraciones son ciertas o falsas. Corrige las falsas. *(Decide if the sentences are true or false, and correct the false ones.)*

1. La familia de David fue de vacaciones a Cancún, México, la semana pasada.
   ____
2. El padre de David hizo reservaciones en un hotel del centro.
   ____
3. David pasó las noches en una habitación doble.
   ____
4. David compró muchos recuerdos en el mercado.
   ____
5. Según David, todos los turistas toman muchas fotos.
   ____

2 ¿Qué hizo cada uno? Escucha la conversación que describe las actividades de la familia de Laura. Toma apuntes y luego contesta las preguntas con oraciones completas. *(What did each person do?)*

1. ¿Por cuántos días fueron de vacaciones Laura y su familia?
   ____
2. ¿Adónde fue la familia de Laura?
   ____
3. ¿Qué lugar visitaron? ¿Qué vieron allí?
   ____
4. ¿Quién tomó las fotos? ¿Cuántas?
   ____
5. ¿Qué hicieron después?
   ____

Nombre ______________________ Clase ______________________ Fecha ______________

Leer A

Level 2, pp. 80-81

¡AVANZA! **Goal:** Read about vacation activities.

Hola Carlota:

Estoy de vacaciones en Costa Rica y te quiero hablar de las cosas que hicimos anteayer. Pasé una tarde en San José con mi hermana y compramos muchas cosas: vestidos, zapatos y joyas. Encontramos todo a buen precio. Lo pagamos todo con dinero en efectivo. También vi un collar muy bello, pero, ¡qué caro! No lo compré. Hicimos una excursión con toda la familia. Después visitamos el Museo del Oro. Vimos otras atracciones, dimos una caminata y tomamos muchas fotos. Luego, en el hotel, subimos a la habitación en ascensor. ¡Me gustaría mucho volver a San José!

Tu amiga, Sandra

¿Comprendiste?

Lee cada frase y contesta **cierto** o **falso**. *(Answer true or false.)*

C F **1.** Sandra fue turista en Costa Rica.

C F **2.** Sandra visitó un museo con su hermana.

C F **3.** Sandra compró un collar con tarjeta de crédito.

C F **4.** La familia de Sandra tomó el ascensor para llegar a la habitación.

¿Qué piensas?

1. Cuando estás de vacaciones, ¿prefieres acampar o dormir en un hotel? ¿Por qué?

____

____

2. ¿Adónde fuiste de vacaciones el año pasado? ¿Qué atracciones viste? ¿Qué te gustó más? ¿Por qué?

____

____

____

Nombre ______________________ Clase ______________ Fecha __________

Leer B

Level 2, pp. 80-81

¡AVANZA! **Goal:** Read about vacation activities.

Elena: Hola Carolina, ¿qué tal? ¿Cómo pasaste las vacaciones?

Carolina: ¡Hola! ¡Muy bien! Fuimos a la selva amazónica (*Amazon rainforest*).

Elena: ¿La selva amazónica? ¿Dónde queda?

Carolina: Queda en Sudamérica. Tomamos un vuelo de Chicago a Lima. Luego tomamos otro vuelo de Lima al aeropuerto de Iquitos. De allí tomamos un barco a la selva. No hay mucho alojamiento, así que fuimos a un pequeño hostal de madera (*wood*). ¡Fue como acampar!

Elena: ¡Qué bueno! ¿Vieron muchas atracciones allí?

Carolina: No hay muchas atracciones allí. Pero hice una excursión en canoa por el río (*river*) Amazonas y compré artesanías en un mercado. Mi padre regateó, así que las compramos a un buen precio. ¡Fue muy bello!

¿Comprendiste?

1. ¿Dónde queda la selva amazónica?

____

2. ¿Cómo llegó a la selva Carolina?

____

3. ¿Qué hizo en canoa Carolina?

____

4. ¿Qué hizo el padre de Carolina?

____

¿Qué piensas?

1. ¿Prefieres ir a la selva o a una ciudad cuando vas de vacaciones? ¿Por qué?

____

____

2. ¿Prefieres ir de compras a una tienda grande o a un mercado al aire libre? ¿Por qué?

____

Leer C

Level 2, pp. 80-81

¡AVANZA! **Goal:** Read about vacation activities.

¡Fueron unas vacaciones estupendas!

Me llamo Mariela. El mes pasado fui a Madrid de vacaciones y lo pasé muy bien. Es una ciudad fabulosa. Pasé una tarde en la Gran Vía con mis primas y compré vestidos, zapatos y joyas. Encontré todo a buen precio. Mis primas también compraron anillos y aretes. Lo pagamos todo con tarjeta de crédito. Vi un collar muy bello pero era demasiado caro, así que no lo compré. Luego dejé *(I left)* a mis primas y fui a un café al aire libre. Despues de un rato llegaron mi hermana, su novio y otro amigo. Empezamos a hablar y el amigo de mi hermana me invitó a salir con él aquella noche. Hicimos una excursión por el Viejo Madrid. Al día siguiente *(the next day)* fuimos todos juntos a visitar el Museo del Prado. Vimos otras atracciones, dimos una caminata y tomamos muchas fotos. Después de esa tarde estupenda, fuimos al hotel. Subimos a nuestras habitaciones en ascensor. En mi habitación individual empecé a escribir tarjetas postales; ¡mandé muchas a mis amigas! Me encantaría volver a Madrid.

¿Comprendiste?

Lee cada frase y contesta **cierto** o **falso**. *(Answer true or false.)*

C F **1.** Mariela fue turista en España.

C F **2.** Mariela visitó un museo con su hermana, el novio de su hermana y otro amigo.

C F **3.** En el Viejo Madrid, Mariela compró un collar con tarjeta de crédito.

C F **4.** Mariela tomó el ascensor para llegar a su habitación.

¿Qué piensas?

1. ¿Te gusta visitar museos en tus vacaciones? ¿Qué museo te gustaría visitar? ¿Por qué?

____

____

____

2. ¿Cuáles son tus actividades favoritas cuando estás de vacaciones? ¿Por qué?

____

____

Nombre ______________________ Clase ______________ Fecha __________

Escribir A

Level 2, pp. 80-81

¡AVANZA! **Goal:** Write about vacation activities.

Step 1

Escribe qué tipo de alojamiento prefieres. *(What type of lodging you prefer?)*

Tipo de alojamiento	Habitación	Con...
1.	1.	1.
2.	2.	2.

Step 2

Escribe qué te gusta hacer durante las vacaciones. *(What do you like to do on vacation?)*

____

____

Step 3

Usa la información de arriba para escribir una tarjeta postal a un(a) amigo(a) contándole tus últimas vacaciones. Incluye, adónde fuiste, dónde te quedaste y qué hiciste. *(Write a postcard describing your last vacation.)*

____________________,

____

____

____

____

Step 4

Evaluate your writing using the information in the table.

Writing Criteria	Excellent	Good	Needs Work
Content	Your postcard includes many details.	Your postcard includes some details.	Your postcard includes little information.
Communication	Most of your postcard is clear.	Parts of your postcard are clear.	Your postcard is not very clear.
Accuracy	Your postcard has few mistakes in grammar and vocabulary.	Your postcard has some mistakes in grammar and vocabulary.	Your postcard has many mistakes in grammar and vocabulary.

Nombre ______________________ Clase ______________ Fecha __________

Escribir B

Level 2, pp. 80-81

¡AVANZA! **Goal:** Write about vacation activities.

Step 1

Escribe sobre qué tipo de alojamiento hay en tu ciudad y las actividades que puede hacer un turista. Incluye detalles como la habitación, el hotel u hostal y si hay ascensor o no. *(What lodging and activities are there in your city?)*

Tipo de alojamiento

Las actividades	

Step 2

Unos turistas visitaron tu región. Usa la información de arriba para escribir un resumen de cuatro oraciones sobre qué hicieron en tu ciudad. *(Write a summary of what tourists did in your area.)*

____

____

____

Step 3

Evaluate your writing using the information in the table.

Writing Criteria	Excellent	Good	Needs Work
Content	Your summary includes all the information.	Your summary includes most of the information.	Your summary does not include the information.
Communication	Most of your summary is clear.	Parts of your summary are clear.	Your summary is not very clear.
Accuracy	Your summary has few mistakes in grammar and vocabulary.	Your summary has some mistakes in grammar and vocabulary.	Your summary has many mistakes in grammar and vocabulary.

Nombre _______________ Clase _______________ Fecha _______________

Escribir C

Level 2, pp. 80-81

¡AVANZA! **Goal:** Write about vacation activities.

Step 1

Escribe lo que pueden hacer los turistas en tu ciudad. *(What activities can tourists do in your city?)*

Actividades al aire libre	Otras actividades
1.	1.
2.	2.
3.	3.

Step 2

Vas a entrevistar a una persona que acaba de pasar las vacaciones en tu región. Prepara una lista de preguntas en el pretérito sobre su alojamiento y sus actividades. Usa la forma **usted,** y la información en la tabla. *(Prepare interview questions for someone who vacationed in your city.)*

____

____

____

Step 3

Evaluate your writing using the information in the table.

Writing Criteria	Excellent	Good	Needs Work
Content	Your interview has many questions and answers.	Your interview has some questions and answers.	Your interview has few questions or answers.
Communication	Most of your interview is clear.	Parts of your interview are clear.	Your interview is not very clear.
Accuracy	Your interview has few mistakes in grammar and vocabulary.	Your interview has some mistakes in grammar and vocabulary.	Your interview has many mistakes in grammar and vocabulary.

Nombre ______________________ Clase ____________ Fecha ________

Cultura A

Level 2, pp. 80-81

¡AVANZA! **Goal:** Review cultural information about Costa Rica and Chile.

1 Costa Rica y Chile Contesta las siguientes preguntas con las palabras correctas. *(Answer the questions.)*

1. ¿Dónde está Costa Rica? Costa Rica está en (Sudamérica / Centroamérica).
2. ¿Cómo es el clima de Chile? En Chile hay veranos (cálidos / fríos) e inviernos (fríos / cálidos) con lluvia y nieve.
3. ¿En qué país se puede esquiar o hacer snowboard? Se puede esquiar y hacer snowboard en (Chile / Costa Rica).
4. ¿Cuáles son las actividades que hacen los turistas en Costa Rica? Los turistas en Costa Rica pueden (nadar / esquiar) y también (bucear / hacer snowboard).
5. ¿Qué artista costarricense pintó un cuadro sobre una familia típica del campo (*countryside*)? Fue (Jeannette Carballo / Adrián Gómez).

2 ¿En qué país? Alejandro fue de vacaciones a Costa Rica y a Chile con su familia. Di en qué país participaron en las siguientes actividades. *(Alejandro went to Costa Rica and Chile. Tell where they did each activity.)*

1. Mi familia y yo visitamos el Parque Nacional Volcán de la Vieja. ____________
2. Mi hermana Natalia esquió y yo hice snowboard en los Andes. ____________
3. Mis padres montaron a caballo por los bosques tropicales. ____________
4. Yo observé animales como llamas, cóndores y pumas en el Parque Nacional Torres del Paine. ____________

3 Los parques nacionales de Costa Rica y Chile Escribe las actividades que se pueden hacer en los parques de Costa Rica y Chile y di si te gustaría hacerlas. *(Write what you would like to do in Chile and Costa Rica's national parks.)*

modelo: En los parques nacionales, puedo...

PARQUE NACIONAL VOLCÁN RINCÓN DE LA VIEJA	PARQUE NACIONAL TORRES DEL PAINE

____

____

Nombre ______________________ Clase ______________ Fecha __________

Cultura B

Level 2, pp. 80-81

¡AVANZA! **Goal:** Review cultural information about Costa Rica and Chile.

1 **Costa Rica y Chile** Completa las siguientes oraciones. *(Complete the following sentences.)*

acampar	volcán	dar una caminata	llamas

1. En Costa Rica las personas pueden ver un ______________ en Arenal, Alajuela.
2. En el Parque Nacional Torres del Paine en Chile hay ______________.
3. Los turistas van al Parque Nacional Torres del Paine en Chile para ______________.
4. Las personas que visitan el Parque Nacional Volcán el Rincón pueden ______________ cerca de las cataratas.

2 **La familia y las vacaciones** Natalia y su familia fueron de vacaciones a Chile. Su amiga Verónica quiere saber qué hicieron. Combina las preguntas y respuestas de cada columna para crear un diálogo. *(Create a dialogue combining the questions and answers from the two columns.)*

Verónica	**Natalia**
¿Dónde viajaron?	Montamos a caballo.
¿Qué hicieron?	Vimos cóndores, pumas y llamas en el parque nacional.
¿Qué animales vieron?	Viajamos a Chile.

3 Haz una lista de las actividades que se pueden hacer en Costa Rica y Chile. Luego escribe tres oraciones sobre qué actividades te gustaría hacer. Sigue el modelo. *(Make a list of activities you can do in Costa Rica and Chile. Then, write three sentences about which you would like to do.)*

modelo: Me gustaría bucear en las aguas cristalinas de Costa Rica.

____

____

____

____

____

Nombre ______________________ Clase ______________ Fecha __________

Cultura C

Level 2, pp. 80-81

¡AVANZA! **Goal:** Review cultural information about Costa Rica and Chile.

1 **Costa Rica y Chile** Completa las siguientes oraciones sobre Costa Rica y Chile. *(Complete the following sentences about Costa Rica and Chile.)*

1. Los turistas pueden acampar y pescar en el Parque Nacional ______________ de Chile.
2. El ______________ en Chile es desde junio hasta septiembre.
3. El volcán activo de ______________ se puede ver desde el resorte de Tabacón en Costa Rica.
4. La ______________ es la artesanía más conocida de Costa Rica.

2 **Las vacaciones** Escribe tres oraciones y di qué actividades puedes hacer cuando estás de vacaciones en Costa Rica y en Chile. Escribe tres oraciones para cada país. *(Write three sentences about activities you can do when on vacation in Costa Rica and in Chile. Write three sentences for each country.)*

modelo: En Costa Rica nado en el mar Caribe.
En Chile esquío en las montañas de los Andes.

COSTA RICA	CHILE

3 **Las vacaciones del verano pasado** El verano pasado tú y tu familia fueron de vacaciones a Chile. Escribe un párrafo de cinco oraciones y di qué hicieron. *(Write a five-sentence paragraph about a trip to Chile last summer.)*

____

____

____

____

____

Nombre ______________________ Clase ______________ Fecha __________

Comparación cultural: De vacaciones...

Level 2, pp. 82-83

Lectura y escritura

After reading the paragraphs about where and how Laura, Lucas, and Francisco spent their vacations, write a paragraph about a vacation you took. Use the information on your mind map to write sentences, and then write a paragraph that describes your vacation.

Step 1

Complete the mind map describing as many details as you can about your vacation.

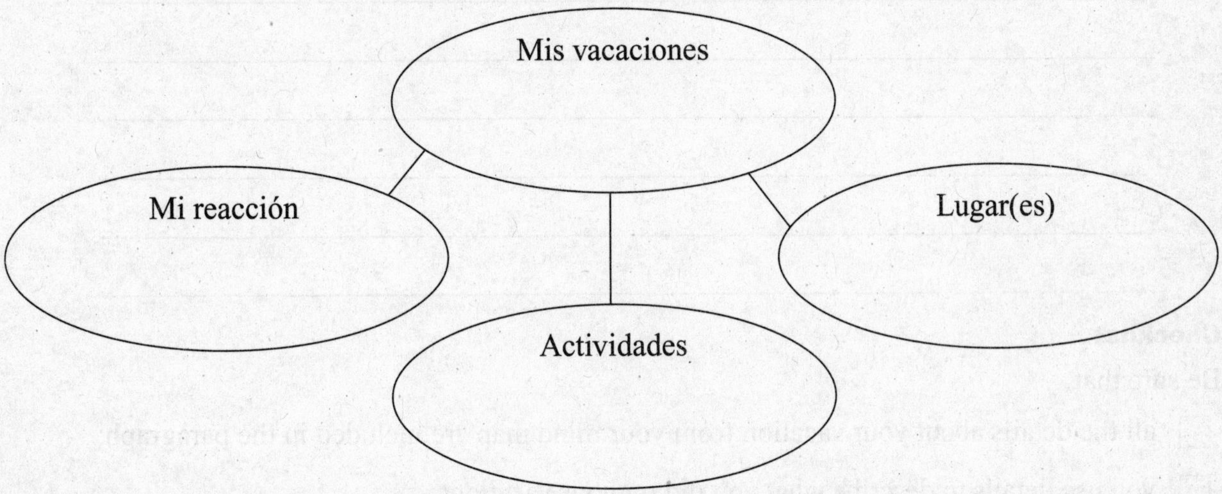

Step 2

Now take the details from the mind map and write a sentence for each topic on the mind map.

____

____

____

____

____

____

____

Comparación cultural: De vacaciones...

Level 2, pp. 82-83

Lectura y escritura (continued)

Step 3

Now write your paragraph using the sentences you wrote as a guide. Include an introduction sentence and use verbs such as **hacer, ver, ir,** and **visitar** in the preterite tense.

____

____

____

____

____

____

____

Checklist

Be sure that…

- ☐ all the details about your vacation from your mind map are included in the paragraph;
- ☐ you use details to describe what you did on your vacation;
- ☐ you include verbs in the preterite and new vocabulary words.

Rubric

Evaluate your writing using the rubric below.

Writing criteria	Excellent	Good	Needs Work
Content	Your paragraph includes all of the details about your vacation.	Your paragraph includes some details about your vacation.	Your paragraph includes few details about your vacation.
Communication	Most of your paragraph is organized and easy to follow.	Parts of your paragraph are organized and easy to follow.	Your paragraph is disorganized and hard to follow.
Accuracy	Your paragraph has few mistakes in grammar and vocabulary.	Your paragraph has some mistakes in grammar and vocabulary.	Your paragraph has many mistakes in grammar and vocabulary.

Nombre ______________________ Clase ______________ Fecha __________

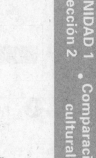

Comparación cultural: De vacaciones...

Level 2, pp. 82-83

Compara con tu mundo

Now write a comparison about your vacation and that of one of the three students from page 83. Organize your comparison by topics. First, compare the places you visited, then what activities you did, and lastly what your reactions were like.

Step 1

Use the chart to organize your comparison by topics. Write details for each topic about your vacation and that of the student you chose.

	Mis vacaciones	Las vacaciones de ________
Lugar(es)		
Actividades		
Reacción		

Step 2

Now use the details from the chart to write a comparison. Include an introduction sentence and write about each category. Use verbs such as **hacer, ver, ir,** and **visitar** in the preterite tense to describe your vacation and that of the student you chose.

____

____

____

____

____

____

____

____

Nombre ______________________ Clase ______________ Fecha __________

Vocabulario A

Level 2, pp. 90-94

¡AVANZA! **Goal:** Talk about sporting events, athletes, and ways to stay healthy.

1 Los estudiantes organizaron un campeonato de fútbol. Marca con una X todas las palabras relacionadas con el fútbol. *(Mark the words related to soccer.)*

1. ____ jugadores
2. ____ papas fritas
3. ____ ciclismo
4. ____ pelota
5. ____ partido
6. ____ pista
7. ____ bicicleta
8. ____ gol

2 Observa las palabras de abajo y describe cómo son los jugadores del campeonato. *(Say what the players are like.)*

activo(a)	lento(a)	rápido(a)
atlético(a)	musculoso(a)	trabajador(a)

1. Andrea levanta pesas. Es ________________.
2. Jorge practica todos los días. Es ________________.
3. Yo no corro bien. Soy ________________.
4. María y David juegan al fútbol y al tenis. Son ________________.
5. Tú vas a la escuela, trabajas, practicas y estudias. Eres ________________.
6. Ellas corren bien. Son ________________.

3 Escoge la palabra o la frase que completa la oración para decir cómo tener buena salud. *(Choose the word or phrase that best completes the sentence.)*

1. Para competir en un campeonato, es bueno (estar empatado / mantenerse en forma).
2. Es importante comer comida (saludable / cara).
3. Si quieres participar en la Vuelta a Francia, hay que (visitar un museo / hacer ejercicio).
4. Para tener buena salud, es necesario (seguir una dieta balanceada / jugar en equipo).

Nombre ______________________ Clase ______________ Fecha __________

Vocabulario B

Level 2, pp. 90-94

¡AVANZA! **Goal:** Talk about sporting events, athletes, and ways to stay healthy.

1 Los estudiantes organizaron un campeonato de fútbol. Empareja las palabras relacionadas. *(Match the words.)*

a. fútbol ____ comida saludable

b. locales ____ bicicleta

c. dieta balanceada ____ pelota

d. deportistas ____ visitantes

e. ciclismo ____ jugadores

2 El equipo de fútbol necesita ayuda. Dales consejos a los jugadores. *(Give advice to the players to help the team.)*

modelo: Los jugadores no están muy saludables. *Es necesario hacer ejercicio.*

1. El equipo está desorganizado. ______________________

2. Los jugadores no corren rápidamente.
____

3. Ellos siempre estan cansados. ______________________

4. Quieren jugar en el campeonato.
____

5. Siempre beben refrescos y comen galletas.
____

competir en partidos
dormir más
hacer ejercicio
jugar en equipo
mantenerse en forma
seguir una dieta balanceada

3 Contesta las siguientes preguntas con una oración completa. *(Answer the questions with complete sentences.)*

1. ¿Juegas partidos de fútbol? ¿Cuándo?

____

2. ¿Haces ejercicio? ¿Por qué?

____

3. ¿Te gusta el fútbol? ¿Por qué?

____

UNIDAD 2 • Lección 1 • Vocabulario B

Nombre ______________________________ Clase ____________ Fecha ________

Vocabulario C

Level 2, pp. 90-94

¡AVANZA! **Goal:** Talk about sporting events, athletes, and ways to stay healthy.

1 Los estudiantes organizaron un campeonato de fútbol. Subraya la palabra relacionada. Luego, escribe una oración completa con las dos palabras relacionadas. *(Underline the related word and write a sentence using both words.)*

1. Fútbol (equipo / pista)

____

2. Dieta balanceada (meter un gol / comida saludable)

____

3. Hacer ejercicio (mantenerse en forma / ganar el partido)

____

2 Una deportista habla de su equipo de fútbol. Completa el párrafo con las frases apropiadas. *(Complete the paragraph with the appropriate phrases.)*

hacer ejercicio
jugar en equipo
meter un gol
seguir una dieta balanceada

Tenemos un equipo fantástico. **1.** Las jugadoras ________________ todos los días por una hora. **2.** El equipo siempre ________________ en los primeros cinco minutos. **3.** Yo ________________ y estoy en forma. **4.** Si nosotras ________________, vamos a ganar el campeonato.

3 Escribe un correo electrónico a tus amigos para invitarlos al campeonato de fútbol que hace tu escuela. *(Write an e-mail invitation to your friends to come to the soccer championship.)*

____

____

____

____

____

____

UNIDAD 2 • Vocabulario C
Lección 1

Nombre ______________________ Clase ______________ Fecha ____________

Gramática A *Preterite verbs –er, –ir*

Level 2, pp. 95-99

¡AVANZA! **Goal:** Use the preterite to talk about things you did.

1 La semana pasada fue el cumpleaños de Carmen y salió con amigos a celebrar. Escoge el verbo que completa mejor cada oración. *(Choose the verb form that best completes the sentence.)*

1. El viernes pasado, mis amigos y yo ____ a celebrar mi cumpleaños.

a. salieron **b.** salió **c.** saliste **d.** salimos

2. Yo ____ muchos regalos.

a. recibieron **b.** recibí **c.** recibió **d.** recibimos

3. El viernes, Jorge, Felipe y yo ____ a un jugador de fútbol.

a. conocemos **b.** conocieron **c.** conocimos **d.** salimos

4. Nosotros ____ papas fritas.

a. comimos **b.** comemos **c.** comí **d.** comieron

5. Los chicos del equipo de fútbol ____ sus teléfonos en un papel.

a. escribiste **b.** escribí **c.** escribió **d.** escribieron

2 Unos estudiantes hablan de sus equipos favoritos. Di cómo compitieron los equipos en el campeonato ayer. *(Say how each team competed yesterday.)*

1. Los Tigres son inteligentes. ______________________

2. Las Águilas son divertidas. ______________________

3. Las Tortugas son lentas. ______________________

4. Los Osos son serios. ______________________

5. Los Leones son fuertes. ______________________

3 Contesta las siguientes preguntas con oraciones completas. *(Answer the questions with complete sentences.)*

1. ¿Qué hiciste en tu cumpleaños?

____

2. ¿Qué recibiste en tu cumpleaños?

____

UNIDAD 2 • Gramática A
Lección 1

Nombre ______________________ Clase ______________ Fecha ____________

Gramática B *Preterite verbs –er, –ir*

Level 2, pp. 95-99

¡AVANZA! **Goal:** Use the preterite to talk about things you did.

1 Sonia y Enrique hablan de lo que hicieron ayer. El diálogo de abajo está desordenado. Reescríbelo en orden lógico. *(Put the dialogue in order.)*

1. **Enrique:** ____
2. **Sonia:** ____
3. **Enrique:** ____
4. **Sonia:** ____
5. **Enrique:** ____
6. **Sonia:** ____

a. Comimos pollo con ensalada. Y tú, ¿qué bebiste ayer?
b. Hola, Enrique. Ayer salí con amigos. ¿Y tú?
c. ¿Qué comieron?
d. Yo bebí un refresco.
e. Hola, Sonia. ¿Qué hiciste ayer?
f. Yo comí con mis padres en un restaurante.

UNIDAD 2 • Lección 1 • Gramática B

2 Luisa vio un partido de fútbol ayer y le dice a Diego cómo estuvo. Completa las oraciones con la forma correcta del pretérito y un adverbio. *(Complete the sentences with the preterite of the verb and an adverb.)*

1. Rafael (correr) (rápido). ______________________
2. Santiago (meter) un gol (fácil). ______________________
3. Yo (comer) papas fritas (nervioso). ______________________
4. Los jugadores del otro equipo (perder) (enojado). ______________________
____
5. Nuestro equipo (recibir) el premio (feliz). ______________________
____
6. Nosotros (salir) (alegre). ______________________

3 Escribe una oración que describe qué hiciste en tu último cumpleaños. *(Write a sentence describing what you did on your last birthday.)*

____
____
____
____

Nombre ______________________ Clase ______________ Fecha ________

Gramática C *Preterite verbs –er, –ir*

Level 2, pp. 95-99

¡AVANZA! **Goal:** Use the preterite to talk about things you did.

1 Unos amigos salieron ayer. Completa el texto de abajo con los verbos apropiados de la lista. *(Complete the sentences with the correct verb forms.)*

beber
salir
escribir
conocer
comer

Ayer, Mateo, Diego y yo **1.** ______________ con amigos. Nosotros **2.** ______________ papas fritas y **3.** ______________ refrescos. También **4.** ______________ a un equipo de fútbol que ganó un campeonato. Los chicos del equipo de fútbol **5.** ______________ sus teléfonos en un papel.

2 Escribe oraciones completas sobre el cumpleaños de Luisa, que fue la semana pasada. Di lo que pasó, usando el pretérito y un adverbio. *(Say what happened at the party, using the preterite with and adverb.)*

yo	comer	refrescos	alegre
Dania y Rogelio	salir	casa	lento
Gerardo y yo	abrir	regalos	rápido
Luisa	beber	galletas	tranquilo

1. ____

2. ____

3. ____

4. ____

3 Escribe tres oraciones para describir qué hiciste la semana pasada (con amigos, en la escuela, en casa). *(Write three sentences describing what you did last week.)*

1. ____

2. ____

3. ____

UNIDAD 2 • Gramática C
Lección 1

Nombre ______________________ Clase ______________ Fecha __________

Gramática A *Demonstrative Adjectives and Pronouns*

Level 2, pp. 100-102

¡AVANZA! **Goal:** Use demonstrative pronouns and adjectives to describe where things are.

1 El sábado, Luisa fue de compras con amigas. Subraya la palabra que completa mejor la oración. *(Underline the word that best completes the sentence.)*

1. Me gustaron (esos / esas) camisas rojas que vi.
2. Pero compré (estas / esta) camisa azul.
3. (Esos / Esa) chaqueta marrón costó barata.
4. ¿No preferiste (aquel / aquellos) vestido blanco?
5. No, yo preferí (estos / este) jeans.

2 Unos amigos van a una tienda de artículos deportivos. Completa la misma oración con dos adjetivos demostrativos diferentes. Usa **ese(a)**, **este(a)** y **aquel(la)**. *(Complete the same sentence with different demonstrative adjectives.)*

1. (Cerca del objeto) Ayer, compré __________ pelotas de fútbol.
2. (Lejos del objeto) Ayer, compré __________ pelotas de fútbol.
3. (Lejos del objeto) También me gustó __________ bate que compraste.
4. (Muy lejos del objeto) También me gustó __________ bate que compraste.
5. (Cerca del objeto) Yo prefiero __________ raqueta de tenis.
6. (Muy lejos del objeto) Yo prefiero __________ raqueta de tenis.

3 Tu amigo y tú están en una tienda. Él está lejos de ti. Contesta sus preguntas con oraciones completas. Usa el pronombre demostrativo correspondiente. *(Answer your friend's questions, using the appropriate demonstrative pronoun.)*

1. Aquí hay jeans. ¿Cuáles te gustan?

____

2. ¡Qué chaqueta linda! ¿Cuál compraste?

____

3. ¡Mira las camisas! ¿Cuál prefieres?

____

Nombre ______________________ Clase ______________ Fecha ________

Gramática B *Demonstrative Adjectives and Pronouns*

Level 2, pp. 100-102

¡AVANZA! **Goal:** Use demonstrative pronouns and adjectives to describe where things are.

1 A las amigas de Luisa les encanta ir de compras. Describe la ropa que ven, usando la forma apropiada del adjetivo demostrativo. *(Describe the clothes with the correct demonstrative adjective.)*

Cerca	Lejos	Muy lejos
camisa	jeans	chaquetas
vestido	blusas	sombrero

1. Ayer, Celia compró ______________ camisa.
2. A ellas les gustaron ______________ chaquetas.
3. Las chicas encontraron ______________ jeans.
4. Cecilia recibió como regalo ______________ vestido.
5. Yo prefiero ______________ sombrero.
6. ¿Compraste ______________ blusas?

2. Unos amigos buscaron artículos deportivos de varias partes de la tienda. Escribe oraciones con adjetivos demostrativos para describir dónde los encontraron. *(Write sentences with demonstrative adjectives to say where the items were found.)*

1. las pelotas de aquí (yo) ______________________________
2. la raqueta de allí (nosotros) ______________________________
3. el uniforme de lejos (tú) ______________________________
4. los bates de aquí (Lucas y Martín) ______________________________
5. los cascos de lejos (Amada) ______________________________

3 Tú estás en una tienda con un amigo. Escribe un texto de dos líneas con lo que compraron. Usa el pronombre demostrativo correspondiente. *(Say what you bought, using demonstrative pronouns.)*

modelo: Hay muchos cascos. Éstos son verdes, pero aquéllos son blancos.

____

____

UNIDAD 2 • Lección 1 • Gramática B

Nombre ______________________ Clase ______________ Fecha __________

Gramática C *Demonstrative Adjectives and Pronouns*

Level 2, pp. 100-102

¡AVANZA! **Goal:** Use demonstrative pronouns and adjectives to describe where things are.

1 Unos amigos hablan de unos artículos deportivos que compraron. Su conversación está desordenada. Pon las oraciones en orden lógico. *(Put the conversation in order.)*

1. **Mateo:** ____
2. **Diego:** ____
3. **Mateo:** ____
4. **Diego:** ____
5. **Mateo:** ____

a. Ese bate es un regalo. ¿Y ese uniforme?
b. Hola, Diego. ¿Cuándo compraste esas pelotas?
c. ¡Me gusta aquella raqueta! ¿Y este bate?
d. Ayer compré estas pelotas y encontré aquella raqueta.
e. Éste es el uniforme del equipo de fútbol. Es para mañana.

2 Luisa, Diego y Mateo están de compras y dicen qué ropa quieren según su ubicación en la tienda. Escribe qué quieren con adjetivos demostrativos. *(Write what clothes Luisa, Diego, and Mateo want according to where they are in the store.)*

Pasillo 1 - Luisa	Pasillo 2 - Diego	Pasillo 3 - Mateo
pantalones	chaqueta	camisas
sombrero	zapatos	blusa

1. Luisa: blusa ______________________
2. Diego: pantalones ______________________
3. Mateo: camisas ______________________
4. Luisa: chaqueta ______________________
5. Diego: zapatos ______________________
6. Mateo: sombrero ______________________

3 Escribe un diálogo entre dos personas que están en una tienda, lejos la una de la otra. Usa los pronombres demostrativos. *(Write a dialogue using demonstrative pronouns.)*

1. ______________________
2. ______________________
3. ______________________
4. ______________________
5. ______________________

UNIDAD 2 • Gramática C
Lección 1

Nombre ______________________ Clase ______________ Fecha __________

Integración: Hablar

Level 2, pp. 103-105
WB CD 01 track 21

Dos equipos de fútbol jugaron un partido ayer. ¿Qué equipo ganó y por qué? *(Which team won yesterday's soccer game and why?)*

Fuente 1 Leer

Lee un artículo del periódico escolar. (*Read a school newspaper article.*)

EL CAMPEONATO DE FÚTBOL

Ayer, dos equipos jugaron un partido de fútbol muy difícil. Nos visitó el equipo de la escuela Muñoz. El equipo de nuestra escuela jugó muy bien. Nuestros jugadores están en muy buena forma porque hacen ejercicios y siguen una dieta balanceada. Además, todos nuestros jugadores ven deportes en la televisión y aprenden de otros jugadores.

Fuente 2 Escuchar *WB CD 01 track 22*

Escucha lo que dice el capitán del equipo por el programa de radio de la escuela. Toma apuntes. *(Listen to the radio program and take notes.)*

____

____

____

____

Hablar

Explica cómo jugaron los dos equipos. ¿Qué equipo ganó y por qué? *(Explain how the teams played and say who won and why.)*

modelo: Ayer, el equipo de fútbol... El equipo de la escuela Muñoz...

UNIDAD 2 • Lección 1 Integración: Hablar

Nombre _______________________________ Clase _______________ Fecha __________

Integración: Escribir

Level 2, pp. 103-105
WB CD 01 track 23

Lucas juega al fútbol en el equipo nacional de Argentina. El equipo de Lucas jugó muy bien en la Copa Mundial de fútbol. Lee el artículo del periódico y escucha a Lucas en la radio. Luego explica por qué el equipo de Argentina ganó poco antes de terminar un partido importante. *(The Argentinian soccer team won an important World Cup match.)*

Fuente 1 Leer

Lee el artículo sobre el equipo de Argentina que salió en una revista deportiva. *(Read the sports magazine article about the Argentinian soccer team.)*

Argentina ganó otra vez

Ayer, el equipo de fútbol de Argentina jugó el tercer partido de la Copa Mundial de fútbol. El partido comenzó a las 3:30 p.m. El equipo argentino entró en la cancha y metió un gol. Después, el otro equipo metió un gol también. Pero los jugadores de Argentina son muy activos y están en forma. Por eso, Lucas metió dos goles siete minutos antes de terminar y, ¡ganaron el partido!

Fuente 2 Escuchar ***WB CD 01 track 24***

Escucha lo que dijo Lucas en el programa de radio después de la Copa Mundial. Toma apuntes. (*Listen to what Lucas said on a radio show and take notes.*)

____

____

____

____

Escribir

Explica por qué Lucas y el equipo de Argentina ganaron poco antes del final del partido. *(Explain why Lucas and his team eventually won the match.)*

modelo: Argentina ganó porque... Lucas metió dos goles cuando...

____

____

____

____

UNIDAD 2 • Lección 1 Integración: Escribir

Escuchar A

Level 2, pp. 110-111
WB CD 1 tracks 25-26

¡AVANZA! Talk about sporting events and athletes.

1 Escucha lo que dice Diego. Luego, pon las oraciones sobre el partido en el orden en que pasaron. *(Put the events of the soccer game in order.)*

1. ____ **a.** Los dos equipos estuvieron empatados.

2. ____ **b.** El equipo de Diego recibió un premio.

3. ____ **c.** El equipo de Diego ganó.

4. ____ **d.** El equipo de Diego metió dos goles más.

5. ____ **e.** El otro equipo metió un gol.

2 Escucha lo que dice Ana. Luego, completa las oraciones. *(Complete the sentences based on what Ana says.)*

1. Los amigos de Ana practican ciclismo para ____________________.

2. Ana va a la escuela en ____________________.

3. Ana no quiere participar en ____________________.

Nombre ______________________ Clase ______________ Fecha ________

Escuchar B

Level 2, pp. 110-111
WB CD 1 tracks 27-28

¡AVANZA! **Goal:** Talk about sporting events and athletes.

1 Escucha lo que dice Mateo. Luego, lee cada oración y contesta **cierto** o **falso**. *(Answer true or false according to what Mateo says.)*

C F **1.** Este partido no fue importante.

C F **2.** El equipo de Mateo no hace mucho ejercicio.

C F **3.** El otro equipo metió un gol primero.

C F **4.** El equipo de Mateo ganó antes en la misma cancha.

C F **5.** Mateo prefiere la cancha de la otra escuela.

2 Escucha lo que dicen Félix y Darío. Luego, contesta las preguntas con oraciones completas. *(Answer the questions based on the conversation.)*

1. ¿El equipo de Darío va a jugar otro partido?

____

____

2. ¿El equipo de Darío gana pocas veces?

____

____

3. ¿Qué cancha prefiere Darío?

____

____

Nombre ______________________ Clase ______________ Fecha __________

Escuchar C

Level 2, pp. 110-111
WB CD 1 tracks 29-30

¡AVANZA! **Goal:** Talk about sporting events and athletes.

1 Escucha lo que dice Luisa y toma apuntes. Luego, completa las oraciones. *(Complete the sentences according to what Luisa says.)*

1. Los chicos del equipo de Luisa siempre juegan bien porque ______________________.
2. Ayer, el equipo de Luisa metió ______________________.
3. Después del partido, los chicos ______________________.
4. Luisa y sus amigos comieron ______________________.
5. Por la noche, Luisa y sus amigos ______________________ en la televisión.

2 Escucha lo que dice Noelia y toma apuntes. Luego, contesta las preguntas con oraciones completas. *(Listen to Noelia and take notes. Then, answer the questions in complete sentences.)*

1. ¿Por qué ganó el equipo de la escuela de Noelia?
____
____
2. ¿Cuántos juegos necesitan ganar para recibir el premio?
____
____
3. ¿Cuándo fue el partido?
____
____

UNIDAD 2 • Lección 1 • Escuchar C

Nombre ______________________ Clase ______________ Fecha ________

Leer A

Level 2, pp. 110-111

¡AVANZA! **Goal:** Read about what Luisa likes.

Cuando la mamá de Luisa llegó de trabajar, encontró esta nota encima de la mesa.

> *Mami:*
> *¡Gracias por los zapatos que me regalaste para mi cumpleaños! Son muy bonitos. Pero esta camisa que me compraste no me gusta mucho. Prefiero la que vimos el sábado. Ayer Cecilia y yo fuimos al centro comercial y vimos los jeans que me gustan. Están baratos. ¿Puedes ir a ver estas cosas? ¡Por favor!*
> *Te quiero,*
> *Luisa*

¿Comprendiste?

Lee la nota que Luisa le escribió a su mamá. Luego, lee cada oración y contesta **cierto** o **falso**. *(Read Luisa's note and decide whether the statements are true or false.)*

C F **1.** A Luisa le gustaron los zapatos que le regaló su mamá.

C F **2.** Luisa recibió regalos por su cumpleaños.

C F **3.** A Luisa le encantó la camisa que le compró su mamá.

C F **4.** Luisa prefiere otra camisa.

C F **5.** Los jeans que le gustan a Luisa están caros.

¿Qué piensas?

¿Piensas que los regalos de Luisa son lindos? ¿Por qué?

____

____

____

____

Nombre ______________________ Clase ______________ Fecha ________

Leer B

Level 2, pp. 110-111

¡AVANZA! **Goal:** Read about what the students think.

Cuando el equipo de la escuela ganó el último partido, los jugadores les preguntaron a sus amigos sobre el partido. Éstas son las respuestas.

> *Luisa: Pienso que el partido fue muy bueno. Me gustó cuando metieron el primer gol.*
> *Cecilia: Los jugadores corrieron rápidamente. Me gustó mucho.*
>
> ***Lucas: Ustedes hicieron mucho ejercicio. El equipo ganó fácilmente.***
>
> **Santiago: Los jugadores fueron rápidos y jugaron seriamente.**
>
> **Andrea: Antes de ese partido, el equipo perdió dos veces. Estoy alegre porque ganó esta vez.**

¿Comprendiste?

Lee todas las respuestas. Luego, completa las oraciones. *(Read the responses and complete the sentences.)*

1. Lucas piensa que el equipo ganó porque ______________________.
2. A Luisa le gustó cuando el equipo ______________________.
3. Santiago piensa que los chicos jugaron ______________________.
4. Andrea está alegre porque antes ______________________.
5. Cecilia piensa que los jugadores ______________________.

¿Qué piensas?

¿Piensas que es importante estar en forma? ¿Por qué?

____

____

____

____

UNIDAD 2 • Lección 1 • Leer B

Nombre ______________________ Clase ______________ Fecha ____________

Leer C

Level 2, pp. 110-111

¡AVANZA! **Goal:** Read about a team that won a soccer game.

El equipo preferido de Mateo ganó el partido de fútbol más difícil del campeonato. Él lee esta noticia en una revista deportiva.

River casi es campeón

Ayer River Plate fue a la cancha de Boca Juniors y ganó un partido difícil. Durante los primeros minutos, los dos equipos corrieron detrás de la pelota nerviosamente. Los jugadores locales metieron el primer gol a los quince minutos, pero ese gol le hizo a River jugar más fuertemente. Cuando los aficionados empezaron a cantar ‹‹Soy de River soy / y de la cabeza siempre estoy...››, el equipo recibió la ayuda que necesitó; metió su primer gol y empató con Boca. Entonces, a los treinta minutos, Boca perdió la pelota y esto le permitió a River meter otro gol y ganar el partido dos a uno.

Para recibir el premio del campeonato, River Plate tiene que ganar un partido más.

UNIDAD 2 • Lección 1 Leer C

¿Comprendiste?

Contesta las siguientes preguntas con oraciones completas.

1. ¿Cómo sabes que Boca y River no jugaron bien durante los primeros minutos?

   ____

2. ¿Cuál equipo metió el primer gol del partido? ¿Cuándo?

   ____

3. ¿Qué les pasó a los jugadores de River cuando los aficionados cantaron?

   ____

4. Al final, ¿cómo ganó River Plate el partido?

   ____

¿Qué piensas?

1. ¿Piensas que es importante saber cómo va tu equipo en un campeonato? ¿Por qué?

   ____

   ____

   ____

   ____

Nombre ______________________ Clase ______________ Fecha ______________

Escribir A

Level 2, pp. 110-111

¡AVANZA! **Goal:** Write about what people do to be healthy.

Step 1

Haz una lista con las cosas que puedes hacer para vivir más saludable. *(Make a list of things you can do to live a healthy life.)*

1. ______________________
2. ______________________
3. ______________________
4. ______________________

Step 2

Escribe un texto de tres líneas sobre las cosas que tú hiciste el año pasado para estar saludable. *(Write three sentences saying what you did last year to be healthy.)*

____

____

____

____

____

Step 3

Evaluate your responses using the information in the table.

Writing Criteria	Excellent	Good	Needs Work
Content	You have stated at least three things you did last year to be healthy.	You have stated one or two things you did last year to be healthy.	You have not stated anything you did last year to be healthy.
Communication	Most of your response is clear.	Some of your response is clear.	Your response is not very clear.
Accuracy	You make few mistakes in grammar and vocabulary.	You make some mistakes in grammar and vocabulary.	You make many mistakes in grammar and vocabulary.

Nombre ______________________ Clase ______________ Fecha ________

Escribir B

Level 2, pp. 110-111

¡AVANZA! **Goal:** Write about what people do to be healthy.

Step 1

Los jugadores de tu equipo te preguntaron qué hiciste para mantenerte en forma el año pasado. Escríbeles una lista. (*Write a list about what you did to stay in shape last year.*)

1. ______________________
2. ______________________
3. ______________________
4. ______________________

Step 2

Usa la lista de arriba para escribirles un correo electrónico a los jugadores para decirle qué hiciste para mantenerte en forma. (*Write an email saying what you did to stay in shape.*)

____

____

____

____

____

____

Step 3

Evaluate your writing using the information in the table.

Writing Criteria	Excellent	Good	Needs Work
Content	You have stated four ways you stayed in shape.	You have stated two to three ways you stayed in shape.	You have stated one or fewer ways you stayed in shape.
Communication	Most of your response is clear.	Some of your response is clear.	Your response is not very clear.
Accuracy	You make few mistakes in grammar and vocabulary.	You make some mistakes in grammar and vocabulary.	You make many mistakes in grammar and vocabulary.

Nombre _______________ Clase _______________ Fecha _______________

Escribir C

Level 2, pp. 110-111

¡AVANZA! **Goal:** Write about what people do to be healthy.

Step 1

Mateo quiere ser un jugador de fútbol mejor. Haz una lista de preguntas que él le hace a un atleta que se entrenó para la Copa Mundial el año pasado. (*Make a list of questions for a soccer player who trained for the World Cup last year.*)

1. _______________
2. _______________
3. _______________

Step 2

Escribe las respuestas del atleta a las preguntas de Mateo. (*Write the athlete's responses to Mateo' questions.*)

____
____
____
____
____
____
____

Step 3

Evaluate your responses using the information in the table.

Writing Criteria	Excellent	Good	Needs Work
Content	You have answered the questions completely.	You have answered most of the questions.	You have not answered the questions.
Communication	Most of your response is clear.	Some of your response is clear.	Your response is not very clear.
Accuracy	You make few mistakes in grammar and vocabulary.	You make some mistakes in grammar and vocabulary.	You make many mistakes in grammar and vocabulary.

Nombre _______________ Clase _______________ Fecha _______________

Cultura A

Level 2, pp. 110-111

¡AVANZA! **Goal:** Review cultural information about Argentina.

1 **Argentina** Une con una línea las frases de la izquierda con su explicación que está a la derecha. *(Match the following columns.)*

1. Buenos Aires es	el idioma oficial de Argentina.
2. El español es	la moneda de Argentina.
3. Jorges Luis Borges es	un escritor argentino famoso.
4. El peso es	la capital de Argentina.

2 **Las actividades** Di las actividades que se hacen en cada lugar. *(Tell what activities people do in each location.)*

modelo: En la Copa Mundial los deportistas juegan al fútbol.

1. En el barrio la Boca las personas _______________

2. En un partido de fútbol los aficionados argentinos _______________

3. En la Patagonia los turistas _______________

3 **El equipo de fútbol** Escribe tres oraciones sobre la pintura *Club Atlético Nueva Chicago* de Antonio Berni. *(Write three sentences describing Antonio Berni's painting.)*

____

____

____

____

____

____

UNIDAD 2 • Cultura A
Lección 1

Nombre ______________________ Clase ______________ Fecha ________

Cultura B

Level 2, pp. 110-111

¡AVANZA! **Goal:** Review cultural information about Argentina.

1 Completa las siguientes oraciones con una de las palabras de la caja. *(Complete the following sentences by choosing the correct answer from the word bank.)*

tango	cantos	la Boca	la Patagonia

1. En Argentina hay un barrio con muchos artistas y casas de muchos colores que se llama ______________.
2. ______________ es una región donde los turistas hacen deportes extremos.
3. El ______________ es un baile de Argentina.
4. Los aficionados cantan ______________ en los partidos de fútbol en Argentina.

2 En Argentina no usan la forma **tú**. Lee el siguiente anuncio que usa el **vos**. Luego haz tu propia versión usando la forma **tú**. *(Change the **vos** in the ad to the **tú** form.)*

> Querés ver los partidos de la Copa Mundial porque tenés un equipo de fútbol favorito. Comprás boletos y mirás el partido en vivo. Todo lo hacés con tu tarjeta de crédito Buen Comercio.

____

____

____

3 Haz una lista de tres competencias mundiales. Luego escribe oraciones sobre qué deportes se practican en cada una. *(Make a list with different world sports competitions. Then write sentences about what sports are played at each event.)*

COMPETENCIAS	DEPORTES

____

____

Nombre ______________________ Clase ______________ Fecha __________

Cultura C

Level 2, pp. 110-111

¡AVANZA! **Goal:** Review cultural information about Argentina.

1 Completa las siguientes oraciones sobre la historia de la Copa Mundial de fútbol. *(Finish the following sentences about the history of the World Cup.)*

1. La primera edición de la Copa Mundial de fútbol se jugó en Uruguay en ______________.
2. El nombre original del trofeo fue ______________.
3. Argentina ganó el trofeo ______________ veces antes del año 2002.
4. ______________ ganó la Copa Mundial cinco veces, la última vez fue en 2002 contra Alemania.

2 **Argentina** Contesta las siguientes preguntas con oraciones completas. *(Answer the following questions.)*

1. ¿Cómo se llama la pintura de un equipo de fútbol de Antonio Berni?
____
2. ¿Tienes un equipo de fútbol favorito? ¿Cuál?
____
3. ¿Qué hay en el barrio de La Boca?
____
____
4. ¿Qué se puede hacer en la región de la Patagonia?
____
____

3 Los cantos deportivos unifican a los miembros de una comunidad. Sigue el ejemplo de un canto del equipo argentino River Plate de la página 96. Escribe tu propio canto deportivo de cuatro líneas para un equipo de un deporte que te gusta. *(Write your own four-line sports chant for your favorite sports team.)*

____
____
____
____

Nombre ______________________________ Clase ______________ Fecha __________

Vocabulario A

Level 2, pp. 114-118

¡AVANZA! **Goal:** Talk about your daily routine.

1 Luisa tiene una rutina. Empareja las palabras relacionadas. *(Match the related words.)*

a.	dedo	____	jabón
b.	apagar la luz	____	levantarse
c.	encender la luz	____	acostarse
d.	bañarse	____	uñas
e.	vestirse	____	ropa

2 Mateo se prepara para ir a la escuela. Completa las oraciones con las palabras de la caja. *(Complete the sentences with the words from the box.)*

1. Mateo se peina con ______________ .

2. Mateo usa ______________ para afeitarse.

3. Él se seca con ______________ .

4. Usa ______________ para lavarse el pelo.

5. Se ducha con ______________ .

champú
la toalla
jabón
crema de afeitar
el peine

3 Di qué rutina se debe hacer antes o después de la otra. *(Say which routine should be done before or after the other.)*

modelo: levantarse / afeitarse
Hay que levantarse antes de afeitarse. *o*
Hay que afeitarse después de levantarse.

1. bañarse / maquillarse

____

____

2. secarse / lavarse la cara

____

____

3. apagar la luz / dormirse

____

____

UNIDAD 2 • Lección 2 • Vocabulario A

Nombre ______________________ Clase ______________ Fecha __________

Vocabulario B

Level 2, pp. 114-118

¡AVANZA! **Goal:** Talk about your daily routine.

1 Pon en orden lógico la rutina de Mateo. *(Put Mateo's routine in order.)*

1. ____ **a.** acostarse
2. ____ **b.** ducharse
3. ____ **c.** despertarse
4. ____ **d.** dormirse
5. ____ **e.** secarse

2 Combina las palabras de cada columna para formar frases lógicas sobre las rutinas. *(Combine the words to make logical phrases about routines.)*

cepillarse	la cara	con una toalla
peinarse	las manos	con un peine
lavarse	el cuello	con pasta
secarse	los dientes	con crema
afeitarse	el pelo	con jabón

1. ______________________
2. ______________________
3. ______________________
4. ______________________
5. ______________________

3 Di con qué frecuencia haces las siguientes actividades, usando **nunca**, **a veces**, **frecuentemente** o **siempre**. *(Say how often you do these activities.)*

modelo: usar un secador de pelo Nunca uso un secador de pelo.

1. tener prisa ______________________
2. encender la luz para leer ______________________
3. tener sueño ______________________
4. apagar la luz de noche ______________________

UNIDAD 2 • Vocabulario B
Lección 2

Nombre ______________________ Clase ______________ Fecha __________

Vocabulario C

Level 2, pp. 114-118

¡AVANZA! **Goal:** Talk about your daily routine.

1 Luisa tiene su rutina. Completa el texto de abajo con las palabras del vocabulario. *(Complete the paragraph to describe Luisa's routine.)*

A Luisa le gusta **1.** ______________ a las seis cada mañana. Sale de la casa para correr durante 20 minutos y después tiene que **2.** ______________. Normalmente usa una **3.** ______________ para secarse el pelo, pero si tiene prisa usa un **4.** ______________. Necesita **5.** ______________ la ropa rápidamente porque no quiere llegar tarde a la escuela.

2 Subraya la palabra relacionada. Luego, escribe una oración completa con las dos palabras relacionadas. *(Choose the related word and write a sentence using both.)*

1. jabón (bañarse / acostarse)

____

2. dormirse (tener prisa / tener sueño)

____

3. toalla (secarse / entrenarse)

____

3 Tu amigo(a) tiene una entrevista de trabajo mañana, pero va a seguir una rutina normal para no estar demasiado nervioso(a). Escribe en tu diario qué va a hacer mañana antes de la entrevista. *(Describe your friend's routine tomorrow before the interview.)*

____

____

____

____

____

____

____

____

Nombre ______________________ Clase ______________ Fecha __________

Gramática A *Reflexive Verbs*

Level 2, pp. 119-123

¡AVANZA! **Goal:** Use reflexive verbs to talk about routines.

1 Cada persona tiene una rutina diferente. De las palabras entre paréntesis, subraya las palabras que completan cada oración. *(Choose the correct verb form that completes the sentence.)*

1. Luisa (se maquilla / me maquillo) todas las mañanas.
2. Mateo y yo (nos entrenamos / se entrenan) en el gimnasio.
3. Mateo (se afeita / se afeitan) antes de bañarse.
4. Yo (te secas / me seco) el pelo con el secador.
5. Tú (se peina / te peinas) muy bien.

2 Tú sabes los planes de todos. Contesta las preguntas de un(a) amigo(a) sobre qué piensa hacer cada persona antes de una fiesta. *(Say what each person plans to do before the party.)*

modelo: ¿Vanesa va a ponerse la ropa nueva?
Sí, (No,) Vanesa (no) piensa ponerse la ropa nueva.

1. ¿Jorge va a arreglarse temprano?

____

2. ¿Va a maquillarse Luisa antes de la fiesta?

____

3. ¿Tú vas a lavarte el pelo más tarde?

____

4. ¿Ustedes van a cepillarse los dientes después de comer?

____

3 Escribe una oración que describa qué hace tu amigo(a) cuando se levanta. Usa verbos reflexivos. *(Write a sentence describing what your friend does when (s)he gets up.)*

____

____

____

UNIDAD 2 • Gramática A
Lección 2

Nombre ______________________ Clase ______________ Fecha __________

Gramática B *Reflexive Verbs*

Level 2, pp. 119-123

¡AVANZA! **Goal:** Use reflexive verbs to talk about routines.

1 Esta familia tiene su rutina particular. Escoge el verbo que mejor complete cada oración. *(Choose the verb that best completes the sentence.)*

1. Mi mamá y mi papá ____ temprano para ir a trabajar.
   a. se levanta **b.** te levantas **c.** me levanto **d.** se levantan
2. Yo ____ todas las mañanas antes de ir a la escuela.
   a. me ducho **b.** te duchas **c.** se ducha **d.** se duchan
3. Mi mamá y yo ____ juntas antes de salir.
   a. se maquillan **b.** se maquilla **c.** me maquillo **d.** nos maquillamos
4. Mi hermano ____ antes de ducharse.
   a. se afeitan **b.** te afeitas **c.** se afeita **d.** se afeitan

2 Todos se van a arreglar para ir a la escuela. Di qué piensa hacer cada persona. *(Say what each person is planning to do.)*

modelo: Jaime tiene el jabón. Piensa lavarse la cara.

1. Luisa tiene una toalla. ______________________
2. Mateo y Diego tienen la pasta de dientes. ______________________
3. Tú tienes una camisa nueva. ______________________
4. Nosotros tenemos los peines. ______________________
5. Yo tengo sueño. ______________________

3 Describe qué vas a hacer mañana antes de llegar a la escuela. *(Say what you will do tomorrow to get ready for school.)*

levantarse
bañarse
cepillarse
ponerse la ropa

____

____

____

____

____

____

Nombre ______________________ Clase ______________ Fecha ________

Gramática C *Reflexive Verbs*

Level 2, pp. 119-123

¡AVANZA! **Goal:** Use reflexive verbs to talk about routines.

1 Mateo y Luisa hablan de su rutina. El diálogo de abajo está desordenado. Pon su diálogo en orden. *(Put the dialogue in order.)*

a. ¿Por qué?
b. Después me baño, me afeito, me pongo desodorante y voy a la escuela.
c. Y después, ¿qué haces?
d. Yo también hago todo eso. Me seco el pelo con el secador y me maquillo.
e. Porque me levanto muy temprano.
f. Hola, Luisa. Hoy tengo mucho sueño.

1. Mateo: ____
2. Luisa: ____
3. Mateo: ____
4. Luisa: ____
5. Mateo: ____
6. Luisa: ____

2 Hay una fiesta mañana y muchas personas van a ir. Escribe cómo ellos piensan arreglarse antes de salir de sus casas. *(Write how each person plans to get ready.)*

afeitarse	la cara	la toalla
cepillarse	el pelo	el espejo
lavarse	los dientes	el jabón
maquillarse	las piernas	el cepillo
secarse	el cuerpo	la crema

1. Celia ______________________________
2. Sergio y yo ______________________________
3. Tú ______________________________
4. Yo ______________________________
5. Cristóbal y Eligio ______________________________

3 Tú y tu amigo(a) tienen rutinas muy diferentes. Describe tu rutina y compárala con la de tu amigo(a). Usa tres verbos reflexivos. *(Describe the differences between your routine and that of a friend, using three reflexive verbs.)*

____
____
____

UNIDAD 2 • Gramática C
Lección 2

Nombre ______________________ Clase ______________ Fecha ________

Gramática A *Present Progressive*

Level 2, pp. 124-126

¡AVANZA! **Goal:** Use the Present Progressive to say what you are doing.

1 Frecuentemente, los chicos están haciendo muchas cosas. De las palabras entre paréntesis, subraya las palabras que completan cada oración. *(Underline the correct words that finish the sentences.)*

1. Luisa y Diego (están leyendo / estás leyendo) un libro.
2. Luisa (se está entrenando / te estás entrenando) en el gimnasio.
3. Nosotros (están acostándose / estamos acostándonos) ahora.
4. Mateo y Diego (se está afeitando / se están afeitando) rápidamente.
5. Yo (estoy entrenándome / estás entrenándote) para el campeonato.

2 Di qué están haciendo estas personas. *(Say what each person is doing.)*

modelo: Dina / correr Está corriendo.

1. Nosotros / lavarse ______________________.
2. Tomás y David / dormir ______________________.
3. Yo / leer ______________________.
4. Silvia / ducharse ______________________.
5. Tú / decir ______________________.

3 Escribe una oración que describa qué estás haciendo ahora. *(Write a sentence describing what you are doing now.)*

____

____

____

____

____

UNIDAD 2 • Lección 2 • Gramática A

Nombre ______________________ Clase ______________ Fecha ________

Gramática B *Present Progressive*

Level 2, pp. 124-126

¡AVANZA! **Goal:** Use the present progressive to say what you are doing.

1 Los chicos están haciendo muchas cosas. Escoge la forma correcta del presente progresivo. *(Choose the correct form of the present progressive.)*

1. Mis amigos ____ por teléfono.

a. está hablando **b.** estás hablando **c.** están hablando

2. Yo ____ de la cama.

a. estoy levantándome **b.** están levantándote **c.** estamos levantándonos

3. Luisa ____ en la cancha.

a. se están entrenando **b.** se está entrenando **c.** te estás entrenando

4. ¿Qué ____ tú ahora?

a. están leyendo **b.** está leyendo **c.** estás leyendo

2 Ayer la familia hizo planes para hoy, y ahora los cumple. Di qué está haciendo cada persona según lo que pensó hacer. *(Say what each person is doing now.)*

modelo: Mi abuela pensó caminar. / Ahora está caminando.

1. Mis hermanas pensaron levantarse a las ocho. ______________________

2. Mi primo y yo pensamos entrenarnos en la cancha. ______________________

3. Mi tío pensó dormir una siesta. ______________________

4. Tú pensaste leer un libro. ______________________

3 Forma oraciones para describir qué están haciendo las personas ahora. *(Write sentences saying what people are doing right now.)*

Yo	arreglarse	el partido
Diego y Mateo	decir	la fiesta
Paula y yo	entrenarse	las reglas

1. ____

2. ____

3. ____

UNIDAD 2 • Gramática B
Lección 2

Nombre ______________________ Clase ______________ Fecha ________

Gramática C *Present Progressive*

Level 2, pp. 124-126

¡AVANZA! **Goal:** Use the present progressive to say what you are doing.

1 Los chicos están haciendo cosas diferentes. Completa las oraciones con el presente progresivo del verbo entre paréntesis. *(Complete these sentences.)*

1. Mateo y Diego ______________ para el partido. (entrenarse)
2. Luisa y yo ______________ antes de salir. (maquillarse)
3. Yo ______________ ahora. (levantarse)
4. Tú ______________ con mi peine. (peinarse)
5. Nosotros ______________ el pelo. (secarse)

2 Generalmente los estudiantes siguen la misma rutina, pero a veces hacen algo raro. Describe qué están haciendo ahora que es diferente. *(Say what the students are doing now that is different.)*

modelo: Me acuesto tarde. / Ahora **me estoy acostando** temprano.

1. Luisa frecuentemente lee en su cuarto.

   ____

2. Celso siempre se seca el pelo con una toalla.

   ____

3. Diego y yo nos entrenamos en el gimnasio.

   ____

4. Generalmente mi hermana duerme en la cama.

   ____

3 Contesta las siguientes preguntas con oraciones completas. *(Answer with complete sentences.)*

1. ¿Qué estás haciendo?

   ____

2. ¿Cómo estás secándote el pelo?

   ____

UNIDAD 2 Lección 2 • Gramática C

Nombre ______________________ Clase ____________ Fecha ________

Integración: Hablar

Level 2, pp. 127-129
WB CD 01 track 31

A Lucía le encanta mirar telenovelas en la televisión. Todos los días, a las cuatro ve *Vivir con ángeles*, una telenovela donde actúa su actriz favorita, María Vázquez. Compara la rutina de esta actriz famosa con la rutina de Lucía. *(Compare Lucía's routine with the actress's.)*

Fuente 1 Leer

Lee un artículo de revista donde la actriz favorita de Lucía habla de su rutina. *(Read the magazine article.)*

Habla María Vázquez

Ayer, María Vázquez dijo: *«Mi trabajo es difícil. Ahora estoy haciendo muchas cosas y casi no tengo tiempo. Todos los días, también sábados y domingos, me levanto a las cinco. Me arreglo y voy al gimnasio. Después, vuelvo a casa, me ducho, me maquillo y me pongo la ropa. Empiezo a trabajar a las siete. A veces, no tengo tiempo de salir con amigos. Cuando llego a casa por la noche, estoy muy cansada. Normalmente, me acuesto a las once y media. Siempre leo un libro antes de dormirme. Ahora estoy leyendo* Don Quijote de la Mancha*».*

Fuente 2 Escuchar ***WB CD 01 track 32***

Escucha el mensaje telefónico de Lucía a su amiga. Toma apuntes. *(Listen to Lucía's phone message and take notes.)*

____

____

____

____

Hablar

Describe qué cosas hace Lucía y qué cosas hace María Vázquez todos los días. Explica cuáles son las diferencias. *(Describe what Lucía and María do every day.)*

Modelo: Lucía y María se... También ellas... Pero Lucía...

Nombre ______________________________ Clase ______________ Fecha __________

Integración: Escribir

Level 2, pp. 127-129
WB CD 01 track 33

Los chicos del equipo de voleibol siguen una rutina específica durante la semana y fin de semana. Lee el artículo y escucha el video por Internet. Luego, escribe cuáles son las cosas que los chicos del equipo de voleibol hacen todos los días. (*Write what do the volleyball players do everyday.*)

Fuente 1 Leer

Lee el artículo que salió en el periódico escolar. (*Read the article.*)

> **¿CÓMO ES LA RUTINA DE LOS JUGADORES DE NUESTRO EQUIPO DE VOLEIBOL?**
>
> **Los chicos del equipo de voleibol tienen una rutina como los otros chicos pero...** De lunes a viernes, los jugadores del equipo de voleibol tienen una rutina igual a la de los otros chicos: se levantan a las siete, se duchan, se ponen la ropa y llegan a la escuela a las ocho. Tienen que estudiar y sacar buenas notas. También salen con amigos. Pero la rutina de los sábados y domingos es diferente y más difícil. Ellos corren una hora el sábado y se entrenan tres horas el domingo. ¡Es cómo se mantienen en forma!

Fuente 2 Escuchar *WB CD 01 track 34*

Escucha lo que dice un jugador en un video que le mandó al editor del periódico. Toma apuntes. (*Listen to what a player says in a video and take notes.*)

____

____

____

____

Escribir

¿Cuáles son las cosas que los chicos del equipo de voleibol hacen todos los días? ¿Qué hacen durante el fin de semana? (*Write about what the volleyball players do during the week and on weekends.*)

modelo: Todos los días de la semana... Los sábados y domingos...

____

____

____

____

____

Nombre ______________________ Clase ______________ Fecha __________

Escuchar A

Level 2, pp. 134-135
WB CD 01 tracks 35-36

¡AVANZA! **Goal:** Listen to find out about the routine of a person.

1 Escucha lo que dice Luisa. Luego, empareja las cosas que hace con el momento correspondiente. Algunas actividades tienen la misma respuesta. *(Listen to Luisa and match her activities with when she does them.)*

a. Por la mañana ___ entrenarse

b. Por la tarde ___ dormirse

c. Por la noche ___ levantarse

___ ponerse el uniforme

___ ducharse

2 Escucha lo que dice Rubén. Luego, completa las oraciones. *(Complete the sentences based on what Rubén says).*

1. Rubén ayuda a su hermano a ______________________.
2. Rubén ______________ la ropa y ______________ los dientes.
3. Un día, el hermano de Rubén va a ______________________.

UNIDAD 2 • Lección 2 • Escuchar A

Escuchar B

Level 2, pp. 134-135
WB CD 01 tracks 37-38

¡AVANZA! **Goal:** Listen to find out about the routine of a person.

1 Escucha lo que dice Mateo. Luego, lee cada oración y contesta **cierto** o **falso**. *(Listen to Mateo and decide whether the statements are true or false.)*

C F **1.** Mateo se levanta temprano.

C F **2.** Mateo se afeita después de ducharse.

C F **3.** Mateo se baña con mucho jabón.

C F **4.** Mateo no se lava con champú.

C F **5.** Mateo es deportista y se entrena.

2 Escucha lo que dice Sandra. Luego, ordena las cosas que aprendió Tobías del 1 al 5, donde 1 es lo que aprendió primero. *(Listen to Sandra and put the activities in the order that Tobías learned them.)*

____ **a.** peinarse

____ **b.** secarse

____ **c.** ponerse la ropa

____ **d.** ducharse

____ **e.** cepillarse los dientes

Nombre ______________________ Clase ______________ Fecha ________

Escuchar C

Level 2, pp. 134-135
WB CD 01 tracks 39-40

¡AVANZA! **Goal:** Listen to find out about people's routines.

1 Escucha lo que dice la señora Martínez y toma apuntes. Luego, completa las oraciones. *(Listen to Sra. Martínez and complete the sentences.)*

1. Toda la familia ____________________ temprano.
2. Los padres ____________________ después de los hijos.
3. La madre y la hija ____________________ cuando los hombres ____________________.
4. Todos ____________________ el pelo rápidamente.
5. Por la noche, ____________________ después de apagar la luz.

2 Escucha lo que dice Fernando y haz una lista de las cosas para su viaje. Luego, escribe oraciones sobre qué va a hacer con cada artículo. *(Listen to Fernando and write what he will do with each travel item.)*

	cosas para arreglarse	**cómo las va a usar**
1.		
2.		
3.		
4.		
5.		
6.		
7.		
8.		
9.		

UNIDAD 2 • Lección 2 • Escuchar C

Leer A

Level 2, pp. 134-135

¡AVANZA! **Goal:** Read about various routines.

Mantenerse saludable

Cuatro consejos de una persona de 90 años para mantenerse saludable:

- Es bueno levantarse temprano todos los días.
- Es bueno bañarse con agua fría.
- Es bueno cepillarse los dientes tres veces al día.
- Es bueno acostarse antes de las 8:00 de la noche.

¿Comprendiste?

Lee los consejos para mantenerse saludable. Luego, lee cada oración y contesta **cierto** o **falso**. *(Answer true or false based on the advice.)*

C F **1.** Es importante bañarse pocas veces.

C F **2.** Es bueno cepillarse los dientes varias veces al día.

C F **3.** Es bueno levantarse después de las 10:00 a.m.

C F **4.** Es necesario dormir cinco horas cada noche, nada más.

¿Qué piensas?

¿Piensas que puedes hacer estas cosas para mantenerte saludable? ¿Por qué?

____

____

____

____

Nombre ______________________ Clase ______________ Fecha ________

Leer B

Level 2, pp. 134-135

¡AVANZA! **Goal:** Read about some routines.

Cecilia escribió lo siguiente en su diario personal:

> Quiero mantenerme en forma, pero a veces es difícil. Después de levantarme por la mañana, salgo a entrenarme. ¡Estoy corriendo 3 kilómetros cada día! Después, llego a casa a bañarme y a comer algo. Éste es el problema: me encanta la comida que no es saludable. ¡Tengo que seguir una dieta balanceada!
>
> Mi amiga Luisa está siguiendo una dieta muy buena. Ella se mantiene siempre en forma.

UNIDAD 2 • Leer B
Lección 2

¿Comprendiste?

Lee el diario de Cecilia. Luego, completa las oraciones. *(Read Cecilia's diary and complete the sentences.)*

1. El problema de Cecilia es que ______________________
2. Cecilia ______________________ 3 kilómetros cada día.
3. Cecilia quiere ______________________
4. Cecilia tiene que ______________________
5. Luisa se mantiene en forma porque ella ______________________

¿Qué piensas?

¿Estás manteniéndote en forma? ¿Por qué?

____

____

____

____

Nombre ______________________ Clase ______________ Fecha ________

Leer C

Level 2, pp. 134-135

¡AVANZA! **Goal:** Read about some routines.

El equipo de fútbol de la escuela va a otra ciudad por una semana para jugar un campeonato. El entrenador escribió una carta con la rutina que tienen que seguir los jugadores.

Campeonato de fútbol en Tandil

A todos los jugadores que van a Tandil:

Vamos a un hotel. La rutina tiene que ser así:

Todos tienen que levantarse a las 6:20 de la mañana. Hay que hacer dos grupos. El primer grupo tiene que estar bañándose a las 6:30 de la mañana. Cuando este grupo se está bañando, el segundo grupo tiene que estar afeitándose y cepillándose los dientes. El segundo grupo se va a bañar a las 6:45 de la mañana. Cuando el segundo grupo se está bañando, el primer grupo va a afeitarse y cepillarse los dientes. Así, todos nos arreglamos rápidamente.

Después, todos se van a entrenar seis horas todos los días. El domingo es el partido: ¡Tenemos que ganar!

El entrenador

¿Comprendiste?

Contesta las siguientes preguntas con oraciones completas. *(Answer the questions with complete sentences.)*

1. ¿Qué va a hacer el primer grupo a las 6:45 de la mañana?

   ____

2. ¿Qué tienen que estar haciendo todos a las 6:20 de la mañana?

   ____

3. ¿Cuánto tiempo se van a entrenar cada día?

   ____

¿Qué piensas?

¿Piensas que la rutina que está diciendo el entrenador es buena? ¿Por qué?

____

____

UNIDAD 2 • Lección 2 Leer C

Nombre ______________________ Clase ______________ Fecha __________

Escribir A

Level 2, pp. 134-135

¡AVANZA! **Goal:** Write about your routine.

Step 1

Los estudiantes están haciendo una lista sobre las rutinas personales. Haz tu propia lista con las cosas que haces antes de ir a la escuela. *(Make a list of things you do to get ready for school.)*

1. ______________________
2. ______________________
3. ______________________
4. ______________________
5. ______________________

Step 2

Escribe un párrafo con las horas de las cosas que tienes que hacer de tu lista para llegar a tiempo a la escuela. *(Write a paragraph saying what you must do to get to school on time.)*

____

____

____

____

____

Step 3

Evaluate your writing using the information in the table.

Writing Criteria	Excellent	Good	Needs Work
Content	You have mentioned five steps in your morning routine.	You have mentioned three to four steps in your morning routine.	You have mentioned two or fewer steps in your morning routine.
Communication	Most of your response is clear.	Some of your response is clear.	Your response is not very clear.
Accuracy	You make few mistakes in grammar and vocabulary.	You make some mistakes in grammar and vocabulary.	You make many mistakes in grammar and vocabulary.

Nombre _______________________________ Clase _______________ Fecha _________

Escribir B

Level 2, pp. 134-135

¡AVANZA! **Goal:** Write about your routine.

Step 1

Escribe oraciones completas sobre tu rutina. Usa la información de las cajas de abajo. *(Write sentences about your routine.)*

frecuentemente a veces nunca	por la mañana por la tarde por la noche

1. ____
2. ____
3. ____

Step 2

Escribe en tu diario personal tres cosas que haces todos los días, cuándo las haces y con qué frecuencia. *(Write what you do, when, and how often.)*

____

____

____

____

____

Step 3

Evaluate your writing using the information in the table.

Writing Criteria	Excellent	Good	Needs Work
Content	You have explained when and how often you do three daily activities.	You have explained when and how often you do two daily activities.	You have not explained when and how often you do daily activities.
Communication	Most of your response is clear.	Some of your response is clear.	Your response is not very clear.
Accuracy	You make few mistakes in grammar and vocabulary.	You make some mistakes in grammar and vocabulary.	You make many mistakes in grammar and vocabulary.

Nombre ______________________ Clase ______________ Fecha __________

Escribir C

Level 2, pp. 134-135

¡AVANZA! **Goal:** Write about your routine.

Step 1

Para llegar a la escuela a tiempo, tienes que estar haciendo algunas cosas a diferentes horas. ¿Qué cosas estas haciendo? *(What are you doing at different times in order to get to school on time?)*

modelo: A las siete de la mañana estoy despertándome.

1. ______________________________
2. ______________________________
3. ______________________________

Step 2

Contesta la siguiente pregunta con tres oraciones completas. *(Answer the question with three complete sentences.)*

¿Cuál es la rutina que tienes que seguir para llegar temprano a la escuela?

____

____

____

____

____

Step 3

Evaluate your writing using the information in the table.

Writing Criteria	Excellent	Good	Needs Work
Content	You have answered the question with at least three complete sentences.	You have answered the question with at least two complete sentences.	You have not answered the question with any complete sentences.
Communication	Most of your response is clear.	Some of your response is clear.	Your response is not very clear.
Accuracy	You make few mistakes in grammar and vocabulary.	You make some mistakes in grammar and vocabulary.	You make many mistakes in grammar and vocabulary.

Nombre ______________________ Clase ____________ Fecha ______

Cultura A

Level 2, pp. 134-135

¡AVANZA! **Goal:** Review cultural information about Argentina and Colombia.

1 **Argentina** Contesta las siguientes oraciones. *(Complete the following sentences.)*

1. Con más de 1.000.000 de millas cuadradas, Argentina es el país hispanohablante ____

   a. más pequeño del mundo. **b.** más grande del mundo. **c.** más poblado del mundo.

2. La Patagonia es una región ____ de Argentina.

   a. del sur **b.** del norte **c.** del oeste

3. El artista Xul Solar hizo obras de arte ____

   a. blanco y negro. **b.** realista. **c.** abstracto.

2 **El gaucho y el cafetero** Completa las siguientes oraciones. *(Complete the following sentences.)*

1. El gaucho argentino vive (de la tierra / del mar).
2. En Colombia se cultiva el café en (el llano / las montañas).
3. Al llano argentino se le llama (las pampas / los Andes).
4. Algunos cafeteros en Colombia viajan en (mula / caballo).

3 **Las tiras cómicas** Las tiras cómicas representan la cultura de un país. Dibuja una tira cómica sobre la vida de un cafetero colombiano. Usa las oraciones que describen qué hace el cafetero. *(Draw a comic strip about the life of a Colombian coffeemaker. Use the sentences that describe what he does.)*

1. Me acuesto temprano y me despierto entre las dos y cuarto de la mañana.
2. Me pongo la ruana o poncho y el sombrero grande.
3. Voy en mula al trabajo.

UNIDAD 2 Lección 2 • Cultura A

Nombre _______________________ Clase _______________ Fecha ___________

Cultura B

Level 2, pp. 134-135

¡AVANZA! **Goal:** Review cultural information about Argentina and Colombia.

1 **Argentina** Completa las siguientes oraciones. *(Complete the following sentences.)*

1. El baile famoso de Argentina se llama ______________.
2. El deporte más popular de Argentina es ______________.
3. Una tira cómica famosa de Colombia es ______________.
4. La moneda argentina es ______________.

2 **El gaucho y el cafetero** En Argentina y en Colombia la agricultura es una parte importante de la economía. Lee las oraciones y decide quién de los dos hombres las dice. *(Read the following sentences and decide who says them.)*

______________ Vivo y trabajo en las pampas.

______________ Me levanto temprano todos los días.

______________ Voy al campo en mula.

______________ Mi sueldo es la carne y la piel del ganado que vendo.

3 **Copetín** Escribe oraciones en la tabla para describir a Copetín. ¿De dónde es? ¿Cómo es? *(Write sentences in the chart to describe Copetín. Where is he from? What does he look like?)*

Copetín

UNIDAD 2 • Cultura B
Lección 2

Nombre ______________________________ Clase ________________ Fecha ________

Cultura C

Level 2, pp. 134-135

¡AVANZA! **Goal:** Review cultural information about Argentina and Colombia.

1 **Argentina es muy variada** Escribe tres actividades que puedes hacer en un barrio popular de la ciudad de Buenos Aires. Luego escribe tres actividades que puedes hacer en la región de la Patagonia. *(Write three activities you can do in a popular Buenos Aires neighborhood and three you can do in La Patagonia.)*

LA BOCA (BUENOS AIRES)	LA PATAGONIA

2 **Las vacaciones** Estás de vacaciones en Colombia y visitas un campo de cultivo de café. Escribe una carta de cinco oraciones a tu familia para decirles cómo pasas tu día. *(You are visiting a coffee growing field in Colombia on vacation. Write a five-sentence letter to your family describing how you spend your day.)*

____

____

____

____

____

3 **Las tiras cómicas** Las tiras cómicas representan la cultura de un país. Usa la tira cómica de la página 126 de tu libro y dibuja tres cuadros más para continuar la historia. *(Use the comic strip from your book and draw three more panels. What does he do and say next?)*

UNIDAD 2 • Lección 2 • Cultura C

Nombre ______________________ Clase ______________ Fecha ________

Comparación cultural: Rutinas del deporte

Level 2, pp. 136-137

Lectura y escritura

After reading the paragraphs about the sports that Ricardo, Silvia, and Nuria practice, write a paragraph about a sport you practice. Use the information on your organizer to write sentences and then write a paragraph that describes your sport.

Step 1

Complete the organizer including as many details as possible about your sport.

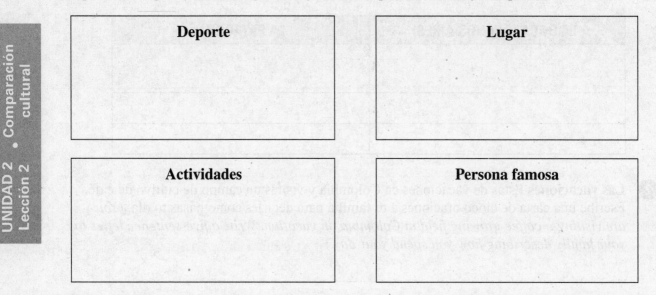

Deporte	Lugar
Actividades	**Persona famosa**

Step 2

Now take the details from the organizer and write a sentence for each topic on the organizer.

____

____

____

____

____

____

____

UNIDAD 2 • Comparación cultural
Lección 2

Nombre ______________________ Clase ______________ Fecha __________

Comparación cultural: Rutinas del deporte

Level 2, pp. 136-137

Lectura y escritura (continued)

Step 3

Now write your paragraph using the sentences you wrote as a guide. Include an introduction sentence and use the phrases **es importante..., es bueno...,** and **es necesario...** to write about your sport.

____

____

____

____

____

____

Checklist

Be sure that…

- ☐ all the important information from your organizer is included in the paragraph;
- ☐ you use details to describe each aspect of the sport;
- ☐ you include phrases for giving advice and new vocabulary words.

Rubric

Evaluate your writing using the rubric below.

Writing criteria	Excellent	Good	Needs Work
Content	Your paragraph includes many details about your sport.	Your paragraph includes some details about your sport.	Your paragraph includes few details about your sport.
Communication	Most of your paragraph is organized and easy to follow.	Parts of your paragraph are organized and easy to follow.	Your paragraph is disorganized and hard to follow.
Accuracy	Your paragraph has few mistakes in grammar and vocabulary.	Your paragraph has some mistakes in grammar and vocabulary.	Your paragraph has many mistakes in grammar and vocabulary.

Nombre ______________________ Clase ______________ Fecha ____________

Comparación cultural: Rutinas del deporte

Level 2, pp. 136-137

Compara con tu mundo

Now write a comparison about your sport and that of one of the three students from page 137. Organize your comparison by topics. First, compare the place you practice the sport, then any special events or activities, and lastly what your reactions were like.

Step 1

Use the chart to organize your comparison by topics. Write details for each topic about your sport and that of the student you chose.

	Mi deporte	El deporte de ____________
Deporte		
Lugar(es)		
Actividades		
Persona famosa		

Step 2

Now use the details from the organizer to write a comparison. Include an introduction sentence and write about each category. Use the phrases **es importante...**, **es bueno...**, and **es necesario...** to talk about your sport and that of the student you chose.

____

____

____

____

____

____

____

UNIDAD 2 • Comparación cultural
Lección 2

Nombre ______________________________ Clase ______________ Fecha __________

Vocabulario A

Level 2, pp. 144-148

¡AVANZA! **Goal:** Talk about clothes and places to shop

1 El sábado sales de compras con amigas. Une con flechas las palabras relacionadas. *(Connect items with the place to buy them.)*

a. unas sandalias	tienda de ropa
b. un reloj	librería
c. un suéter	farmacia
d. unos libros	zapatería
e. champú	joyería

2 Estás de compras con tus amigos. Completa las oraciones para darles consejos. *(Give advice to your friends while shopping.)*

bien	de rayas	flojo	la talla	de moda
mal	apretadas	de cuadros	el número	

1. Si tus botas son demasiado pequeñas, entonces te quedan ________________ y necesitas ________________ más grande.

2. Si el abrigo es muy grande, te queda ________________ y necesitas ________________ más pequeña.

3. El rojo no es tu color. El chaleco ________________ rojas te queda ________________.

4. Esas sandalias son perfectas para ti. Te quedan muy ________________.

5. ¿Por qué quieres comprar la falda ________________ amarillos y azules? No está ________________.

3 Escribe cuatro oraciones sobre ropa, zapatos o accesorios que tienes. Incluye tres cosas que te quedan bien. *(Write four sentences about clothes. Include three things that fit you well.)*

1. ____

2. ____

3. ____

4. ____

Nombre ______________________ Clase ______________ Fecha ________

Vocabulario B

Level 2, pp. 144-148

¡AVANZA! **Goal:** Talk about clothes and places to shop

1 Completa las oraciones con los lugares donde se compran las cosas. *(Where can you buy these items?)*

1. Graciela siempre compra el pan en ______________.
2. La ______________ está abierta: ¡puedes comprar las botas que te gustan!
3. Hay un libro muy interesante de historia universal. Vamos a ______________ a comprarlo.
4. Mi hermano me dio esta pulsera por mi cumpleaños. La compró en ______________ cerca de mi casa.

2 ¿Cómo me queda? Da tus opiniones y recomendaciones sobre la ropa que se ponen tus amigos en el almacén. *(Give your friends clothing advice).*

1. Necesitas ______________ más pequeña. Ese traje te ______________.
2. No me gusta esa falda de rayas. Te ______________.
3. ¡Ese abrigo es perfecto! ¡Te ______________!
4. Esos pantalones me parecen demasiado pequeños. Te ______________.
5. Las botas también me parecen pequeñas. Necesitas un ______________ más grande.

3 ¿Qué piensas? Contesta las preguntas con **Creo que sí** o **Creo que no**. Luego, explica por qué con una oración. *(Answer the question; then explain why.)*

1. ¿Es buena idea comprar cosas por Internet? ¿Por qué?
____
2. ¿Te parece que los chalecos están de moda? ¿Por qué?
____

UNIDAD 3 • Vocabulario B
Lección 1

Nombre _______________ Clase _______________ Fecha _______

Vocabulario C

Level 2, pp. 144-148

¡AVANZA! **Goal:** Talk about clothes and places to shop

1 **¿Qué puedes comprar en...?** Completa las oraciones. *(Complete the sentences with the words from the box.)*

desodorante	suéteres	faldas	botas
gorras	abrigos	cinturones	trajes
relojes	sandalias	jabón	pulseras

1. En la zapatería puedes comprar _______________
2. En la joyería puedes comprar _______________
3. En la farmacia puedes comprar _______________
4. En la tienda de ropa puedes comprar _______________

2 Subraya la palabra relacionada. Luego, escribe una oración completa usando las dos palabras. *(Underline the related word and write a complete sentence.)*

1. sandalias (pulsera / zapatos)
____
2. pulsera (la joyería / el traje)
____
3. talla (flojo / el abrigo)
____
4. falda (suéter / el número)
____

3 Teresa quiere comprar ropa nueva. Necesita ayuda para encontrar la talla correcta. ¿Qué le recomiendas? Escribe tres oraciones. Sigue el modelo. *(Give your friend advice about finding the right size in clothes.)*

modelo: La ropa te queda bien si…

____

____

Nombre ______________________ Clase __________ Fecha ______

Gramática A *Present Tense of Irregular yo verbs*

Level 2, pp. 149-153

¡AVANZA! **Goal:** Discuss what you do in contrast to what others do.

1 Tus amigos y tú hacen cosas diferentes durante la semana. Coloca la persona **(yo, tú o él)** delante de cada verbo. *(Write the correct pronoun in front of each verb.)*

1. ____ conozco una nueva tienda.
2. ____ pone un DVD.
3. ____ sé que es tarde.
4. ____ digo la verdad.
5. ____ doy muchos regalos.
6. ____ compras unas botas.
7. ____ traigo una carta.
8. ____ veo la televisión.

2 ¿Qué haces los fines de semana? Escribe la forma apropiada del verbo entre paréntesis. *(Write the correct verb form.)*

1. Los sábados, yo ______________ de compras. Mi hermano no ______________. (salir)
2. Los viernes, yo ______________ pizza a casa. Mis padres no la ______________. (traer)
3. Los domingos, yo ______________ nuevos lugares. Ustedes no los ______________. (conocer)
4. Los sábados y domingos, yo ______________ la televisión. Ellas no la ______________. (ver)
5. Los domingos, yo me ______________ ropa floja y descanso. (poner)

3 Contesta las siguientes preguntas con oraciones completas. *(Answer the following question in complete sentences.)*

1. ¿A ti te importa la moda? ______________________________
2. ¿Te interesan más las joyerías o las panaderías? ______________________________
3. ¿Cuántas veces al año sales a comprar ropa? ______________________________

UNIDAD 3 • Gramática A
Lección 1

Nombre ______________________ Clase ______________ Fecha __________

Gramática B *Present Tense of Irregular yo verbs*

Level 2, pp. 149-153

¡AVANZA! **Goal:** Discuss what you do in contrast to what others do.

1 Hay mucho que hacer los fines de semana. Usa la forma correcta del verbo para completar cada oración. *(Use the correct form of the verb to complete the sentence.)*

1. Yo siempre (hacer) ______________ deportes los fines de semana.
2. Yo nunca (ir) ______________ al centro comercial.
3. Yo no (saber) ______________ cuál es el nombre de la panadería.
4. Yo me (poner) ______________ ropa de moda.
5. Yo (conocer) ______________ ese almacén.

2 Escribe una oración completa y describe las cosas que haces los fines de semana pero que las otras personas no hacen. *(What do you do during the weekend that others don't do?)*

1. (Yo) ver / una película / hermano no
____
2. (Yo) conocer / a las personas nuevas / ustedes no
____
3. (Yo) venir / a tu casa / ellos no
____
4. (Yo) traer / los regalos para todos / tú no
____
5. (Yo) dar / mi opinión / ella no
____

3 Contesta las siguientes preguntas sobre las compras con oraciones completas. *(Answer the questions about shopping.)*

1. ¿Te importa la moda? ¿Por qué?
____
2. ¿Qué te interesa más: las zapaterías, las joyerías o las panaderías? ¿Por qué?
____
3. ¿Sales mucho a las tiendas de ropa? ¿Conoces muchas?
____

Nombre ______________________ Clase ______________ Fecha __________

Gramática C *Present Tense of Irregular **yo** verbs*

Level 2, pp. 149-153

¡AVANZA! **Goal:** Discuss what you do in contrast to what others do.

1 Escoge un verbo del la caja y completa las oraciones en primera persona. *(Choose a verb and complete sentences in the first person.)*

ver
saber
venir
salir
traer
conocer

1. Yo ______________ con amigos los viernes por la noche.
2. Yo nunca ______________ los sábados a este almacén.
3. Yo siempre ______________ ropa muy buena en Internet.
4. Yo te ______________ un abrigo.
5. Yo no ______________ qué talla necesito.
6. Yo ______________ una zapatería menos cara que ésta.

2 Contesta las siguientes preguntas con una oración completa. *(Answer the following questions in a complete sentence.)*

1. ¿Siempre das tu opinión? ¿Qué le dices a un amigo si no te gusta su ropa?

____

2. ¿Qué te pones para salir con amigos?

____

3. ¿Qué tienes en tu clóset?

____

3 Escribe cuatro oraciones sobre la ropa, la moda y las compras. Describe tus opiniones y actividades. Usa los verbos: **hacer**, **ir**, **vestir**, **saber**, **conocer**, **importar**, **interesar**, y **encantar**. *(Write four sentences about your shopping activities.)*

1. ____
2. ____
3. ____
4. ____

Nombre ______________________________ Clase ______________ Fecha __________

Gramática A *Pronouns after Prepositions*

Level 2, pp. 154-156

¡AVANZA! **Goal:** Use pronouns after prepositions to talk about different activities.

1 Todos traemos regalos. La persona que recibe el regalo está entre paréntesis. Une con flechas la preposición y el pronombre que corresponde a cada oración. *(Draw a line from the pronouns and prepositions to the sentences.)*

1. Norma trae un reloj __________ . (tú) para mí

2. Yo traigo una falda __________ . (Laura) para ti

3. Tú traes unas botas __________ . (yo) para ella

2 Completa las oraciones con el pronombre que corresponde. *(Complete the sentences with the correct pronoun.)*

1. El señor Ramírez compra sándwiches para ______________ (los estudiantes).

2. Aquí tengo un regalo de ______________ (yo) para ______________ (tú).

3. Compré la camisa más bonita de la tienda para ______________ (mi hermana).

4. Julio habla todo el tiempo de ______________ (tú) con ______________ (yo).

5. Aprendí a vivir sin ______________ (tú).

6. Ramón está de vacaciones con ______________ (tú).

3 Contesta las siguientes preguntas con oraciones completas. Usa el pronombre correspondiente. *(Answer the following questions in complete sentences.)*

1. ¿A ti te gusta vestir con ropa de moda?

____

2. ¿A ti te gusta vestir de negro, de blanco o de colores?

____

UNIDAD 3 • Gramática A
Lección 1

Nombre ______________________ Clase ______________ Fecha __________

Gramática B *Pronouns after Prepositions*

Level 2, pp. 154-156

¡AVANZA! **Goal:** Use pronouns after prepositions to talk about different activities.

1 Coloca las frases en la columna correspondiente a los pronombres y preposiciones en la tabla. *(Write the letter that corresponds to the phrases in the correct box.)*

a. Nos encanta	c. Le compro	e. Le dices
b. Me hablas	d. Nos recomienda	f. Me importa

A mí	A nosotros	A él

2 Reemplaza las personas con el pronombre correcto. *(Write complete sentences using pronouns for the people in parentheses.)*

modelo: Miriam trae un reloj para (su papá) / **Trae un reloj para él.**

1. Miriam compra una falda de cuadros para (su mamá)

____

2. Miriam da una fiesta para (sus abuelos)

____

3. Miriam comparte su almuerzo con (yo)

____

4. Miriam vive lejos de (tú)

____

3 Escribe un diálogo de tres oraciones.Usa **para, con, a, cerca de** y **lejos de** con los pronombres correctos. *(Write a three-sentence dialogue. Use the correct pronouns after the prepositions.)*

1. **Tú:** ______________________________

____

2. **Tu amigo:** ______________________________

3. **Tú:** ______________________________

UNIDAD 3 • Lección 1 • Gramática B

Nombre ______________________ Clase ______________ Fecha ____________

Gramática C *Pronouns after Prepositions*

Level 2, pp. 154-156

¡AVANZA! **Goal:** Use pronouns after prepositions to talk about different activities.

1 Completa las oraciones con el pronombre que corresponda al nombre o frase subrayados. *(Write the pronoun that best completes the sentence.)*

1. Marcos vive en la misma calle que Ariana. Marcos vive cerca de __________.
2. Es mi cumpleaños. Ana compra un regalo para __________.
3. Manuel no trae dinero en efectivo. Yo pago por __________.
4. Te gustan los cuadros, ¿no? Yo compré una falda de cuadros para __________.

2 Describe en tres oraciones las cosas que hace Ernesto por las personas. Usa el vocabulario de las cajas. *(Write three sentences with the vocabulary from the boxes.)*

Ernesto	comprar ropa traer regalos hablar	con para a	yo tú ellos

1. ____
2. ____
3. ____

3 En cuatro oraciones describe la ropa que le gusta a tu mamá y di qué le vas a comprar. Usa **a**, **para** y los pronombres correctos. *(Write four sentences describing the clothing that your mother likes, and what you are buying for her.)*

____

____

____

UNIDAD 3 • Lección 1 • Gramática C

Nombre ______________________ Clase ______________ Fecha ________

Integración: Hablar

Level 2, pp. 157-159
WB CD 02 track 01

A Mariana y a Carlos les encanta vestirse con ropa que está de moda. Este sábado van de compras al centro comercial. ¿Qué ropa nueva hay este año? *(What clothes are in style this year?)*

Fuente 1 Leer

Lee la publicidad de la tienda de ropa. *(Read the clothing store ad.)*

> **MODA DE HOY ¡LA MEJOR TIENDA DE ROPA!**
>
> ¿Quieres saber qué está de moda este año?
>
> Entonces tienes que venir ahora a la tienda Moda de Hoy en el Centro Comercial Macarena. Nosotros te decimos qué hay para este otoño y qué no está de moda ya. ¿Necesitas ropa nueva? Tenemos faldas de cuadros y suéteres de rayas para chicas. También hay botas y cinturones para chicos y mucho más.
>
> Vamos a ayudarte a vestirte bien.

Fuente 2 Escuchar *WB CD 02 track 02*

Escucha el anuncio que sale por el altoparlante. Toma apuntes. *(Listen to the announcement over the loudspeaker. Take notes.)*

____

____

____

____

Hablar

¿Qué ropa nueva hay este año para chicos? ¿Y para chicas? *(What new styles are available?)*

Modelo: Este año, para las chicas hay... Y para los chicos hay...

UNIDAD 3 • Lección 1 Integración: Hablar

Nombre ______________________ Clase ______________ Fecha ________

Integración: Escribir

Level 2, pp. 157-159
WB CD 02 track 03

Virginia López es la gerente de la tienda de ropa «Ropa Loca». La tienda necesita vender más y Virginia piensa que un programa popular de televisión le puede ayudar. *(Virginia hopes a TV program can help her store sell.)*

Fuente 1 Leer

Lee el correo electrónico que le manda Virginia al productor del programa *¡Hoy! con Mirta. (Read Virginia's e-mail to the TV producer.)*

Estimado Señor Quintero:

Conozco bien su programa de televisión y veo que a ustedes les importa mucho la ropa que se pone la señora Mirta. Sé que usa zapatos de la zapatería «Pies Perfectos» y joyas de la joyería «Tesoros para ti», pero veo que usa diferentes tiendas de ropa. Parece que no encontraron una tienda perfecta, con toda la ropa más de moda. Señor Quintero, tengo una proposición para usted: Mañana les traigo ropa de mi tienda, y la señora Mirta y usted pueden decidir si «Ropa Loca» es la tienda para ustedes.

Atentamente,
Virginia López
Ropa Loca
555-4646

Fuente 2 Escuchar *WB CD 02 track 04*

Escucha a la señora Mirta hablando de la tienda en su programa de televisión. Toma apuntes. *(Listen to the TV program. Take notes.)*

____

____

____

Escribir

¿Qué tiendas usa la señora Mirta, y qué lleva de cada tienda? ¿Piensas que Virginia va a vender más? *(What stores does Sra. Mirta mention and what does she wear? Will Virginia sell more?)*

Modelo: La señora Mirta lleva...

____

____

____

____

____

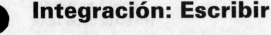

UNIDAD 3 • Lección 1
Integración: Escribir

Nombre ______________________________ Clase ______________ Fecha ________

Escuchar A

Level 2, pp. 164-165
WB CD 02 tracks 05-06

¡AVANZA! **Goal:** Listen to find out about shopping.

1 Escucha a Pedro. Después, lee las oraciones y contesta **cierto** (true) o **falso** (false). *(Answer True or False.)*

C F **1.** A Pedro le gustan los trajes flojos.

C F **2.** A Pedro le gustan los trajes apretados.

C F **3.** A Pedro no le gusta su traje.

C F **4.** El hermano de Pedro puede recomendarle algo.

C F **5.** No es fácil encontrar un traje para Pedro.

2 Escucha a Luis. Luego, contesta las preguntas. *(Answer the questions.)*

1. A Luis le encanta la ropa ______________________.

2. Esta tarde él va a comprar ______________________.

3. Él va con su ______________________.

4. Él sabe de trajes porque ______________________.

5. Él puede recomendarle a Pedro ______________________.

6. También le puede decir qué traje ______________________.

UNIDAD 3 Lección 1 • Escuchar A

Nombre ______________________ Clase ______________ Fecha ____________

Escucchar B

Level 2, pp. 164-165
WB CD 02 tracks 07-08

¡AVANZA! **Goal:** Listen to find out about shopping.

1 Escucha a Carolina. Luego, lee las oraciones y ordénalas según cuándo pasaron. El 1 es lo que pasó primero. *(Put the sentences in the order they happened.)*

a. ____ Van a la farmacia.

b. ____ Carolina compra sandalias.

c. ____ Van a la zapatería.

d. ____ Compran jabones.

e. ____ Van la tienda de ropa.

f. ____ Inés compra un suéter.

2 Contesta las siguientes preguntas con oraciones completas. *(Answer the questions with complete sentences.)*

1. ¿Qué tiene ganas de comprar Inés? ¿Las encontró ayer?

____

2. ¿Cómo es el suéter de ella?

____

3. ¿Cuándo se va a poner el suéter? ¿Con qué queda bien?

____

____

4. ¿Qué compró para su hermano? ¿Por qué?

____

____

UNIDAD 3 Lección 1 • Escuchar B

Nombre ______________________ Clase ______________ Fecha __________

Escuchar C

Level 2, pp. 164-165
WB CD 02 tracks 09-10

¡AVANZA! **Goal:** Listen to find out about shopping.

1 Escucha a Leonor y toma notas. Luego, coloca en la columna de la izquierda las cosas que compró ella. En la columna de la derecha coloca las cosas que compró su amiga. *(Write what Leonor and her friend bought.)*

Compras de Leonor	Compras de la amiga de Leonor

2 Escucha a Diana y toma notas. Luego, contesta las preguntas. *(Answer the questions.)*

1. ¿Por qué no puede comprar más Diana?

____

____

2. ¿Qué es importante para Diana cuando compra ropa? ¿Y, qué le importa a su amiga?

____

____

3. ¿Qué cosas le quedan mal a la amiga de Diana? ¿Qué piensa Diana de eso?

____

____

UNIDAD 3 • Escuchar C
Lección 1

Nombre ______________________ Clase ______________ Fecha ________

Leer A

Level 2, pp. 164-165

¡AVANZA! **Goal:** Read about shopping.

Éste almacén te invita a comprar ropa.

Tienda «Ropita»

¡Vendemos la mejor ropa y a los mejores precios!

Toda la ropa de moda está en nuestra tienda y la vendemos menos cara que las otras tiendas. ¡Tienes que venir, ver y llevarte todo lo que quieres!

¡Rebajas *(sales)* de esta semana!

Para ella:

Faldas de cuadros	**$10**
Suéteres	**$15**
Cinturones	**$7**

Para él:

Abrigos	**$35**
Chalecos	**$12**
Gorras	**$6**

Puedes recomendarnos a tus amigos.

¡Los esperamos a todos!

¿Comprendiste?

Lee la publicidad. Luego, lee las oraciones y contesta **cierto** (true) o **falso** (false).

C F **1.** La tienda vende faldas de rayas.

C F **2.** Toda la ropa de moda está en la tienda «Ropita».

C F **3.** Las faldas cuestan más que las gorras.

C F **4.** Hay abrigos para chicas.

C F **5.** Hay ropa para chicos: los cinturones son para ellos.

¿Qué piensas?

1. ¿Te gusta salir a comprar ropa? ¿Por qué?

____

____

2. ¿Qué te gusta comprar?

____

Nombre ______________________ Clase ______________ Fecha __________

Leer B

Level 2, pp. 164-165

¡AVANZA! **Goal:** Read about shopping.

Natalia salió de compras. A ella le gusta mucho estar de moda. Lee la carta que le escribió a su mejor amiga para decirle qué cosas compró.

> Hola Lucy:
>
> ¡Estoy muy contenta! Ayer, mi mamá y yo fuimos de compras. Me gusta ir con ella porque sabe mucho de moda. Para mí es muy importante comprar ropa que está de moda... ¡me encanta!
>
> Ayer, compré una falda de rayas muy linda. También me gustó una de cuadros pero los cuadros no están de moda. También compré un suéter que no me gustó mucho pero que veo siempre en la televisión. Compré muchas cosas más. ¿Por qué no vienes a mi casa para ver lo que compré?
>
> Natalia

¿Comprendiste?

Contesta las preguntas con una oración completa. (*Answer the questions in a complete sentence.*)

1. ¿Por qué está contenta Natalia?

____

2. ¿Por qué le gusta a Natalia ir de compras con su mamá?

____

____

3. ¿Qué es importante para Natalia?

____

4. ¿Natalia compró la falda de cuadros? ¿Por qué?

____

¿Qué piensas?

1. ¿Por qué piensas que Natalia compró el suéter que siempre ve en la televisión?

____

____

2. ¿Piensas tú cómo Natalia?

____

Nombre ______________________ Clase ______________ Fecha ________

Leer C

Level 2, pp. 164-165

¡AVANZA! **Goal:** Read about shopping.

Jimena cumple años. Su mejor amiga, Beatriz, les escribe un correo electrónico a todos sus amigos para hablar de la fiesta de Jimena.

¡Hola a todos!

Necesito hablarles del cumpleaños de Jimena. Ella no lo sabe, pero mañana voy a dar una fiesta para ella.

¿No saben qué comprarle? A Jimena le encanta un reloj rojo que venden en la joyería del centro comercial. También le gusta un suéter azul y una falda de rayas negras y azules que venden en la tienda «Ropita». Les recomiendo las botas altas de la zapatería «Zapatitos», que está abierta todo el día. También pueden encontrar un regalo perfecto en la librería. Ella casi no sale de esa tienda.

Mañana los espero a todos en mi casa a las 7:00 p.m.

Beatriz

¿Comprendiste?

Completa las siguientes oraciones. *(Complete the sentences.)*

1. ¿Por qué le escribe Beatriz a sus amigos? ______________________

____

2. ¿Qué hace Beatriz para Jimena? ______________________

3. ¿Qué pueden comprar los amigos de Jimena para ella? ¿En dónde? __________

____

4. ¿A Jimena le gusta leer? ¿Cómo sabes? ______________________

____

¿Qué piensas?

1. ¿Piensas que es importante dar regalos a tus amigos por sus cumpleaños? ¿Por qué?

____

____

2. ¿Qué regalo quieres para tu cumpleaños? ¿Por qué?

____

UNIDAD 3 • Lección 1 Leer C

Nombre _______________ Clase _______________ Fecha _______________

Escribir A

Level 2, pp. 164-165

¡AVANZA! **Goal:** Write about fashion and shopping.

Step 1

Escribe una lista con la ropa que te gusta y que no te gusta. *(List the kind of clothing you like and don't like.)*

1. _______________ **3.** _______________

2. _______________ **4.** _______________

Clasifica tu lista en la tabla. (*Classify your list in the table.*)

Me gusta	No me gusta
1.	1.
2.	2.

Step 2

Con la información de la tabla, escribe cuatro oraciones. Escribe sobre la ropa que te gusta comprar y la que no te gusta comprar. *(Write four sentences about the clothes you like and don't like to buy.)*

____

____

____

____

Step 3

Evaluate your writing using the information in the table.

Writing Criteria	Excellent	Good	Needs Work
Content	You have fully described the clothes you like and don't like to buy.	You have somewhat describe the clothes you like and don't like to buy.	You have not described the clothes you like and don't like to buy.
Communication	Most of your paragraph is clear.	Some of your paragraph is clear.	Your paragraph is not very clear.
Accuracy	You make few mistakes in grammar and vocabulary.	You make some mistakes in grammar and vocabulary.	You make many mistakes in grammar and vocabulary.

Nombre ______________________ Clase ______________ Fecha ______

Escribir B

Level 2, pp. 164-165

¡AVANZA! **Goal:** Write about fashion and shopping.

Step 1

¿Qué compraste? Escribe en la tabla las tiendas que visitaste y las cosas que compraste allí el mes pasado. *(Write in the table the stores you went to and the things you bought last month.)*

¿Dónde Compraste?	¿Qué Compraste?
1.	1.
2.	2.
3.	3.

Step 2

Escribe tres oraciones con la información de la tabla. Describe qué compraste, y dónde lo compraste. *(Say what you bought and where with the information from the chart.)*

____

____

____

____

Step 3

Evaluate your writing using the information in the table.

Writing Criteria	Excellent	Good	Needs Work
Content	You have described what you bought and where.	You have escribed what you bought and where.	You have not described what you bought and where.
Communication	Most of your paragraph is clear.	Some of your paragraph is clear.	Your paragraph is not very clear.
Accuracy	You make few mistakes in grammar and vocabulary.	You make some mistakes in grammar and vocabulary.	You make many mistakes in grammar and vocabulary.

UNIDAD 3 Lección 1 • Escribir B

Nombre ______________________ Clase ______________ Fecha ________

Escribir C

Level 2, pp. 164-165

¡AVANZA! **Goal:** Write about fashion and shopping.

Step1

Completa la tabla. *(Complete the chart.)*

¿Qué compraste?	¿Dónde lo compraste?	¿Cómo es?
1.	1.	1.
2.	2.	2.
3.	3.	3.
4.	4.	4.

Step 2

Usando la información de la tabla, describe en un párrafo de cuatro oraciones qué compraste en la tienda. Usa los verbos **importar** y **encantar**. También usa los pronombres y las preposiciones. *(Write a four-sentence paragraph.)*

____

____

____

____

Step 3

Evaluate your writing using the information in the table.

Writing Criteria	Excellent	Good	Needs Work
Content	You have fully described what you bought.	You have somewhat described what you bought.	You have not described what you bought.
Communication	Most of your paragraph is clear.	Some of your paragraph is clear.	Your paragraph is not very clear.
Accuracy	You make few mistakes in grammar and vocabulary.	You make some mistakes in grammar and vocabulary.	You make many mistakes in grammar and vocabulary.

Nombre ______________________ Clase ______________ Fecha ________

Cultura A

Level 2, pp. 164-165

¡AVANZA! **Goal:** Review cultural information about Puerto Rico.

1 **La cultura puertorriqueña** Une las palabras de la izquierda con la explicación de la derecha. *(Match the words or phrases with their explanations.)*

Timbaleros	Los españoles empezaron a construirlo en 1539 para defender la isla.
San Felipe del Morro	Es una comida típica de Puerto Rico.
Tostones	Son músicos que tocan los timbales.

2 **Ir de compras** Completa las siguientes oraciones. *(Complete the sentences.)*

restaurantes	Plaza las Américas	tiendas
cine	Jockey Plaza	

La ______________ en Puerto Rico, es el centro comercial más grande del Caribe. Tiene muchos almacenes y ______________ para comprar ropa. También se puede comer en sus ______________.

______________ en Lima es el centro comercial más grande de Perú. Tiene un ______________ donde puedes ver películas.

3 **Puerto Rico y los puertorriqueños** Contesta las siguientes preguntas. *(Answer the following questions.)*

1. Los puertorriqueños se llaman «boricuas». ¿Por qué se llaman así?

____

2. ¿Qué es el Castillo de San Felipe del Morro hoy?

____

3. ¿Qué tipos de música puedes escuchar en Puerto Rico?

____

Nombre ______________________ Clase ______________ Fecha ________

Cultura B

Level 2, pp. 164-165

¡AVANZA! **Goal:** Review cultural information about Puerto Rico.

1 **Puerto Rico** Contesta las preguntas. *(Answer the questions.)*

los timbales	Viejo San Juan	taínos	el Morro

1. ¿Cómo se llaman los indígenas de Puerto Rico? ______________
2. ¿Cuál es el nombre del famoso castillo de Puerto Rico? ______________
3. ¿Qué instrumento de percusión es muy popular en Puerto Rico? ______________
4. ¿En qué parte de Puerto Rico se puede apreciar la arquitectura española?

   ____

2 **El arte histórico** Completa el siguiente texto con la expresión correcta de la caja. *(Complete the text.)*

siglo XVIII	una persona	retratos
un artista	la ventana	

José Campeche es **1.** ______________ puertorriqueño del **2.** ______________. Él pintó muchos **3.** ______________ de figuras políticas. Este tipo de obra es un dibujo de **4.** ______________. En la obra de la pàgina 150 del libro se puede ver parte de San Juan por **5.** ______________.

3 Describe el centro comercial Plaza Las Américas. ¿Qué puedes encontrar allí? Compara este centro comercial con un lugar donde te gusta ir de compras. *(Describe this mall and compare it with somewhere you like to shop.)*

____

____

____

____

____

UNIDAD 3 • Lección 1 Cultura B

Nombre ______________________ Clase ______________ Fecha ________

Cultura C

Level 2, pp. 164-165

¡AVANZA! **Goal:** Review cultural information about Puerto Rico.

1 **Puerto Rico** Completa las siguientes oraciones con el vocabulario cultural apropiado. *(Complete the following sentences.)*

1. Los indios de Puerto Rico son los ______________.
2. En el Viejo ______________ hay mucha arquitectura de tipo español.
3. En Puerto Rico hay dos idiomas oficiales: ______________ y ______________.
4. La plena, la bomba y la salsa son estilos de ______________.
5. Plaza las Américas es un ______________ muy famoso en San Juan.

2 **El arte puertorriqueño** Contesta estas preguntas en oraciones completas. *(Answer in complete sentences.)*

1. ¿Qué tipo de arte hizo José Campeche?

____

2. ¿Qué hay en el retrato de la página 150 que pintó Campeche?

____

3 **El centro comercial** Dibuja un mapa del centro comercial más cercano a tu casa. Incluye los diferentes tipos de tiendas como zapaterías, tiendas de ropa, etc. Después, compara este centro comercial con Plaza las Américas. Escribe dos o tres oraciones. *(Draw a map of a mall near you, labeling the different types of stores in Spanish. Then write sentences comparing it with* Plaza las Américas.*)*

____

____

____

____

____

UNIDAD 3 • Lección 1 • Cultura C

Nombre ______________________ Clase ______________ Fecha ____________

Vocabulario A

Level 2, pp. 168-172

¡AVANZA! **Goal:** Talk about shopping in the marketplace.

1 Un amigo y tú visitan el mercado. De las dos palabras entre paréntesis, subraya la palabra que mejor completa cada oración. *(Underline the word that best completes the sentence.)*

1. Las esculturas hechas a mano son (únicas / baratas / finas).
2. (Los artículos / Los retratos / Las esculturas) son pinturas de personas.
3. Las artesanías bonitas y baratas son una (ganga / una pintura / de oro).
4. Aquí puedes comprar platos finos (de cuero / de cerámica / a mano).
5. Si regateas, puedes encontrar cosas (de piedra / baratas / gangas).

2 En el mercado, los vendedores hablan con muchas personas. Completa el diálogo con las palabras de la caja. (*Complete the dialogue.*)

madera	Con mucho gusto	Disculpe
No hay de qué	hecha a mano	Gracias

Jorge: ¡Buenos días! ______________________, ¿podemos ver esa escultura?

Artesano: ______________________ Está ______________________.

Jorge: Es de ______________________ muy fina. La voy a comprar.

Artesano: ______________________.

Jorge: ¡ ______________________ !

3 ¿A ti te gustan las artesanías? Escribe una lista de las artesanías que te gustan. (*List the craft items you like.*)

1. ______________________
2. ______________________
3. ______________________

Nombre ______________________ Clase ______________ Fecha __________

Vocabulario B

Level 2, pp. 168-172

¡AVANZA! **Goal:** Talk about shopping in the marketplace.

1 Nombra cuatro artículos que compras en el mercado. Para cada artículo escribe cómo es o de qué material es. *(Name four items you find at the market, and what they are made of.)*

1. ______________________ **3.** ______________________

2. ______________________ **4.** ______________________

2 Ana habla de lo que vio en el mercado de artesanías. Completa las oraciones con las palabras del recuadro. *(Complete the sentences.)*

Me deja ver
Disculpe
Con mucho gusto
Con permiso
Perdóneme
Pase

Hombre: ______________________, señora, ¿tiene usted esculturas de cerámica?

Vendedora: Sí, Sí. ______________________.

Hombre: ¿______________________ aquélla?

Vendedora: ______________________, señor. Aquí la tiene.

Hombre: Es muy fina. Vi una como ésta en otro lugar.

Vendedora: Pienso que no, señor. Ésta es única.

Hombre: ¡______________________, señora! Tiene razón. Es más bella. ¿Cuánto cuesta?

3 Estás en el mercado de artesanías. Escribe tres oraciones describiendo qué viste, usando el vocabulario de la lección. *(Describe what you saw at the handicrafts market.)*

____

____

____

____

UNIDAD 3 • Vocabulario B
Lección 2

Nombre _______________ Clase _______________ Fecha _______________

Vocabulario C

Level 2, pp. 168-172

¡AVANZA! **Goal:** Talk about shopping in the marketplace.

1 ¿Qué encontraste en el mercado? Escribe oraciones completas con las palabras de la caja. *(Write complete sentences with the words from the box.)*

de madera	de plata	de cuero	de oro

1. un artículo _______________
2. un collar _______________
3. unas sandalias _______________
4. una pulsera _______________

2 Completa el texto. *(Complete the text.)*

Fui al mercado ayer con mi amiga. Encontré muchas _______________: cosas muy bellas pero baratas. Compré una escultura fina hecha _______________ por un buen artista. No hay otra como ésta: es _______________. Otro artista pintó un _______________ de mi amiga: ¡casi parece una foto de ella! ¡Tienes que venir al mercado!

3 Estás en un mercado de artesanías y quieres ver un artículo de plata. Escribe tu conversación con el vendedor. Usa las expresiones de cortesía. *(Write your conversation with a market seller using expressions of courtesy.)*

Tú: _______________

____

Vendedor: _______________

Tu: _______________

Vendedor: _______________

UNIDAD 3 • Vocabulario C
Lección 2

Nombre ______________________ Clase ______________ Fecha __________

Gramática A *Irregular Verbs in the Preterite*

Level 2, pp. 173-177

¡AVANZA! **Goal:** Discuss past events.

1 Luisa y unos amigos fueron al mercado de artesanías. Elige el verbo que mejor completa cada oración. *(Choose the verb that completes each sentence.)*

1. Luisa y yo (estuvieron / estuvimos) toda la tarde en el mercado de artesanías.
2. Luisa se (puso / puse) un suéter muy bonito.
3. Luisa y su hermana no (pudiste / pudieron) encontrar el collar que les gusta.
4. Tú también (tuve / tuviste) que ir a comprar un regalo.
5. Luisa y Miguel, ¿ustedes (pudieron / supieron) ayer de la fiesta?

2 César y Andrea siempre hacen lo mismo que Inés, Gustavo y yo. Ayer fuimos al mercado de artesanías. Completa las oraciones. *(Complete the sentences.)*

1. Inés tuvo que irse temprano. César y Andrea también ____________ que irse temprano.
2. Inés, Gustavo y yo supimos cómo llegar. Andrea también ____________ cómo llegar.
3. Inés se puso unos jeans azules. César y Andrea también ____________ unos jeans azules.
4. Yo estuve muy contenta en el mercado de artesanías. César también ____________ muy contento en el mercado de artesanías.
5. Andrea pudo comprar una escultura, pero yo no ____________.

3 Contesta las siguientes preguntas sobre tu vida con oraciones completas. *(Answer the following questions with complete sentences.)*

1. ¿Dónde estuvieron tú y tus amigos ayer?

____

2. ¿Pudiste hacer todas las tareas anoche?

____

3. ¿ Cuánto tiempo hace que tuviste un examen?

____

UNIDAD 3 Lección 2 • Gramática A

Gramática B *Irregular Verbs in the Preterite*

Level 2, pp. 173-177

¡AVANZA! **Goal:** Discuss past events.

1 Completa el texto de abajo con las palabras de la caja. *(Complete the text.)*

a. puse
b. supe
c. pude
d. estuvimos
e. tuvo

Ayer, mi amiga Julia y yo **1.** ____ juntas en un mercado de artesanías. Ella **2.** ____ que ir al mercado a comprarle un regalo a su madre. Yo me **3.** ____ una pulsera muy fina de oro pero no **4.** ____ comprarla. **5.** ____ eso cuando el artesano me dijo el precio.

2 Mis amigos y yo fuimos la semana pasada al mercado de artesanías. Escribe el verbo entre paréntesis en su forma correcta. *(Write the verb in parenthesis in its correct form.)*

1. Carlos ________________ toda la tarde buscando un retrato de Cleopatra. (estar)

2. Carlos y Néstor no ________________ caminar mucho. (poder)

3. Yo ________________ que regatear para comprarme una pulsera de plata. (tener)

4. Carlos y yo no ________________ qué regalo comprarle a Luis. (saber)

5. Carlos se ________________ muy contento cuando encontró el retrato. (poner)

3 ¿Cuánto tiempo hace que ocurrieron estas cosas? Escribe oraciones completas. *(Write complete sentences.)*

modelo: Manuel / un año / ir al gimnasio

Hace un año que Manuel fue al gimnasio.

1. Carla y yo / tres meses / ir a Puerto Rico.

____

2. Tú / una semana / estar enfermo.

____

3. Eduardo / cinco minutos / saber del examen.

____

4. Yo / dos horas / poner mi abrigo / cama

____

UNIDAD 3 • Gramática B
Lección 2

Gramática C *Irregular Verbs in the Preterite*

Level 2, pp. 173-177

¡AVANZA! **Goal:** Discuss past events.

1 Usa la forma correcta del verbo en parentesis. *(Use the correct form of the verb to complete the sentences.)*

1. Nosotros no _______________ comer nada en todo el día. (poder)
2. Andrés no _______________ comprar una escultura para regalarle a Juan. (saber)
3. Por fin, ellos _______________ dónde comprar pinturas bellas. (saber)
4. ¡Nosotros _______________ que irnos porque era de noche! (tener)

2 Un detective le pregunta al señor López, un artesano, sobre lo que pasó hoy en el mercado. Completa la conversación con los verbos: **estar, poner, poder, tener** y **saber** en el pretérito. *(Complete the conversation.)*

Detective: Disculpe, señor, pero ¿dónde **1.** _______________ usted esta tarde?

Señor López: **2.** _______________ en casa. **3.** _______________ que limpiarla.

Detective: Entonces, ¿usted no **4.** _______________ que trabajar?

Señor López: No, no **5.** _______________ trabajar hoy. No, **6.** _______________ el tiempo.

Detective: Y, **7.** ¿_______________ usted lo que pasó en el mercado hoy?

Señor López: Sí, qué terrible. Una persona se **8.** _______________ una máscara, entró corriendo y escapó con mucho dinero del mercado. Los artesanos no **9.** _______________ ver su cara.

3 Contesta las preguntas en oraciones completas. *(Answer the questions in complete sentences.)*

1. ¿Cuánto tiempo hace que fuiste a tu primera clase de arte?

____

2. ¿Cuánto tiempo hace que pudiste salir solo(a) por primera vez?

____

3. ¿Estuviste en la clase de español ayer?

____

UNIDAD 3 • Gramática C
Lección 2

Nombre ______________________ Clase ____________ Fecha ________

Gramática A *Preterite of –ir Stem-Changing Verbs*

Level 2, pp. 178-180

¡AVANZA! **Goal:** Use the preterite to talk about things that the teens did.

1 Cada uno de los tres amigos hizo tres cosas este fin de semana. Coloca los nombres correspondientes para completar cada oración. *(Match the names and the sentences.)*

a. Miguel

b. Marcelo y Silvia

____ pidieron pizza.

____ prefirieron estar en casa.

____ se vistió con el uniforme del equipo.

____ se durmieron temprano.

____ compitió en el campeonato.

____ pidió un autógrafo a su jugador preferido.

2 Todos tuvimos cosas que hacer la semana pasada. Escribe la forma apropiada del verbo entre paréntesis. *(Write the correct form of the verb in parenthesis.)*

1. Lucas ______________ ir a ver artesanías. (preferir)
2. Clara y Marcos ______________ estudiando para el examen. (seguir)
3. Mis amigos ______________ pescado en la cena. (servir)
4. A Lucio no le gustó la cena y ______________ una pizza. (pedir)
5. El domingo pasado, Olga se ______________ temprano. (dormir)

3 Escribe dos oraciones con lo que un amigo tenía que hacer la semana pasada y no hizo. Luego, escribe lo que prefirió hacer. *(Write what your friend preferred to do instead.)*

____

____

____

UNIDAD 3 • Gramática A
Lección 2

Nombre ______________________ Clase ______________ Fecha ________

Gramática B *Preterite of –ir Stem-Changing Verbs*

Level 2, pp. 178-180

¡AVANZA! **Goal:** Use the preterite to talk about things the teens did.

1 Completa las oraciones con la forma correcta del verbo. *(Complete the sentences with the appropiate form of the verb.)*

1. En la cena, Ana ________________ pescado. (pedir)
2. El camarero le ________________ pollo. (servir)
3. Yo no ________________ bien anoche. (dormir)
4. Gisela y yo ________________ de rojo ayer. (vestirse)
5. ¿Ustèdes ________________ en el campeonato? (competir)
6. Ellos ________________ el camino. (seguir)

2 Cuenta lo que hicieron estas personas. Usa el pretérito de los verbos. *(Describe what they did using the preterite.)*

1. Martina y Nicolás / dormirse temprano.

   ____

2. Jaime / vestirse para salir con Sonia.

   ____

3. Rafael y Santiago / competir en el campeonato de fútbol.

   ____

4. María y Ernesto / servir pescado en su cena.

   ____

3 Escribe dos cosas que tus amigos(as) tenían que hacer la semana pasada y no hicieron. Luego, escribe lo que prefirieron hacer. *(Write what your friends had to do but did not do. Then write what they preferred to do instead.)*

1. ____

   ____

   ____

2. ____

   ____

   ____

Nombre _______________________________ Clase _______________ Fecha ___________

Gramática C *Preterite of –ir Stem-Changing Verbs*

Level 2, pp. 178-180

¡AVANZA! **Goal:** Use the preterite to talk about things that the teens did.

1 Completa el siguiente texto con la forma correcta de los verbos. *(Complete the text with the correct form of the verb.)*

pedir
vestir
preferir
dormir

A Aníbal y Camila les encanta salir, pero el sábado pasado ellos **1.** _______________ estar en casa. Ellos se **2.** _______________ para dormir, **3.** _______________ una pizza y vieron unas películas. Después se **4.** _______________ temprano.

2 Escribe oraciones completas sobre las cosas que hicieron los chicos. Usa las palabras de los recuadros. *(Write complete sentences using the words from the boxes.)*

Andrés y Teresa	preferir	partido de fútbol
Lucas	pedir	doce horas
Yo	seguir	dieta balanceada
Tú	dormir	pizza

1. ____

2. ____

3. ____

4. ____

3 Escribe cuatro oraciones con las cosas que tus amigos(as) hicieron la semana pasada. Debes usar los verbos de la caja. *(Write four sentences using these verbs.)*

vestirse	pedir	competir	dormir	preferir

1. ____

2. ____

3. ____

4. ____

UNIDAD 3 • Gramática C
Lección 2

Nombre ______________________ Clase ______________ Fecha ________

Integración: Hablar

Level 2, pp. 181-183
WB CD 02 track 11

En la ciudad donde vive Jorge hay un mercado de artesanías. A Jorge le encantan los artículos de artesanía. Pudo ir un día para comprar regalos para su familia. *(Jorge loves handicrafts and went to a market to buy gifts.)*

Fuente 1 Leer

Lee la publicidad del mercado de artesanías. *(Read the craft market ad.)*

Mercado de artesanías

¿QUIERES COMPRAR LAS ARTESANÍAS MÁS BELLAS Y MÁS BARATAS DE SAN JUAN?

TIENES QUE VENIR AL GRAN MERCADO DE ARTESANÍAS.

Puedes comprar esculturas, pinturas, retratos, anillos, pulseras y collares. ¡Todo es hecho a mano! Los precios son muy buenos: ¡todo es una ganga! Este sábado está abierto. Puedes comprar regalos para tu familia y tus amigos.

¡Te va a encantar!

Fuente 2 Escuchar ***WB CD 02 track 12***

Escucha el mensaje que le dejó Jorge a su hermana en el celular. Toma apuntes. *(Listen to Jorge's message and take notes.)*

____

____

____

____

Hablar

¿Qué artículos compró Jorge para su familia? ¿Tuvo que pagar mucho? ¿Por qué? *(What did Jorge buy?)*

Modelo: Para su abuela Jorge compró... Para su hermana prefirió...

UNIDAD 3 • Lección 2 Integración: Hablar

Integración: Escribir

Level 2, pp. 181-183
WB CD 02 track 13

A Victoria y Fátima les gustan mucho las artesanías. Mientras estaban de vacaciones en diferentes países, compraron muchas artesanías. Al regresar, se enviaron mensajes para hablar de las cosas que encontraron. *(Victoria and Fátima exchange messages about the handicrafts they bought while on their vacations.)*

Fuente 1 Leer

Lee el correo electrónico que Victoria le escribió a Fátima. *(Read the e-mail.)*

De: Victoria A: Fátima

Tema: Compras de artesanías

Querida Fátima,

Durante mis vacaciones fui con mi hermana al mercado de artesanías de San Juan. Siempre quiere ir cuando estamos allí. Por eso, se durmió temprano en la noche y pudo levantarse a las seis de la mañana; a ella le gusta ir de compras temprano al mercado. Hay muchos lugares donde puedes comprar diferentes cosas. Yo compré una escultura de metal hecha a mano. La compré muy barata; ¡fue una ganga! También pude comprar unas sandalias de cuero, pero tuve que regatear mucho. Son únicas y hechas a mano. También compré un collar, una pulsera y un anillo muy bonitos.

¿Y tú? ¿Fuiste también al mercado?

Victoria

Fuente 2 Escuchar *WB CD 02 track 14*

Escucha el mensaje que le dejó Fátima a Victoria. Toma apuntes. *(Listen to Fátima's message and take notes.)*

____

____

Escribir

¿Qué cosas compraron Fátima y Victoria? ¿Pudieron regatear? *(What did they buy, and could they bargain?)*

modelo: Las dos compraron... Pero Victoria compró unas...

____

____

____

____

Nombre _______________ Clase _______________ Fecha _______________

Escuchar A

Level 2, pp. 188-189
WB CD 02 tracks 15-16

¡AVANZA! **Goal:** Listen to people talk about purchases in a crafts market.

1 Escucha a Carmen. Luego, marca con una cruz las cosas que ella compró. *(Check the things Carmen bought.)*

____ una escultura de metal	____ una pintura
____ un artículo de cerámica	____ una pulsera de oro
____ unas sandalias de cuero	____ un collar de piedras
____ una pulsera de plata	____ un retrato

2 Escucha a Blanca. Luego, contesta las preguntas. *(Answer the questions.)*

1. ¿Qué le dio la hija de Blanca a su mamá?

____

2. ¿Cuánto tiempo hace que Blanca quiere una nueva escultura?

____

3. ¿Dónde puso Blanca la escultura de metal?

____

4. ¿Pidió la mamá de Carmen ese regalo?

____

Nombre ______________________ Clase ______________ Fecha __________

Escuchar B

Level 2, pp. 188-189
WB CD 02 tracks 17-18

¡AVANZA! **Goal:** Listen to people talk about purchases in a crafts market.

1 Escucha a Norma. Luego, lee las oraciones y contesta **cierto** o **falso**. *(Answer true or false.)*

C F **1.** A Norma no le gusta ir al mercado de artesanías.

C F **2.** Hace cinco años que Norma va al mercado.

C F **3.** La amiga de Norma se durmió muy tarde.

C F **4.** Norma no pudo llegar temprano al mercado, pero su amiga sí.

C F **5.** Norma vive cerca del mercado de artesanías.

2 Escucha a Alicia. Luego, contesta las preguntas. *(Listen and answer the questions.)*

1. ¿Qué no tuvo que hacer Alicia? ¿Por qué?

____

2. ¿A qué tipo de artículo es difícil ponerle precio?

____

3. ¿Cuál fue la ganga que encontró Alicia?

____

4. ¿Cuánto tiempo hace que Alicia conoce al vendedor?

____

Nombre ______________________ Clase ______________ Fecha ________

Escuchar C

Level 2, pp. 188-189
WB CD 02 tracks 19-20

¡AVANZA! **Goal:** Listen to people talk about purchases in a crafts market.

1 Escucha a Ramiro y decide si las siguientes oraciones son ciertas o falsas. Corrige las falsas. *(Decide if the statements are true or false, then correct the false statements.)*

1. Ramiro vende artesanías en el mercado. ______________________
2. Hace más de treinta años que empezó a trabajar allí. ______________________
3. Estudió con un maestro. ______________________
4. Primero aprendió a hacer esculturas de piedra. ______________________
5. Después empezó a hacer artículos de cuero. ______________________
6. Su hija lo ayuda. ______________________
7. ¡Su hija ya lo hace todo mejor que él!

2 Escucha el diálogo entre Ramiro y un cliente. Luego, contesta las preguntas con oraciones completas. *(Answer the questions in complete sentences.)*

1. ¿Conoce Ramiro a la chica? ¿Cómo sabes?
____
2. ¿Qué hizo la chica? ¿Cuándo lo supo?
____
3. ¿Por qué volvió la chica a la tienda? ¿Por qué no volvió ayer?
____
4. ¿Piensas que está enojado Ramiro? ¿Por qué?
____

UNIDAD 3 Lección 2 • Escuchar C

Leer A

Level 2, pp. 188-189

¡AVANZA! **Goal:** Read about things that happened at the crafts market.

Éste es un correo electrónico que Mónica escribió a sus amigos.

¡Hola chicos!

Hace tres semanas que supe que hay un mercado de artesanías cerca de mi casa. ¿Quién supo esto antes que yo? ¿Por qué no dijeron nada?

Finalmente, pude ir ayer con mi prima. ¡No saben todo lo que compré!

Hay un señor que vende unas pulseras muy finas. Tiene de oro y de plata, pero yo preferí de plata... me gusta más. También compré ropa hecha a mano.

Anoche, me puse todo para la fiesta de Lucas. Pero vi que muchas chicas se vistieron como yo. Me parece que las artesanías están de moda.

Besos,

Mónica

¿Comprendiste?

Lee el correo de Mónica. Luego, contesta **cierto** o **falso**. *(Answer true or false.)*

C F **1.** Mónica supo siempre que hay un mercado de artesanías cerca de su casa.

C F **2.** Mónica fue con amigas al mercado.

C F **3.** Mónica prefirió las joyas de plata.

C F **4.** Es posible comprar ropa en el mercado de artesanías.

C F **5.** Muchas chicas compraron ropa hecha a mano.

¿Qué piensas?

1. ¿Alguna vez tuviste ropa única?

____

2. ¿Te gustan las artesanías? ¿Por qué?

____

____

Nombre ______________________ Clase ______________ Fecha ________

Leer B

Level 2, pp. 188-189

¡AVANZA! **Goal:** Read about things that happened at the crafts market.

Un vendedor salió por unos minutos. Cuando volvió, encontró esta nota.

Señor vendedor:

Perdóneme. Hace diez minutos que quiero hablar con usted, pero usted no vuelve y yo tengo que ir a casa. Entré a ver sus esculturas y no encontré a nadie. No vi la escultura de cerámica detrás de la mesa y la moví con los pies cuando entré. ¡Se rompió! (it broke.)

Por favor, perdóneme. Aquí está mi teléfono. Yo le doy el dinero de la escultura y quiero comprar muchas más.

Señor Ordóñez

787-555-0000

¿Comprendiste?

Contesta las preguntas con oraciones completas. *(Answer the questions in complete sentences.)*

1. ¿Cuánto tiempo hace que el señor Ordóñez espera al vendedor?

____

2. ¿Para qué esperó el señor Ordóñez al vendedor?

____

3. ¿Cómo movió el señor Ordóñez la escultura?

____

4. ¿Qué quiere dar el señor Ordóñez al vendedor?

____

¿Qué piensas?

1. ¿Alguna vez tus padres tuvieron esculturas únicas en casa? ¿Por qué?

____

____

2. ¿Qué material piensas que es mejor para hacer una escultura?

____

UNIDAD 3 • Lección 2 • Leer B

Nombre ______________________ Clase ______________ Fecha ____________

Leer C

Level 2, pp. 188-189

¡AVANZA! **Goal:** Read about things that happened at the crafts market.

Esta es una carta de un vendedor.

Un artesano pide ayuda

Queridos amigos:

Mi nombre es Raúl,y soy un vendedor del mercado de artesanías. Hace veinte años que vendo mis artículos únicos en el mercado.

Muchas veces, las personas me pidieron mi ayuda, pero ahora soy yo el que les pide ayuda.

Hace unos meses que no vendo mucho, y ahora tengo que cerrar.

Yo les pido a todos esta ayuda: puse todos los artículos de joyería muy baratos. Si van a comprar, con mucho gusto vendo dos al precio de uno. ¡Es una ganga!

¡Gracias!

Raúl

¿Comprendiste?

Lee la carta de Raúl. Luego, completa las siguientes oraciones: *(Complete the sentences.)*

1. ¿Qué hace Raúl en el mercado de artesanías? ______________________
2. ¿Cuánto tiempo tiene Raúl trabajando en el mercado de artesanías? ________ ______________________
3. ¿Por qué Raúl tiene que cerrar? ______________________ ______________________
4. ¿Qué artículos puso Raúl baratos? ______________________

¿Qué piensas?

1. ¿Piensa que todos los vendedores tuvieron problemas? ¿Por qué? ______________________ ______________________
2. En tu opinión, ¿que tienen que hacer las personas para ayudar a los vendedores? ______________________

Nombre _______________ Clase _______________ Fecha _______________

Escribir A

Level 2, pp. 188-189

¡AVANZA! **Goal:** Write about the crafts market.

Step 1

Escribe una lista de artesanías que te interesan. *(Write a list of crafts.)*

1. _______________
2. _______________
3. _______________
4. _______________

Clasifica tu lista en la tabla. *(Classify your list.)*

de madera	de metal	hecho a mano
1.	1.	1.
2.	2.	2.

Step 2

Usando la lista de arriba, escribe tres oraciones sobre las artesanías que prefieres. Usa **barato, fino, único**. *(With the list above, write three sentences.)*

____

____

____

Step 3

Evaluate your writing using the information in the table.

Writing Criteria	Excellent	Good	Needs Work
Content	You have listed your favorite handicrafts.	You have listed your somewhat favorite handicrafts.	You have not listed any of your favorite handicrafts.
Communication	Most of your response is clear.	Some of your response is clear.	Your response is not very clear.
Accuracy	You make few mistakes in grammar and vocabulary.	You make some mistakes in grammar and vocabulary.	You make many mistakes in grammar and vocabulary.

Nombre _______________ Clase _______________ Fecha _______________

Escribir B

Level 2, pp. 188-189

¡AVANZA! **Goal:** Write about the crafts market.

Step 1

Completa la tabla. *(Complete the chart.)*

Artesanías para mirar	Artesanías para ponerse
1.	1.
2.	2.
3.	3.
4.	4.

Step 2

Escribe un texto de cuatro oraciones para decir qué hiciste y qué compraste en el mercado de artesanías. Usa la tabla y verbos en el pretérito. *(Write about what you did when you went to a handicrafts market.)*

____

____

____

____

Step 3

Evaluate your writing using the information in the table.

Writing Criteria	Excellent	Good	Needs Work
Content	You completely described what you did and bought at the market.	You somewhat described what you did and bought at the market.	You did not describe what you did and bought at the market.
Communication	Most of your response is clear.	Some of your response is clear.	Your response is not very clear.
Accuracy	You make few mistakes in grammar and vocabulary.	You make some mistakes in grammar and vocabulary.	You make many mistakes in grammar and vocabulary.

Nombre ______________________ Clase ______________ Fecha ____________

Escribir C

Level 2, pp. 188-189

¡AVANZA! **Goal:** Write about the crafts market.

Step 1

Completa la tabla con las cosas que compraron todos en un mercado de artesanías. *(Write about what everyone bought.)*

Tu familia	Tus amigos	Tú
1.	1.	1.
2.	2.	2.
3.	3.	3.

Step 2

En un texto de cinco oraciones describe qué compraron tu familia, tus amigos, y tú en un mercado de artesanías. Usa la tabla y verbos del pretérito. *(Write about the crafts you bought.)*

____

____

____

____

____

Step 3

Evaluate your writing using the information in the table.

Writing Criteria	Excellent	Good	Needs Work
Content	You described in detail what everyone bought.	You somewhat described what everyone bought.	You did not describe what everyone bought.
Communication	Most of your response is clear.	Some of your response is clear.	Your response is not very clear.
Accuracy	You make few mistakes in grammar and vocabulary.	You make some mistakes in grammar and vocabulary.	You make many mistakes in grammar and vocabulary.

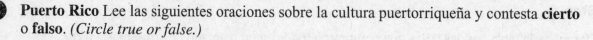

Nombre ______________________ Clase ______________ Fecha __________

Cultura A

Level 2, pp. 188-189

¡AVANZA! **Goal:** Review cultural information about Puerto Rico.

1 **Puerto Rico** Lee las siguientes oraciones sobre la cultura puertorriqueña y contesta **cierto** o **falso**. *(Circle true or false.)*

C F **1.** Puerto Rico es una isla del Caribe.

C F **2.** En Puerto Rico hay muchos festivales y desfiles donde puedes escuchar diferentes estilos de música.

C F **3.** Las máscaras de los vejigantes son ejemplos de artesanías puertorriqueñas.

C F **4.** Las parrandas navideñas son desfiles durante el verano.

C F **5.** Los timbaleros son músicos que tocan la guitarra.

2 **Los vejigantes** Completa las siguientes oraciones. *(Complete the following sentences.)*

1. Los vejigantes aparecen en los (carnavales / estadios) de Puerto Rico.

2. Los vejigantes llevan (máscaras / sombreros).

3. Las máscaras pueden ser de papel maché o de (cáscaras de plátano / cáscaras de coco).

4. Durante los desfiles de vejigantes los músicos tocan la (salsa / bomba).

3 **Celebraciones de Puerto Rico** Escribe por lo menos tres oraciones sobre cómo se parecen o se diferencian las parrandas y las fiestas de vejigantes. *(Write at least three sentences comparing* **parrandas** *and* **vejigante** *celebrations.)*

____

____

____

____

____

Nombre _________________________ Clase _____________ Fecha _________

Cultura B

Level 2, pp. 188-189

¡AVANZA! **Goal:** Review cultural information about Puerto Rico.

1 **Puerto Rico** Completa las oraciones sobre Puerto Rico y su cultura. *(Complete the sentences about Puerto Rico and its culture.)*

1. La capital de Puerto Rico es _______________.
2. Una comida típica de Puerto Rico son _______________.
3. Una artesanía que identifica a Puerto Rico es _______________.
4. La bomba es un baile puertorriqueño de origen _______________.

2 **Las parrandas** Las parrandas son una tradición puertorriqueña y se celebran durante la Navidad. Explica en orden cronológico qué pasa desde que empieza hasta que termina. *(Explain, in order, what happens during a Puerto Rican* **parranda***.)*

Primero _______________________________.

Luego _______________________________.

Entonces _______________________________.

También _______________________________.

Después _______________________________.

3 **Las artesanías de Puerto Rico y Panamá** Describe con oraciones completas las artesanías de Puerto Rico y Panamá. Luego describe un tipo de artesanía de los Estados Unidos. *(Describe with complete sentences the Puerto Rican and Panamanian crafts. Then, describe a handicraft from the United States.)*

PUERTO RICO las casitas	PANAMÁ las molas	ESTADOS UNIDOS _______________

UNIDAD 3 • Lección 2 • Cultura B

Nombre ______________________________ Clase ________________ Fecha __________

Cultura C

Level 2, pp. 188-189

¡AVANZA! **Goal:** Review cultural information about Puerto Rico.

1 **Los vejigantes** Completa estas oraciones. *(Complete the sentences.)*

1. Las máscaras de los vejigantes son una ________________ típica de Puerto Rico.
2. Las máscaras son hechas de papel maché o de ________________.
3. Durante los desfiles, los vejigantes tratan de dar ________________ a las personas.
4. La música que se toca con los vejigantes se llama ________________.

2 **Las artesanías** Estás de vacaciones en Puerto Rico y quieres comprar regalos únicos para tres personas que conoces. Escribe cinco oraciones y describe un viaje al Viejo San Juan para comprar artesanías. Compras una **máscara de vejigante**, una **talla** y una **casita**. Describe cada una. ¿Cuánto cuesta cada una? ¿Para quién es? ¿Por qué? *(You are in* Viejo San Juan *and want to buy three traditional handicrafts to give as gifts. Describe your trip and each item. Tell whom you give the items to and why.)*

____

____

____

____

____

____

____

3 **Las parrandas** Las parrandas se celebran durante la Navidad en Puerto Rico. Inventa una canción original para una parranda. Escribe como mínimo cinco líneas. Recuerda que las canciones deben despertar a una familia y con ella pueden pedir comida y bebida. *(Write your own* **parranda** *song with at least five lines.)*

____

____

____

____

____

Nombre ______________________ Clase ______________ Fecha ______________

Comparación cultural: ¡Me encanta ir de compras!

Level 2, pp. 190-191

Lectura y escritura

After reading the paragraphs about the shopping trips of Marcos, Juanita, and Valeria, write a paragraph about your shopping trip. Use the information on your flow chart to write sentences, and then write a paragraph that describes your shopping trip.

Step 1

Complete the flow chart describing as many details as you can about your shopping trip.

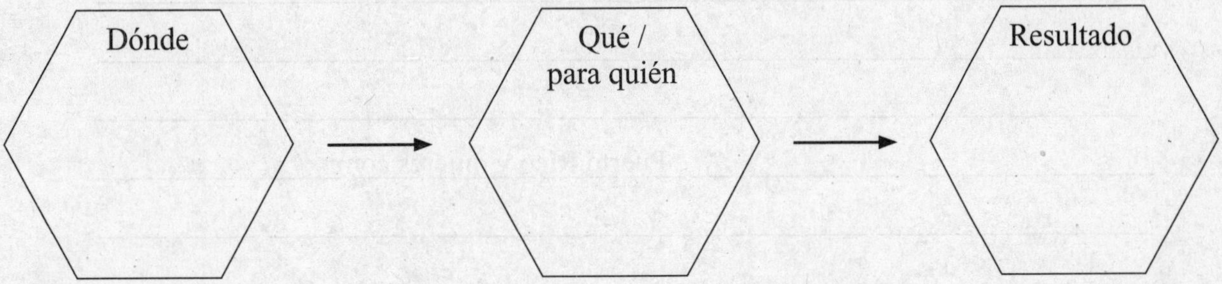

Step 2

Now take the details from the flow chart and write a sentence for each topic on the flow chart.

____

____

____

____

____

Nombre ______________________ Clase ______________ Fecha ________

Comparación cultural: ¡Me encanta ir de compras!

Level 2, pp. 190-191

Lectura y escritura (continued)

Step 3

Now write your paragraph using the sentences you wrote as a guide. Include an introduction sentence and use the verbs **gustar, encantar,** and **quedar** to write about your shopping trip.

____

____

____

____

____

____

____

Checklist

Be sure that…

- ☐ all the details of your shopping trip from your flow chart are included in the paragraph;
- ☐ you use details to describe each aspect of your shopping trip;
- ☐ you include new vocabulary words and the verbs **gustar, encantar,** and **quedar**.

Rubric

Evaluate your writing using the rubric below.

Writing criteria	Excellent	Good	Needs Work
Content	Your description includes many details about your shopping trip.	Your description includes some details about your shopping trip.	Your description includes few details about your shopping trip.
Communication	Most of your description is organized and easy to follow.	Parts of your description are organized and easy to follow.	Your paragraph is description and hard to follow.
Accuracy	Your description has few mistakes in grammar and vocabulary.	Your description has some mistakes in grammar and vocabulary.	Your description has many mistakes in grammar and vocabulary.

Nombre ______________________ Clase ______________ Fecha __________

Comparación cultural: ¡Me encanta ir de compras!

Level 2, pp. 190-191

Compara con tu mundo

Now write a comparison about your shopping trip and that of one of the three students from page 191. Organize your comparison by topics. First, compare the places you shopped, then what you bought and for whom, and lastly the reactions or results of your purchases.

Step 1

Use the chart to organize your comparison by topics. Write details for each topic about your shopping trip and that of the student you chose.

	Mi día de compras	El día de compras de ______________
Lugar(es)		
Compras		
¿Para quién(es)?		
Reacciones / resultados		

Step 2

Now use the details from the chart to write a comparison. Include an introduction sentence and write about each topic. Use the verbs **gustar, encantar,** and **quedar** to describe your shopping trip and that of the student you chose.

____

____

____

____

____

____

____

UNIDAD 3 • Comparación cultural
Lección 2

Nombre ______________________ Clase ______________ Fecha __________

Vocabulario A

Level 2, pp. 198-202

¡AVANZA! **Goal:** Narrate past events and activities in a story.

1 Las leyendas son muy divertidas. Subraya la palabra que mejor completa cada oración. *(Underline the correct word.)*

1. Vamos a contar (una leyenda / una montaña / un dios).
2. Había una vez una princesa, (la narración / la guerra / la heroína) de nuestra historia.
3. El ejército pelea en (un mensaje / una batalla / un volcán).
4. El héroe está (valiente / enamorado / ejército) de la heroína.
5. El enemigo (transforma / lleva / pelea) con el guerrero.

2 Pedro habla de una leyenda. Completa las oraciones con la palabra correcta de la caja. *(Complete the sentences.)*

se casan	pelea	la guerra	tiene celos
cuenta	los personajes	hermosa	valiente

1. Una narración ______________ una historia.
2. La gente en una narración se llama ______________.
3. La princesa es muy ______________; ella es bella.
4. El guerrero es muy ______________.
5. El enemigo ______________ del guerrero.
6. Entonces, el enemigo ______________ con el ejército del emperador.
7. ______________ termina cuando un ejército gana la batalla final.
8. Al final, el héroe y la heroína ______________.

3 Contesta las siguientes preguntas con tu propia opinión en una oración completa.

1. ¿Cómo debe ser un guerrero?

____

2. ¿Por qué?

____

UNIDAD 4 • Vocabulario A
Lección 1

Nombre _______________ Clase _______________ Fecha _______________

Vocabulario B

Level 2, pp. 198-202

¡AVANZA! **Goal:** Narrate past events and activities in a story.

1 Todos los personajes tienen distintas características. Coloca en la columna de la izquierda las cosas positivas y en la derecha las negativas. *(Classify the positive and negative items.)*

enemigo	celos	morir	pelear
valiente	hermosa	heroico	queridos

Lo positivo	Lo negativo
1. _______________	1. _______________
2. _______________	2. _______________
3. _______________	3. _______________
4. _______________	4. _______________

2 Las leyendas nos llevan a lugares fantásticos. Escribe la palabra correcta para cada definición. *(Write the correct word for each definition.)*

1. Una narración histórica: _______________
2. El héroe, la heroína y el enemigo de una leyenda: _______________
3. Lo que aprendes al final de la narración: _______________
4. Volver: _______________
5. Donde viven las personas nobles y ricas: _______________
6. Lo hace una persona cuando está triste: _______________

3 Escribe dos oraciones completas para decir cuál es tu héroe preferido y por qué. (*Describe your favorite hero.*)

____

____

____

____

____

____

Nombre ______________________ Clase ______________ Fecha __________

Vocabulario C

Level 2, pp. 198-202

¡AVANZA! **Goal:** Narrate past events and activities in a story.

1 ¿Conoces alguna leyenda? Subraya la palabra que no está relacionada con cada serie. (*Underline the word that doesn't belong.*)

1. la guerra / el ejército / hace muchos siglos / la batalla / el guerrero
2. la heroína / el palacio / la princesa azteca / querida / la joven
3. una narración histórica / una leyenda / había una vez / contar / llevar
4. los personajes / el héroe / valiente / los volcanes / un guerrero

2 Antes de escuchar una leyenda, tienes que saber qué significa cada cosa. Completa las oraciones. (*Complete the definitions.*)

1. Un palacio es ____
   ____
2. Un guerrero es ____
   ____
3. Un héroe es ____
   ____
4. Un dios es ____
   ____
5. Un emperador es ____
   ____

3 En tres oraciones completas describe un personaje de tu cuento favorito. (*Describe someone from your favorite story.*)

____
____
____
____
____
____

UNIDAD 4 • Vocabulario C
Lección 1

Nombre ______________________ Clase ______________ Fecha ________

Gramática A *The Imperfect Tense*

Level 2, pp. 203-207

¡AVANZA! **Goal:** Use the imperfect tense to describe continuing events in the past.

1 Usa los participios pasados de los verbos para describir a las personas y cosas en las siguientes oraciones. *(Use the past participles of the verbs in bold as adjectives.)*

Modelo:: Por la noche yo siempre **encendía** una pequeña luz en mi cuarto.
Siempre tenía una luz **encendida**.

1. Siempre **cerraban** las tiendas a las ocho. Después de las ocho, las tiendas estaban ______________.
2. Antes, los libros de leyendas me **aburrían.** Para mí, eran libros ______________.
3. Me **divertía** cuando jugaba en el parque. ¡Qué ______________ era el parque!
4. Mi mamá siempre **apagaba** la televisión los sábados por la tarde. Salíamos de la casa para jugar porque la televisión estaba ______________.
5. La princesa siempre se **enamoraba** de héroes diferentes. Ella siempre estaba ______________.
6. Las batallas siempre **cansaban** al guerrero. Durante la guerra, el guerrero siempre estaba ______________.

2 ¿Cómo empieza *La Bella Durmiente*? Completa esta versión con el imperfecto de los verbos de la caja. *(Complete the beginning of* Sleeping Beauty *with the imperfect form of the correct verbs.)*

invitar
dar
vivir
ser

Había una vez una princesa. Ella **1.** ______________ muy hermosa y muy inteligente. Ella **2.** ______________ en un palacio grande con sus padres. Sus padres **3.** ______________ muchas fiestas, pero no siempre **4.** ______________ a todos.

3 Completa la siguiente oración según tu vida cuando eras niño o niña. Sigue el modelo.

modelo: Todos lo sábados, mi familia y yo íbamos a un restaurante italiano.

1. Todos los domingos, ______________________________
2. Todas las mañanas, ______________________________

UNIDAD 4 Lección 1 • Gramática A

Nombre ______________________ Clase ______________ Fecha __________

Gramática B *The Imperfect Tense*

Level 2, pp. 203-207

¡AVANZA! **Goal:** Use the imperfect tense to describe continuing events in the past.

1 Completa la primera oración con el imperfecto del verbo entre paréntesis. Luego, usa el participio pasado como adjetivo. *(Complete the first sentence in the imperfect. Then, use a past participle to form an adjective.)*

1. Todos los días el guerrero se ______________ (dormir) tarde. Siempre estaba ______________ (cansar).
2. El emperador frecuentemente ______________ (pelear). Era un hombre ______________ (enojar).
3. Unos héroes del ejército siempre ______________ (venir) a cenar al palacio. Eran muy ______________ (querer) en la casa del emperador.
4. Mi hermano y yo nunca ______________ (leer) leyendas. Siempre estábamos demasiado ______________ (ocupar) con otras cosas.
5. A veces la maestra nos ______________ (contar) narraciones sobre guerras históricas. Para mí eran ______________ (aburrir).

2 Escribe oraciones sobre las cosas que hacían estas personas. *(Write sentences about what these people used to do.)*

1. María / siempre / caminar a la escuela.
____
2. Mi abuela / muchas veces / contarnos leyendas.
____
3. María / todos los jueves / narrar historias.
____
4. Cuando / Pedro / tener ocho años, / escribir muchos cuentos
____

3 Escribe dos oraciones completas describiendo qué hacían tus padres para hacerte dormir cuando eras muy joven. *(What did your parents use to do to put you to sleep?)*

____

____

Gramática C *The Imperfect Tense*

Level 2, pp. 203-207

¡AVANZA! **Goal:** Use the imperfect tense to describe continuing events in the past.

1 Completa las primeras oraciones con el verbo correcto en el imperfecto. Luego completa las segundas con un adjetivo formado del participio pasado del mismo verbo. *(Complete the first sentences with the imperfect, then the second sentences with the past participle.)*

decorar
cerrar
interesar
preferir

1. a. Juan ______________ ir a ese hotel.

b. Era su hotel ______________.

2. a. A Leticia no le ______________ las leyendas.

b. Yo le conté una, pero ella no estaba ______________.

3. a. Cada mes, la princesa ______________ el palacio nuevamente.

b. El palacio siempre estaba bien ______________.

4. a. En un lugar que visité, los restaurantes siempre ______________ los lunes.

b. Los lunes, los restaurantes estaban ______________.

2 Mira los dibujos. Luego, escribe oraciones completas para describirlos. Usa el imperfecto. *(Describe the drawings using complete sentences.)*

1.

2.

3.

4.

1. ____
2. ____
3. ____
4. ____

3 Escribe tres oraciones completas con las cosas que nunca hacías cuando eras niño. *(Write about three things you never did as a child.)*

1. ____
2. ____
3. ____

Nombre ______________________ Clase ______________ Fecha __________

Gramática A *The Preterite and the Imperfect*

Level 2, pp. 208-210

¡AVANZA! **Goal:** Use both tenses to narrate past events.

1 Cande habla con su amiga sobre las cosas que hacían y que hicieron. Escoge el verbo correcto para completar cada oración. *(Choose the correct verb.)*

1. El verano pasado (íbamos / fuimos) de viaje a Guatemala.
2. Mis padres y yo siempre (íbamos / fuimos) los domingos a la casa de mi abuela.
3. Cuando yo (tuve / tenía) dos años, (lloré / lloraba) mucho.
4. ¿(Lloraste / llorabas) tú cuando (viste / veías) esa película el otro día?

2 Los chicos casi siempre hacían las mismas actividades en la escuela y después de la escuela. Pero el día de la excursión, todo fue diferente. Completa las oraciones con los verbos entre paréntesis en el tiempo apropiado. *(Complete the sentences.)*

Todos los días, **1.** ______________ cuentos históricos pero el día de la excursión no **2.** ______________ nada. (estudiar) Siempre **3.** ______________ de la escuela a las 3:00 p.m. pero después de la excursión **4.** ______________ a las 5:00 p.m. (salir) Después de las clases, siempre nos **5.** ______________ a casa de Melva pero ese día nos **6.** ______________ a nuestras casa cansados. (ir) Ese día **7.** ______________ en un parque cerca de las montañas, pero normalmente **8.** ______________ el almuerzo en la cafetería. (comer) Antes, Ignacio **9.** ______________ enamorado de Celia pero ese día **10.** ______________ enamorado de la guía del museo. (estar)

3 ¿Conoces el cuento de Blancanieves? Escribe una oración para decir qué hacía Blancanieves cuando pasó otra cosa. *(Write a sentence to say what happened while Snow White was doing something).*

____

____

____

____

Nombre _________________________ Clase _______________ Fecha __________

Gramática B *The Preterite and the Imperfect*

Level 2, pp. 208-210

¡AVANZA! **Goal:** Use both tenses to narrate past events.

1 Antes, Lucas y sus amigos hacían muchas cosas. Después hicieron otras. Completa las oraciones con los verbos entre paréntesis. *(Complete the sentences.)*

1. Lucas siempre _______________ por la noche, pero un día _______________ a correr por la mañana. (correr / empezar)
2. Los hermanos de Elena _______________ los menos divertidos en las fiestas, pero ayer _______________ los más divertidos de la fiesta. (ser / ser)
3. Lucas _______________ un buen amigo de Inés. Ella _______________ una vez de viaje con él y su familia. (ser / ir)
4. Lucas siempre _______________ a la biblioteca los sábados. Una vez _______________ 20 libros de leyendas en un día. (ir / sacar)

2 Completa las siguientes oraciones con la forma correcta de los verbos de la caja. *(Complete the sentences with the correct form of the imperfect or preterite.)*

pelear
llorar
estar
vestirse

1. Cuando tenía cinco años, Ana _______________ de princesa. Ahora ya no, pero el otro día _______________ muy elegante.
2. Cuando eran pequeños, Aníbal y Ana _______________ mucho en los viajes. Ayer en la excursión no _______________ nada. ¡Qué bueno!
3. Cuando eras muy joven, tú _______________ mucho, ¿no? ¿_______________ tu primer día de escuela?
4. Luis y Mariela _______________ enamorados hace un año, pero ya no. Ayer _______________ los dos en la fiesta, pero ella no le habló.

3 Escribe sobre dos cosas que hacías con tu familia cuando eras joven y dos cosas que hiciste con ellos ayer. *(Write about what you used to do and what you did yesterday.)*

1. ____
2. ____
3. ____
4. ____

Nombre ______________________ Clase ______________ Fecha ________

Gramática C *The Preterite and the Imperfect*

Level 2, pp. 208-210

¡AVANZA! **Goal:** Use both tenses to narrate past events.

1 ¿Pretérito o imperfecto? Completa las siguientes oraciones con las formas correctas de los verbos indicados. *(Complete the sentences with either the preterite or imperfect.)*

1. La princesa hermosa ______________ (dormir) cuando su héroe ______________ (entrar) al palacio.

2. Antes, casi siempre ______________ (ir) al cine los sábados con mis padres. Una vez ______________ (ver) *Blancanieves*.

3. Cuando Blancanieves se ______________ (comer) la manzana, su enemiga, vestida de mujer vieja, la ______________ (mirar).

4. ¿A ti te ______________ (gustar) esa película? Nosotros siempre ______________ (preferir) las películas más cómicas.

5. El ejército enemigo ______________ (llegar) por la mañana, pero el emperador ______________ (estar) preparado.

2 Di qué hiciste tú cuando ocurrían las siguientes cosas. *(Say what you did while these things were happening.)*

1. La maestra leía una historia cuando yo ______________________

2. Mi amigo estaba en la fiesta cuando yo ______________________

3. Yo escuchaba una leyenda cuando yo ______________________

4. Mis padres hablaban de mí cuando yo ______________________

5. Andrea caminaba por el pasillo cuando yo ______________________

3 Escribe tres oraciones sobre algo que pasaba en la escuela y sobre algo que pasó para interrumpirlo. *(Write about something happening at school and something that interrupted it.)*

1. ______________________________________

____

2. ______________________________________

3. ______________________________________

Nombre _______________ Clase _______________ Fecha _______________

Integración: Hablar

Level 2, pp. 212-213
WB CD 02 track 21

Buscas una leyenda para contar en tu clase de español. Encuentras una leyenda en un sitio web interactivo. Después de leer y escuchar esta leyenda, habla sobre qué piensas que el personaje de la princesa debe hacer. (*You find a legend on a Web site. Read and listen to the legend and then tell what you think the princess should do.*)

Fuente 1 Leer

Lee la leyenda del sitio web. (*Read the legend from the Web site.*)

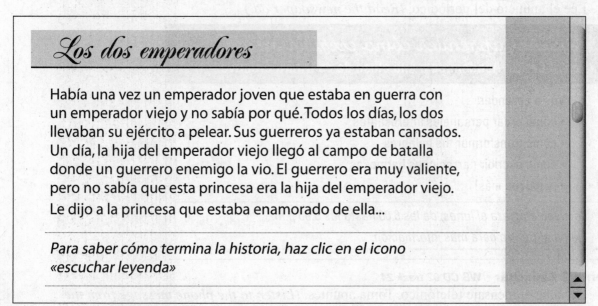

Los dos emperadores

Había una vez un emperador joven que estaba en guerra con un emperador viejo y no sabía por qué. Todos los días, los dos llevaban su ejército a pelear. Sus guerreros ya estaban cansados. Un día, la hija del emperador viejo llegó al campo de batalla donde un guerrero enemigo la vio. El guerrero era muy valiente, pero no sabía que esta princesa era la hija del emperador viejo. Le dijo a la princesa que estaba enamorado de ella...

Para saber cómo termina la historia, haz clic en el icono «escuchar leyenda»

Fuente 2 Escuchar *WB CD 02 track 22*

Escucha la continuación de la leyenda en el sitio web. Toma apuntes. *(Listen to the continuation of the legend. Take notes.)*

____

____

____

____

Hablar

¿En tu opinión con quién debe casarse la princesa: con el guerrero o con el emperador joven? Da razones de por qué debe escoger a uno y por qué no debe escoger al otro. *(Explain whom the princess should choose. Give reasons why.)*

modelo: La princesa debe casarse con… porque… No debe casarse con… porque…

Nombre ______________________ Clase ______________ Fecha ________

Integración: Escribir

Level 2, pp. 212-213
WB CD 02 track 23

Ves un anuncio en el periódico sobre una clase de escritura creativa. Lee el anuncio y escucha un mensaje telefónico de la maestra de la clase. Después, escríbele un email a un(a) amigo(a) para describir la clase e invitarle a ir contigo. *(Read an ad for a creative writing class and listen to a phone message from the teacher. Then write to a friend, describing the class and inviting him/her to go.)*

Fuente 1 Leer

Lee el anuncio del periódico. *(Read the newspaper ad.)*

> **¿Quieres aprender cómo escribir mejor?**
> **Ven al Centro Académico a una clase de escritura creativa.**
>
> Vas a aprender:
> - cómo crear personajes interesantes
> - cómo transformar tus palabras
> - cómo escribir narraciones hermosas
> - ¡y mucho más!
>
> *La clase empieza el lunes, de las 6:00 hasta las 8:00 p.m.*
> *Llama al Centro para más información.*

Fuente 2 Escuchar ***WB CD 02 track 24***

Escucha el mensaje telefónico. Toma apuntes. *(Listen to the phone message from the teacher. Take notes.)*

____

____

____

Escribir

Escríbele un email a un(a) amigo(a) para invitarle a tomar la clase. Dile por qué es buena idea ir. Describe la clase y las cosas que ustedes pueden aprender. También, dale la información necesaria para llegar a la clase. *(Write an email inviting a friend to the class. Describe the class and tell why he/she should go. Also provide the details he/she needs to get to the class.)*

modelo: ¡Hola Emilia! ¿Quieres tomar una clase conmigo? Podemos aprender… Debes ir porque… Para llegar a la clase, hay que…

____

____

____

____

____

Nombre ______________________ Clase ______________ Fecha ________

Escuchar A

Level 2, pp. 218-219
WB CD 02 tracks 25-26

¡AVANZA! **Goal:** Listen to narratives about past events.

1 Escucha a Jaime. Luego, subraya las oraciones correspondientes a lo que dice. *(Underline the sentences having to do with what Jaime says.)*

1. Jaime escuchaba muchas leyendas cuando era niño.
2. Todos los días, los estudiantes contaban una leyenda.
3. Jaime siempre termina sus leyendas.
4. Jaime conocía muchas leyendas porque las estudiaba.
5. Un día, los chicos hablaron sobre leyendas en la clase de Jaime.

2 Escucha la conversación de Graciela y Pablo. Luego, completa las oraciones. *(Complete the sentences based on the conversation.)*

1. A Pablo le gustó la leyenda sobre ______________________
2. A Graciela le gustó la leyenda sobre ______________________
3. A Pablo nunca le gustan las leyendas en las que ______________
4. Graciela piensa que a Pablo le gustaría ______________________

Nombre ______________________ Clase ______________ Fecha ________

Escuchar B

Level 2, pp. 218-219
WB CD 02 tracks 27-28

¡AVANZA! **Goal:** Listen to narratives about past events.

1 Escucha lo que dice Laura. Luego, pon en orden correcto los eventos de la leyenda que ella cuenta. *(Put the events of the legend in order.)*

1. ____ **a.** El ejército ganó la batalla.

2. ____ **b.** La princesa peleó vestida como hombre.

3. ____ **c.** Los guerreros estuvieron enamorados de la princesa.

4. ____ **d.** La princesa ayudó a pelear con el enemigo.

5. ____ **e.** Los guerreros supieron quién era la princesa.

2 Escucha a Jorge y toma apuntes. Luego, contesta las preguntas con oraciones completas. *(Answer the questions based on Jorge's story.)*

1. ¿Por qué la hermana de Jorge piensa que es una princesa?

____

2. ¿Qué hizo la hermana de Jorge el año pasado?

____

UNIDAD 4 • Lección 1 • Escuchar B

Nombre ______________________ Clase ______________ Fecha ________

Escuchar C

Level 2, pp. 218-219
WB CD 02 tracks 29-30

¡AVANZA! **Goal:** Listen to narratives about past events.

1 Escucha al señor Ortiz y toma apuntes. Luego, contesta las siguientes preguntas con oraciones completas. *(Answer the questions with complete sentences.)*

1. ¿Por qué contaban leyendas las personas?

____

____

2. ¿Qué quiere decir que las leyendas eran compartidas oralmente?

____

____

3. ¿Qué empezaron a hacer diferentemente con las leyendas?

____

____

4. ¿Piensas que es importante compartir las historias con otras personas? ¿Por qué?

____

____

2 Escucha la conversación entre Claudia y Noemí. Toma apuntes. Luego, con tres oraciones completas, cuenta de qué hablaba la leyenda que leyó Claudia. *(Write three sentences describing the legend that Claudia tells.)*

____

____

____

____

____

Nombre ______________________ Clase ______________ Fecha __________

Leer A

Level 2, pp. 218-219

¡AVANZA! **Goal:** Read legends and stories.

María quiere escribir cuentos y leyendas. Cuando era niña escribía sus leyendas en un cuaderno de historias fantásticas.

> *Hace muchos siglos, vivía un emperador bueno al que no le gustaban las guerras. Un día, un guerrero enemigo llegó a su puerta con un gran ejército porque quería su palacio y su oro. La familia del emperador tenía miedo, pero el emperador no quería batalla. No quería ver a sus guerreros morir y las mujeres llorar. Su hija salió enojada del palacio para hablar con el enemigo. Le dijo* (told)*: «Mi padre es viejo y no puede pelear, pero yo soy joven y fuerte. Si usted quiere entrar aquí, tiene que pelear conmigo». El guerrero no sabía qué hacer. Vio que esa mujer era buena, valiente y heroica, y él no quería hacerle sufrir* (suffer)*. Ya no tenía ganas de pelear. Así es cómo la princesa transformó a un enemigo en un amigo. El emperador compartió su oro con ellos, y todos vivieron felices y sin guerra.*

¿Comprendiste?

Lee la leyenda de María y decide si las siguientes oraciones son **ciertas** o **falsas**. *(True or false?)*

C F **1.** Los guerreros enemigos estaban celosos del dinero del emperador.

C F **2.** Al emperador le gustaba mucho pelear.

C F **3.** El emperador salió del palacio para hablar con el enemigo.

C F **4.** La princesa era muy valiente.

C F **5.** El enemigo fue transformado en un amigo.

C F **6.** El enemigo estaba enamorado de la princesa.

¿Qué piensas?

1. ¿Piensas que las leyendas son historias que pasaron de verdad?

____

____

2. ¿Por qué?

____

____

Nombre ______________________ Clase ______________ Fecha __________

Leer B

Level 2, pp. 218-219

¡AVANZA! **Goal:** Read legends and stories.

Leticia le escribe un correo electrónico a sus amigos para contarle una leyenda que leyó.

Había una vez una guerra terrible entre el ejército de un emperador y unos enemigos que querían su palacio y su oro. Muchos murieron, y el emperador estaba triste porque no ganaba. Un día su hija entró a su cuarto y vio que lloraba.

—No quiero perder todo, mi hija —le dijo *(said)*. Ella contestó, —Padre, soy muy valiente y sé pelear. ¡Te puedo ayudar!
—No, mi hija. Las guerras son para los hombres. ¡Es demasiado peligroso!

Al otro día empezó una batalla seria. Un guerrero misterioso peleó valientemente por el emperador. Cada enemigo que peleó con él perdió, y al final del día, todos tuvieron miedo y salieron corriendo. El emperador estaba muy contento y quería hablar con el héroe que le ayudó a ganar la guerra. Cuando éste llegó, el emperador le quitó (*took off*) el casco y vio que... era una *guerrera:* ¡su hija! Al final, la princesa llegó a ser una heroína muy querida por todos.

¿Comprendiste?

Lee la leyenda. Luego contesta las preguntas. *(Answer the questions about the legend.)*

1. ¿Qué quería hacer la princesa? ¿Por qué no podía?

____

2. ¿Por qué estaba triste el emperador?

____

3. ¿Piensas que estaba enojado el emperador cuando supo la verdad? ¿Por qué?

____

¿Qué piensas?

1. ¿Cuál piensas que fue el mensaje de esta leyenda?

____

____

2. ¿Te gusta el mensaje? ¿Por qué?

____

Nombre ______________________ Clase ______________ Fecha ____________

Leer C

Level 2, pp. 218-219

¡AVANZA! **Goal:** Read legends and stories.

Emilia Drago escribió un libro de leyendas. Una revista escribe sobre este libro.

Leyendas de otros siglos, reinventadas

La semana pasada, salió a la venta *(was released)* el nuevo libro de Emilia Drago. La conocemos por sus libros de misterio, pero en esta antología, ella cuenta muchas leyendas de hace muchos siglos con una nueva interpretación. Hay princesas enamoradas, guerreros celosos, emperadores enojados y muchos personajes más. Ella estudiaba estas historias para una novela cuando pensó en escribir versiones nuevas para nosotros.

Es un libro muy interesante que transforma las leyendas básicas que todos conocemos en historias frescas y divertidas. Otro estudioso de leyendas, Víctor Manrique, recomendó mucho este libro. Él es un gran maestro de historia y sabe mucho de las historias del pasado. Escribió: «La narración de Drago es inteligente, cómica y original. Este libro es una joya».

¿Comprendiste?

1. ¿Por qué es conocida Emilia Drago?

____

2. ¿Cómo son diferentes las leyendas que escribió Emilia Drago en este libro?

____

3. ¿En qué momento pensó Emilia en escribir el libro?

____

4. ¿Por qué recomendó el libro Víctor Manrique? ¿Por qué lo describe como «una joya»?

____

____

¿Qué piensas?

1. ¿Te gustaban los libros de leyendas viejas cuando eras muy joven?

____

2. ¿Por qué?

____

Nombre ______________________ Clase ______________ Fecha __________

Escribir A

Level 2, pp. 218-219

¡AVANZA! **Goal:** Write about stories and legends.

Step 1

Vas a escribir una leyenda corta. Primero, escoge a tres personajes de la lista. *(Choose three characters from the list.)*

Una princesa	Un(a) guerrero/a	Un(a) joven	Un héroe
Un(a) enemigo/a	Un emperador	Un(a) dios(a)	Una heroina

Ahora, pon los personajes en la tabla, dales nombres, y describe qué hicieron en tu historia. *(In the table, describe your characters and what they did in the story.)*

Personaje	Qué hizo

Step 2

Ahora escribe tu leyenda en cuatro oraciones usando la información de la tabla. Usa el imperfecto y el pretérito. *(Write your legend using the information from the table.)*

____

____

____

Step 3

Evaluate your writing using the information in the table.

Writing Criteria	Excellent	Good	Needs Work
Content	You have included all the information from the chart and imperfect and preterite verbs.	You have included most information from the chart and some imperfect and preterite verbs.	You have some information from the chart and a few imperfect and preterite verbs.
Communication	Most of your response is clear.	Some of your response is clear.	Your response is not very clear.
Accuracy	You make few mistakes in grammar and vocabulary.	You make some mistakes in grammar and vocabulary.	You make many mistakes in grammar and vocabulary.

Nombre ______________________ Clase ______________ Fecha __________

Escribir B

Level 2, pp. 218-219

¡AVANZA! **Goal:** Write about stories and legends.

Step 1

Escribe unas características o acciones para cada columna de la caja. *(Write positive and negative qualities or actions in the chart.)*

Positivo	Negativo
1.	1.
2.	2.
3.	3.
4.	4.

Step 2

Con cuatro oraciones completas y cinco palabras de la caja, escribe una pequeña leyenda. *(Write a legend using five words from the table.)*

____

____

____

____

____

Step 3

Evaluate your writing using the information in the table.

Writing Criteria	Excellent	Good	Needs Work
Content	You have used five words from the chart plus preterite and imperfect verbs.	You have used four words from the chart and some preterite and imperfect verbs.	You have used fewer than three words from the chart and few preterite and imperfect verbs.
Communication	Most of your response is clear.	Some of your response is clear.	Your response is not very clear.
Accuracy	You make few mistakes in grammar and vocabulary.	You make some mistakes in grammar and vocabulary.	You make many mistakes in grammar and vocabulary.

Nombre ______________________ Clase ______________ Fecha ______________

Escribir C

Level 2, pp. 218-219

¡AVANZA! **Goal:** Write about stories and legends.

Step 1

Piensa en una leyenda que conoces o que inventas. Escribe en la tabla tres personajes, un adjetivo para describirlos y un verbo para describir sus acciones. *(Describe three characters from your legend in the table.)*

Personaje	Características	Acciones

Step 2

Ahora escribe tu leyenda en seis oraciones usando la información de la tabla. *(Write your legend using the information from the table.)*

____

____

____

____

____

____

Step 3

Evaluate your writing using the information in the table.

Writing Criteria	Excellent	Good	Needs Work
Content	You have used five words from the chart plus preterite and imperfect verbs.	You have used at least four words from the chart and some preterite and imperfect verbs.	You have used fewer than three words from the chart and little preterite and imperfect verbs.
Communication	Most of your response is clear.	Some of your response is clear.	Your response is not very clear.
Accuracy	You make few mistakes in grammar and vocabulary.	You make some mistakes in grammar and vocabulary.	You make many mistakes in grammar and vocabulary.

Nombre ______________________ Clase ______________ Fecha ________

Cultura A

Level 2, pp. 218-219

¡AVANZA! **Goal:** Review cultural information about Mexico.

❶ **México** Completa las siguientes oraciones sobre México. *(Complete the following sentences.)*

1. Uno de los idiomas que se habla en México es el ____ .
   a. inglés b. maya c. portugués
2. Una comida típica mexicana son los ____
   a. tamales b. tostones c. perniles
3. Una ciudad grande de México es ____
   a. Maracaibo b. Madrid c. Monterrey

❷ **Hechos** Completa las oraciones. *(Complete the sentences.)*

1. En el estado de Oaxaca el (50% / 20%) de la población es indígena.
2. El (Zócalo / Paricutín) es el centro histórico de México D. F.
3. En México se celebra el día de la independencia el 15 de (mayo / septiembre).
4. La bandera mexicana es roja, blanca y (amarilla / verde).

❸ **La historia mexicana** Contesta estas preguntas. *(Answer these questions.)*

1. ¿Quiénes son dos pintores famosos de México?

   ____

2. ¿Dónde se celebra el Grito de la Independencia?

   ____

3. ¿Dónde fue la erupción del volcán Paricutín?

   ____

Nombre ______________________ Clase ______________ Fecha __________

Cultura B

Level 2, pp. 218-219

¡AVANZA! **Goal:** Review cultural information about Mexico.

1 **Hechos** Completa las siguientes oraciones con la palabra correcta de la lista. *(Complete the following sentences.)*

Oaxaca	México D. F.	Texas	Tenochtitlán

México es un país grande que tiene un poco menos del triple de las millas cuadradas de **1.** ______________ . En México se habla español y algunas lenguas indígenas. Por ejemplo, en la ciudad de **2.** ______________ cerca del 50% de la población habla un idioma indígena. La capital de México es **3.** ______________ . Hace 500 años, los aztecas, una civilización antigua, fundaron su capital allí con el nombre de **4.** ______________ .

2 **Los artistas mexicanos.** Frida Kahlo y Diego Rivera son dos artistas mexicanos muy famosos. Decide qué artista dice las siguientes oraciones. *(Indicate which artist would say each statement.)*

1. Yo pinto muchos autorretratos. ______________
2. Mi obra tiene elementos surrealistas. ______________
3. Mis murales tienen temas políticos y culturales. ______________

3 **En México y Nicaragua** Contesta las preguntas con oraciones completas. *(Answer with complete sentences.)*

1. ¿Qué es el Zócalo y qué celebran los mexicanos allí? ______________
____
2. ¿Qué animal trajo el fuego a los mazatecas, según la leyenda? ______________
____
3. ¿Qué hay en San Juan Paragaricutiro? ______________
____
4. ¿Qué son las Huellas de Acahualinca en Nicaragua? ______________
____

Nombre ______________________ Clase ______________ Fecha ________

Cultura C

Level 2, pp. 218-219

¡AVANZA! **Goal:** Review cultural information about Mexico.

1 **México** Contesta las siguientes preguntas sobre México con oraciones completas. *(Answer the following questions with complete sentences.)*

1. ¿Cuál es otro nombre para la Ciudad de México? ______________________
____
2. ¿Cúales son los idiomas de México?
____
3. ¿Qué hace el tlacuache en la leyenda mazateca? ______________________
____

2 **¿Qué tres lugares históricos puedes visitar en México?** Completa esta tabla y escribe por qué es importante visitar estos lugares. *(Complete this chart.)*

El Zócalo	El estado de Oaxaca	San Juan Parangaricutiro

3 **Los viajes** Escribe un párrafo para una agencia de viajes. Explica por qué los turistas deben visitar San Juan Parangaricutiro. *(Write a paragraph for a travel agency explaining why tourists should visit San Juan Parangaricutiro.)*

modelo: San Juan Parangaricutiro es un sitio arqueológico de México muy importante.

____
____
____
____
____

UNIDAD 4 • Cultura C
Lección 1

Nombre ______________________ Clase ____________ Fecha ________

Vocabulario A

Level 2, pp. 222-226

¡AVANZA! **Goal:** Talk about ancient and modern cities.

1 Coloca las cosas antiguas en una columna y las modernas en la otra. *(Put the words in the correct column.)*

ruinas	calendario azteca	acera
semáforo	rascacielos	pirámides

Cosas antiguas	Cosas modernas
1. ____________	**4.** ____________
2. ____________	**5.** ____________
3. ____________	**6.** ____________

2 Escribe la palabra apropiada que completa el párrafo sobre México. *(Complete the paragraph with words from the box.)*

ciudades	los toltecas	excavaciones
ruinas	herramientas	civilizaciones

Los aztecas y **1.** ____________ fueron dos **2.** ____________ antiguas de México. Sin la ayuda de **3.** ____________ modernas, estos grupos construyeron grandes **4.** ____________, como Tula y Tenochtitlán. Gracias a las **5.** ____________ que hacen los arqueólogos de esos lugares, podemos estudiar sus **6.** ____________, como los templos, las pirámides y los monumentos. Todos nos enseñan mucho sobre el pasado de México.

3 Contesta la siguiente pregunta. Usa **doblar a la derecha/izquierda** y **seguir derecho**. *(Answer the question about directions.)*

1. ¿Cómo llegas desde tu salón de clases hasta la cafetería?

____

____

____

Nombre ______________________ Clase ______________ Fecha ________

Vocabulario B

Level 2, pp. 222-226

¡AVANZA! **Goal:** Talk about ancient and modern cities.

1 Completa las oraciones con la palabra más lógica. *(Complete the sentences.)*

1. Las religiones antiguas tenían ______________ . (rascacielos / templos / tumbas)
2. Las civilizaciones antiguas contaban los días con un ______________ . (monumento / barrio / calendario)
3. Las civilizaciones modernas tienen ciudades con ______________ . (agricultura / rascacielos / ruinas)
4. Un ejemplo de civilizaciones antiguas son ______________ . (las herramientas / unas estatuas/ los toltecas)
5. ______________ cuidaban las plantas, pero también cazaban animales. (Los objetos / Los templos / Los agricultores)

2 ¿Qué soy? Lee estas adivinanzas y escribe la palabra del vocabulario que las contesta mejor. *(Answer the riddles with vocabulary words.)*

1. Con colores verde, amarillo y rojo, te digo si vas y te digo si no.

   ____

2. Yo puedo ser alto y puedo ser bajo; me visita la gente para hacer su trabajo.

   ____

3. Me ves en los mapas bien estudiados; me mantengo en forma con mis cuatro lados.

   ____

4. Te ayudo a saber la fecha, el mes; busca un número, como uno, dos, tres.

   ____

5. Dentro de nosotros vive la gente; una ciudad hacemos organizadamente.

   ____

3 Escribe dos oraciones completas para describir cómo llegas desde tu casa hasta la plaza más cercana. *(Describe how to get from your house to the nearest plaza.)*

____

____

UNIDAD 4 • Vocabulario B
Lección 2

Nombre ______________________ Clase ______________ Fecha __________

Vocabulario C

Level 2, pp. 222-226

¡AVANZA! **Goal:** Talk about ancient and modern cities.

1 Juan le escribe una nota a su mamá sobre su viaje a México. Completa el texto con las palabras de la caja. *(Complete the text about Juan's trip.)*

herramientas	construir	avanzada	objetos
rascacielos	excavaciones	calendario	plazas
tumba	templos	ruinas antiguas	barrios

Fuimos a México y visitamos **1.** las ____________ donde se encontraron unas **2.** ____________ ¡No sé cómo hicieron para **3.** ____________ edificios tan complicados! Es verdad que tenían **4.** ____________, pero no la tecnología **5.** ____________ de hoy. ¿Sabes que tenían un **6.** ____________ para contar los días del año? Habían muchos **7.** ____________ donde practicaban su religión. Algunos son tan altos que parecen **8.** ____________. Uno de ellos era una **9.** ____________ de un emperador, decorada con **10.** ____________ religiosos. También visitamos las partes modernas de la ciudad; sus **11.** ____________ y **12.** ____________. Al final, estábamos muy cansados.

2 Completa las oraciones sobre las civilizaciones antiguas. *(Complete the sentences.)*

1. Las pirámides son ____________
2. Las civilizaciones antiguas ____________
3. Las ruinas nos enseñan ____________

3 Contesta las preguntas con oraciones completas. *(Answer with complete sentences.)*

1. ¿Cómo llegas desde tu casa hasta la tienda más cerca de tu casa? ____________
____
2. ¿Cómo llegas desde tu casa hasta la escuela más cerca de tu casa? ____________
____

Nombre ______________________ Clase ______________ Fecha ________

Gramática A *Preterite of –car, –gar, and –zar Verbs*

Level 2, pp. 227-231

¡AVANZA! **Goal:** Use the preterite of –**car**, –**gar**, and –**zar** verbs to say what you did.

1 Jaime describe su viaje a México. De los dos verbos entre paréntesis, encierra en un círculo el que mejor completa la oración. *(Circle the correct verb.)*

1. Yo (llego / llegué) al aeropuerto y tomé un autobús hasta el hotel.
2. Fui a ver unos templos y (saqué / saco) muchas fotos.
3. Dos días después (empecé / empiezo) la excursión a Tulum.
4. Allí yo (busco / busqué) las ruinas que quería ver.

2 La visita a México me dio hermosos recuerdos. Usa el verbo entre paréntesis para completar cada frase en el pretérito. *(Complete the sentences in the preterite.)*

1. Yo ______________ a México en verano. (llegar)
2. ______________ en un restaurante cerca de la catedral. (almorzar)
3. Luego, ______________ la avenida para subir al autobús. (cruzar)
4. ______________ el boleto y fui a Chichen Itzá. (pagar)

3 Escribe oraciones completas en el pretérito. Usa el modelo. *(Write complete sentences in the preterite.)*

modelo: (yo) / almorzar / antes de visitar / ruinas antiguas
Yo almorcé antes de visitar las ruinas antiguas.

1. (yo) / practicar el español/ largas horas / visitar Tulum
____
2. (tú) / empezar / lista de monumentos / visitar / México
____
3. (nosotros) / pagar / por el viaje a las ruinas antiguas
____
4. (ustedes) / almorzar / en un hotel / dos cuadras de la plaza
____

UNIDAD 4 Lección 2 • Gramática A

Gramática B *Preterite of –car, –gar, and –zar Verbs*

Level 2, pp. 227-231

¡AVANZA! **Goal:** Use the preterite of **–car**, **–gar**, and **–zar** verbs to say what you did.

1 Mi familia y yo viajamos a México el año pasado. Completa cada oración para describir qué hicimos. *(Completet the sentences with the preterite.)*

1. Yo _______________ al Aeropuerto Internacional Benito Juárez. (llegar)
2. Mi hermano menor _______________ una pequeña pirámide de papel. (construir)
3. Mi hermana y yo _______________ toda la ciudad. (cruzar)
4. Mis padres _______________ el mapa antes de llegar. (leer)
5. Yo _______________ mi español con unos mexicanos en la plaza. (practicar)

2 ¿Qué pasó en el almuerzo? Escribe tres oraciones con la información de la caja. *(Write three sentences using the cues in the box.)*

Yo	buscar	temprano
Carina y Pablo	pagar	un restaurante
Carina, Pablo y yo	almorzar	la cuenta

1. ____
2. ____
3. ____

3 Contesta las preguntas con oraciones completas. *(Answer with complete sentences.)*

1. ¿Pagaste tú la cuenta la última vez que comiste en un restaurante?

____

2. ¿Sacaste muchas fotos en las últimas vacaciones?

____

Nombre _______________ Clase _______________ Fecha _______________

Gramática C *Preterite of –car, –gar, and –zar Verbs*

Level 2, pp. 227-231

¡AVANZA! **Goal:** Use the preterite of –**car**, –**gar**, and –**zar** verbs to say what you did.

1 Completa el texto con los verbos de la caja en el pretérito. *(Complete the text.)*

cruzar
almorzar
comenzar
llegar
buscar
construir

El año pasado, regresé a México. Yo **1.** _______________ el viaje con una visita a unos lugares antiguos. **2.** _______________ templos y pirámides. No pude verlos todos porque no tuve tiempo. Después, **3.** _______________ a la ciudad moderna en autobús. Yo **4.** _______________ una gran avenida para llegar hasta un barrio histórico. Allí, yo **5.** _______________ con mi amigo Martín en un restaurante que estaba en un edificio antiguo. Los españoles lo **6.** _______________ en el siglo XVIII.

2 Completa las oraciones con las cosas que hicieron los amigos en un viaje a Mazatlán. Usa el pretérito. *(Write sentences about what these friends did in Mazatlán.)*

1. (yo) / jugar ulama / juego de pelota muy antiguo

____

2. (nosotros) / buscar / monumentos y edificios antiguos / zona histórica

____

3. Dora y Javier / leer / historia de México / la playa

____

4. (yo) / pescar / océano Pacífico

____

3 Escribe un texto de cinco oraciones sobre lo que hiciste tú en las últimas vacaciones. Usa el pretérito de los verbos **pagar**, **cruzar**, **llegar**, **almorzar**, **tocar** y **buscar**. *(Write five sentences about what you did on vacation.)*

____

____

____

____

____

UNIDAD 4 • Gramática C
Lección 2

Nombre ______________________ Clase ______________ Fecha __________

Gramática A *More Verbs with Irregular Preterite Stems*

Level 2, pp. 232-234

¡AVANZA! **Goal:** Use irregular preterite verbs.

1 Laura fue de viaje a México con unos amigos. Une con flechas las personas con lo que hicieron. *(Match the people with their activities.)*

1. Laura	**a.** quisimos ver las ruinas.
2. Laura y Alejandro	**b.** dijiste que cruzaste la avenida con cuidado.
3. Laura y yo	**c.** trajo el mapa para llegar a la plaza.
4. Yo	**d.** vine al restaurante.
5. Tú	**e.** quisieron un taxi para ir a los monumentos.

2 Las vacaciones fueron muy divertidas. Usa el pretérito del verbo entre paréntesis para completar las oraciones. *(Complete the sentences with the preterite.)*

1. Tú ______________ conmigo a las excavaciones. (venir)

2. Lucas y yo no ______________ ir a la catedral. (querer)

3. Lucas no ______________ nada todo el viaje. (decir)

4. Armando y Carolina no ______________ la cámara para sacar fotos. (traer)

3 Tú y tus amigos viajaron a diferentes lugares. Usa las pistas para escribir cuatro oraciones en el pretérito. *(Use the cues to write sentences in the preterite.)*

1. Matías / no querer / pagar la entrada al museo

____

2. Marcelo y María / venir / conmigo / la excavación

____

3. Yo / decirte / el nombre / la ciudad antigua

____

4. ¿Tú / traerme / objeto cerámica / México?

____

Nombre ______________________ Clase ______________ Fecha ________

Gramática B *More Verbs with Irregular Preterite Stems*

Level 2, pp. 232-234

¡AVANZA! **Goal:** Use irregular preterite verbs.

1 Cecilia y Rafael están perdidos en las ruinas. Completa su conversación. *(Complete the conversation with the words from the word bank.)*

trajiste
vinimos
quisiste
quise
dijiste
traje

Rafael: ¡Cecilia! ¿ ______________ el mapa?

Cecilia: No, no lo ______________ . Tú ______________ que no los necesitábamos.

Rafael: ¡Ay! Pero, ¿cómo salimos de aquí?

Cecilia: Tenemos que regresar por donde ______________ .

Rafael: Ay, pero no sé como llegamos aquí...

Cecilia: Yo sí sé. Doblamos a la derecha y seguimos derecho. ¡Yo ______________ decirte, pero no me ______________ escuchar!

2 Los chicos hicieron un viaje. Escribe oraciones completas con el pretérito de **querer**, **traer**, y **venir**. *(Write complete sentences in the preterite.)*

1. Julio y yo / querer ir a lugares modernos / pero no poder

____

2. Mis otros amigos / venir desde muy lejos.

____

3. Julio / traer el calendario

____

3 Escribe cuatro oraciones con lo que hicieron tú y tus amigos el año pasado. Usa el pretérito de los verbos **querer**, **venir**, **traer** y **decir**. Sigue el modelo. *(Write four sentences using verbs in the preterite.)*

modelo: Yo quise ir hasta el piso más alto de un rascacielos pero no llegué.

1. ____
2. ____
3. ____
4. ____

Nombre ______________________ Clase ______________ Fecha __________

Gramática C *More Verbs with Irregular Preterite Stems*

Level 2, pp. 232-234

¡AVANZA! **Goal:** Use irregular preterite verbs.

1 Usa los verbos de la caja para completar las siguientes oraciones en el pretérito. *(Complete the sentences in the preterite.)*

querer	venir	traer	decir

1. Mis primos ______________ ayer de México para visitarme. Me ______________ muchos regalos.
2. Tú no me ______________ que ibas de vacaciones mañana.
3. Yo ______________ venderle unos objetos antiguos a un señor por $500, pero él no me ______________ pagar tanto.
4. Nosotros ______________ tomar fotos de la excavación pero no ______________ la cámara.
5. Luis me ______________ que quería usar mis herramientas, pero nunca ______________ por ellas.

2 Las vacaciones de Armando y sus amigos fueron muy interesantes. Completa las oraciones con lo que hicieron. Usa los verbos entre paréntesis. *(Complete the sentences.)*

1. Armando (querer) ______________
2. Norma y Santiago (venir) ______________
3. Claudia y yo (traer) ______________
4. Usted (decir) ______________
5. Tú (venir) ______________

3 Dile a un(a) amigo(a) qué hiciste ayer. Usa verbos irregulares en el pretérito. *(Tell a friend what you did yesterday using irregular preterite verbs.)*

____

____

____

Nombre ______________________________ Clase ________________ Fecha __________

Integración: Hablar

Level 2, pp. 236-237
WB CD 02 track 31

En el cine de la ciudad donde vives hay dos películas interesantes. Una es sobre las civilizaciones antiguas y otra sobre el hombre moderno. Lee la crítica y escucha la información, y luego di cuáles son las diferencias. *(Read the movie review and listen to the information, then talk about what the differences are.)*

Fuente 1 Leer

Lee la crítica sobre la película *Los hombres en tiempos antiguos*. (*Read the review.*)

LOS HOMBRES EN TIEMPOS ANTIGUOS

Esta película es sobre las civilizaciones antiguas. Nos enseña que muchas de estas civilizaciones eran muy avanzadas. Construyeron estatuas, tumbas y pirámides enormes. Contaban los días del año con los calendarios y viajaban a pie. En esta película puedes ver excavaciones, ruinas y objetos antiguos. Es muy interesante. La recomendamos.

Calificación: ★★★★★

Fuente 2 Escuchar *WB CD 02 track 32*

Escucha el mensaje sobre la nueva película *Ciudades y rascacielos* y toma apuntes. *(Listen to the message on the movie theater information line and take notes.)*

____

____

____

____

Hablar

Explica cuáles son las diferencias entre el hombre antiguo y el hombre moderno.

modelo: Los hombre antiguos... pero los hombres modernos...

UNIDAD 4 Lección 2 • Integración: Hablar

Nombre ______________________ Clase ______________ Fecha __________

Integración: Escribir

Level 2, pp. 236-237
WB CD 02 track 33

Mariela está de vacaciones el la Ciudad de México y quiere hacer una excursión por la ciudad. Quiere ver muchas cosas, pero no tiene mucho tiempo. Lee el folleto sobre algunos lugares y escucha el mensaje telefónico de su amiga. Luego explica qué lugares va a poder ver en un día. *(Mariela is on vacation in Mexico City and wants to see as many sites as possible in one day. Read the brochure and listen to her friend's phone message, then explain which places Mariela will be able to see in one day.)*

Fuente 1 Leer

Lee este folleto sobre sitios turísticos en México. (*Read the Mexico travel brochure.*)

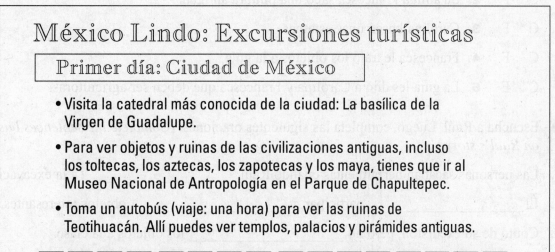

México Lindo: Excursiones turísticas

Primer día: Ciudad de México

- Visita la catedral más conocida de la ciudad: La basílica de la Virgen de Guadalupe.
- Para ver objetos y ruinas de las civilizaciones antiguas, incluso los toltecas, los aztecas, los zapotecas y los maya, tienes que ir al Museo Nacional de Antropología en el Parque de Chapultepec.
- Toma un autobús (viaje: una hora) para ver las ruinas de Teotihuacán. Allí puedes ver templos, palacios y pirámides antiguas.

Fuente 2 Escuchar *WB CD 02 track 34*

Escucha un mensaje telefónico de Lola, la amiga de Mariela. Toma apuntes. *(Listen to a phone message from Mariela's friend. Take notes.)*

____

____

Escribir

Escribe lo que Mariela puede hacer y ver en un día. ¿Adónde debe ir? Describe lo que puede hacer y no hacer y por qué. (*Write about what Mariela can see and do in a day. Where should she go and not go and why?*)

modelo: Primero, Mariela puede… Después,… porque…

____

____

____

____

UNIDAD 4 • Integración:
Lección 2 Escribir

Nombre ______________________ Clase ______________ Fecha ____________

Escuchar A

Level 2, pp. 242-243
WB CD 02 tracks 35-36

¡AVANZA! **Goal:** Listen to discussions about modern and ancient things.

1 Escucha a Carolina. Luego, lee cada oración y contesta **cierto** o **falso**. *(Mark the following sentences true or false.)*

C F **1.** Carolina y su familia quisieron entrar a una tumba.

C F **2.** Su amiga Francesca sacó una pintura antigua.

C F **3.** Carolina buscó unas estatuas.

C F **4.** Francesca le trajo los objetos a la guía.

C F **5.** La guía les dijo a Carolina y Francesca que deben ser agricultoras.

2 Escucha a Raúl. Luego, completa las siguientes oraciones. *(Complete the sentences based on Raul's story.)*

1. Las personas sacaban herramientas cuando Raúl __________ a la excavación.

2. Él __________ participar, y __________ objetos interesantes.

3. Contó de su excursión, pero no __________ los objetos a la clase.

Nombre ______________________ Clase ____________ Fecha ________

Escuchar B

Level 2, pp. 242-243
WB CD 02 tracks 37-38

¡AVANZA! **Goal:** Listen to discussions about modern and ancient things.

1 Escucha la conversación de Lorenzo y Carla. Luego, marca con una cruz las cosas que hizo Lorenzo. *(Place an X next to the things Lorenzo did.)*

____ Almorzó en la ciudad.

____ Pagó mucho por un recuerdo.

____ Le dijo a su papá cómo los aztecas construyeron las pirámides.

____ Trajo una cámara para tomar fotos.

____ Empezó a caminar por plazas y avenidas.

____ Llegó a una excavación de ruinas.

2 Escucha a Cristina. Luego, contesta las preguntas con oraciones completas. *(Answer the questions about Cristina's trip.)*

1. ¿Qué quiso hacer Cristina primero?

____

2. ¿Cómo supo Cristina llegar a las ruinas?

____

3. ¿Qué hizo ella después de pasar tiempo en las ruinas?

____

4. ¿Qué recuerdos trajo de su viaje?

____

Escuchar C

Level 2, pp. 242-243
WB CD 02 tracks 39-40

¡AVANZA! **Goal:** Listen to discussions about modern and ancient things.

1 Escucha la conversación de Lucía y Fernando. Toma apuntes. Luego, completa las siguientes oraciones. *(Complete the sentences.)*

1. La mamá de Lucía recomendó un libro que ella ________________.
2. Lucía ______________________ ese libro ayer.
3. Lucía leyó que las religiones tenían ____________________.
4. Las civilizaciones antiguas ______________________ y pirámides.
5. Fernando piensa que ______________________ forma parte de todas las culturas.

2 Escucha a Sonia y toma apuntes. Luego, contesta las siguientes preguntas con oraciones completas. *(Answer the questions with complete sentences.)*

1. ¿Qué vio Sonia en la librería ayer?

____

2. ¿Qué hay en las fotos que indica una cultura avanzada?

____

3. ¿Por qué no compró Sonia el libro?

____

4. ¿Cómo llegó a la Biblioteca Nacional?

____

5. ¿Qué hizo Sonia en la Biblioteca?

____

Nombre ______________________ Clase ______________ Fecha ______________

Leer A

Level 2, pp. 242-243

¡AVANZA! **Goal:** Read about ancient and modern things.

Raúl fue de viaje a México. Lee la carta que él le escribió a Marcos para contarle qué hizo. *(Read about Raul's vacation.)*

Hola Marcos:

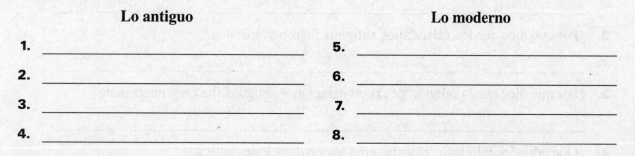

Aquí estoy, todavía en México. La semana pasada fui a lugares realmente interesantes.

Fui a las ruinas de civilizaciones del pasado. Conocí sus herramientas y sus monumentos. Las pirámides me encantaron.

Ayer llegué a la ciudad. Vi rascacielos, plazas y barrios muy bonitos. Quise entrar al Museo de Bellas Artes pero estaba cerrado.

Regreso la próxima semana. Nos vemos pronto.

Saludos, Raúl

¿Comprendiste?

Lee la carta de Raúl. Luego, escribe en una columna las cosas antiguas que él vio y en la otra, las modernas. *(List what Raúl saw in México.)*

Lo antiguo	Lo moderno
1. ______________	5. ______________
2. ______________	6. ______________
3. ______________	7. ______________
4. ______________	8. ______________

¿Qué piensas?

1. ¿Piensas que es interesante conocer lugares donde vivieron civilizaciones antiguas? ¿Por qué?

____

____

____

Leer B

Level 2, pp. 242-243

¡AVANZA! **Goal:** Read about ancient and modern things.

La maestra de historia le pidió a los estudiantes un trabajo sobre las civilizaciones antiguas. Éste es el trabajo de Miriam.

Las civilizaciones antiguas

Las civilizaciones antiguas vivieron hace mucho tiempo. Sus comidas principales fueron animales pero también practicaron la agricultura. Algunas civilizaciones tuvieron herramientas casi como las modernas. También tuvieron un calendario muy avanzado. Contaron el tiempo con total precisión.

Su religión también fue muy interesante. Sus dioses fueron muchos y de distintas características. Construyeron grandes templos para los dioses. También construyeron pirámides para practicar su religión. Los monumentos, esculturas y pinturas cuentan su historia y enseñan que fueron civilizaciones muy avanzadas.

¿Comprendiste?

Lee el trabajo de Miriam. Luego, contesta las preguntas con oraciones completas. *(Read Miriam's work and answer the questions.)*

1. ¿Cómo encontraron su comida?

____

2. ¿Por qué dice que los calendarios antiguos fueron avanzados?

____

3. ¿Por qué dice que la religión de las civilizaciones antiguas fue muy interesante?

____

4. ¿Qué edificios religiosos construyeron las civilizaciones antiguas?

____

5. ¿Por qué sabemos que a las civilizaciones antiguas les importó el arte?

____

¿Qué piensas?

1. ¿Piensas que todas las civilizaciones antiguas fueron diferentes unas de otras? ¿Por qué?

____

____

Nombre _______________ Clase _______________ Fecha _______________

Leer C

Level 2, pp. 242-243

¡AVANZA! **Goal:** Read about ancient and modern things.

Las civilizaciones antiguas de México y Centroamérica nos regalaron monumentos y edificios muy interesantes. El tiempo los transformó en ruinas pero ellas todavía nos dicen quiénes fueron y qué hicieron aquellos hombres.

- Los templos nos dicen quiénes fueron sus dioses y cómo fueron sus religiones. Los objetos, las estatuas y las pinturas que encontramos en las excavaciones nos cuentan muchas historias.
- Las pirámides nos dicen cómo construyeron sus edificios. Sin herramientas modernas, las personas antiguas trajeron piedras desde muy lejos y construyeron edificios altos con toda precisión.
- Los calendarios nos dicen cómo contaron sus días. Sin telescopios, los astrónomos aztecas y mayas pudieron crear *(create)* los calendarios mas exactos del mundo *(world)* antiguo.

¿Comprendiste?

Lee la publicidad sobre civilizaciones antiguas. Luego, contesta las siguientes preguntas. *(Read the ad and answer the questions.)*

1. ¿En qué condición se encuentran los monumentos antiguos? ¿Por qué? _______________
2. ¿Cómo sabemos de sus religiones? _______________
3. ¿Qué sabemos sobre cómo construyeron sus edificios? _______________
4. ¿Fueron avanzados sus calendarios? ¿Por qué? _______________

¿Qué piensas?

1. ¿Te interesa conocer más sobre las personas de civilizaciones antiguas? ¿Por qué? _______________

Nombre ______________________ Clase ______________ Fecha ________

Escribir A

Level 2, pp. 242-243

¡AVANZA! **Goal:** Write about ancient and modern topics.

Step 1

Escribe una lista de cosas antiguas y modernas. *(List ancient and modern things.)*

1. ____________ **3.** ____________ **5.** ____________

2. ____________ **4.** ____________ **6.** ____________

Ahora, clasifica tu lista en la tabla. *(Classify your list.)*

Lo moderno	Lo antiguo
1.	1.
2.	2.

Step 2

Describe qué hicieron las civilizaciones antiguas y qué hicieron las civilizaciones más modernas. Luego, di si fuiste a un lugar moderno o antiguo y qué hiciste. Usa el pretérito y las palabras de la tabla. *(Describe what ancient and modern civilizations did. Use words from the chart.)*

____

____

____

Step 3

Evaluate your writing using the information in the table.

Writing Criteria	Excellent	Good	Needs Work
Content	You have included the preterite tense and all the words from the chart.	You have included some preterite verbs and words from the chart.	You have not included any preterite verbs or words from the chart.
Communication	Most of your response is clear.	Some of your response is clear.	Your response is not very clear.
Accuracy	You make few mistakes in grammar and vocabulary.	You make some mistakes in grammar and vocabulary.	You make many mistakes in grammar and vocabulary.

Nombre ______________________ Clase ______________ Fecha ________

Escribir B

Level 2, pp. 242-243

¡AVANZA! **Goal:** Write about ancient and modern topics.

Step 1

Completa la tabla. Nombra cosas modernas, antiguas, y de las dos. *(List ancient and modern things.)*

Civilizaciones antiguas	Civilizaciones modernas	Civilizaciones antiguas y modernas

Step 2

Escribe tres oraciones con la información de la tabla. Usa el pretérito. *(Write three sentences using information from the chart. Use the preterite.)*

____

____

____

____

Step 3

Evaluate your writing using the information in the table.

Writing Criteria	Excellent	Good	Needs Work
Content	You have included the preterite tense and most of the words from the chart.	You have included preterite tense and some words from the chart.	You have not included the preterite tense or any words from the chart.
Communication	Most of your response is clear.	Some of your response is clear.	Your response is not very clear.
Accuracy	You make few mistakes in grammar and vocabulary.	You make some mistakes in grammar and vocabulary.	You make many mistakes in grammar and vocabulary.

Nombre ______________________ Clase ______________ Fecha ________

Escribir C

Level 2, pp. 242-243

¡AVANZA! **Goal:** Write about ancient and modern topics.

Step 1

Observa el mapa. En la tabla, escribe una lista de las frases que puedes usar para dar direcciones. *(In the chart list phrases you can use to give directions.)*

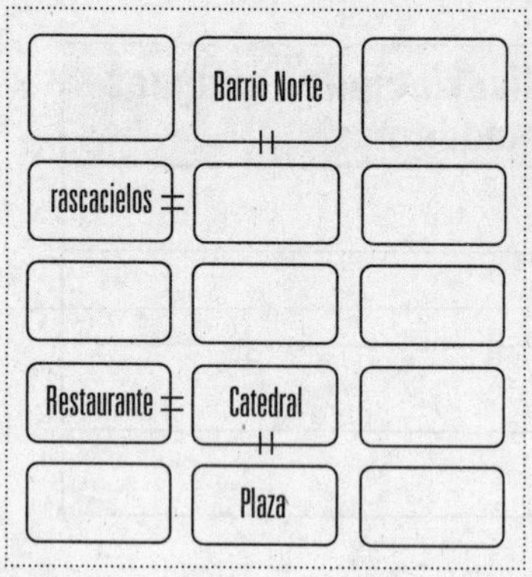

Siguiendo direcciones	
Hay que...	
1.	3.
2.	4.

Step 2

Usando la tabla y el mapa, describe cómo llegaste desde la plaza hasta los otros lugares y qué hiciste en cada lugar. *(Say how you got to each place and what you did there.)*

____

____

____

____

____

Step 3

Evaluate your writing using the information in the table.

Writing Criteria	Excellent	Good	Needs Work
Content	You have fully described how you arrived at each place.	You have partially described how you arrived at each place.	You have not described how you arrived at each place.
Communication	Most of your response is clear.	Some of your response is clear.	Your response is not very clear.
Accuracy	You make few mistakes in grammar and vocabulary.	You make some mistakes in grammar and vocabulary.	You make many mistakes in grammar and vocabulary.

Nombre ______________________ Clase ______________ Fecha __________

Cultura A

Level 2, pp. 242-243

¡AVANZA! **Goal:** Review cultural information about México and Ecuador.

1 **México** Indica si las siguientes oraciones sobre México son **ciertas** o **falsas.** *(Circle true or false.)*

C F **1.** La Guelaguetza es una ceremonia indígena de Oaxaca

C F **2.** La moneda mexicana es el dólar mexicano.

C F **3.** La comida típica mexicana incluye tamales, tacos y enchiladas.

C F **4.** El día de la independencia de México es el 10 de septiembre.

2 **Los idiomas indígenas** Lee las siguientes palabras y decide si son originalmente del náhuatl o del quechua. *(Write the origin of the following words.)*

modelo: **Chocolate:** Es del náhuatl.

Chile ______________________

Llama ______________________

Papa ______________________

Tomate ______________________

Guagua ______________________

3 **Un deporte antiguo** Las antiguas civilizaciones mexicanas jugaban un juego de pelota. ¿Cómo se jugaba? Contesta las preguntas con oraciones completas. *(Answer in complete sentences.)*

1. ¿Con qué golpeaban la pelota los jugadores? ______________________

____

2. ¿Qué tenían algunas canchas en las paredes? ______________________

3. ¿Qué partes del cuerpo no podían usar los jugadores para golpear la pelota?

____

4. ¿Cómo se llama el juego de pelota que las personas juegan hoy en Sinaloa, México?

____

Nombre ______________________ Clase ______________ Fecha ________

Cultura B

Level 2, pp. 242-243

¡AVANZA! **Goal:** Review cultural information about México and Ecuador.

1 **México** Corrige los errores en las siguientes oraciones. Sigue el modelo. *(Correct the errors in the following statements.)*

modelo: Los tostones son un plato típico de México.
No, un plato típico de México son los tamales.

1. Las palabras «guagua» y «pampa» vienen del náhuatl. ______________________
____
2. La palabra «guelaguetza» significa «fiesta». ______________________
____
3. Frida Kahlo fue una escritora mexicana famosa. ______________________
____

2 **Civilizaciones antiguas** Completa las siguientes oraciones con una palabra de la caja. *(Complete the following sentences.)*

Yamor	Oaxaca	la Guelaguetza	Otavalo

1. ______________ fue el centro de civilizaciones antiguas como los zapotecas.
2. Los indígenas de ______________ de Ecuador vivían antes del imperio inca.
3. Los oaxaqueños celebran ______________ todos los años.
4. Los otavaleños celebran al final de cada verano la fiesta del ______________.

3 **Un deporte antiguo** Describe las reglas del ulama y la historia del deporte en México. Compara el ulama con un deporte de Estados Unidos. *(Describe the rules of* **ulama** *and its history. Compare it to a sport from the U.S.)*

____
____
____
____
____

Nombre ______________________________ Clase ________________ Fecha __________

Cultura C

Level 2, pp. 242-243

¡AVANZA! **Goal:** Review cultural information about México and Ecuador.

1 Completa las siguientes oraciones. *(Complete the following sentences.)*

1. Quechua es el idioma indígena mas común en ________________ .
2. La palabra «guagua» es una palabra quechua que significa ________________ .
3. En México el juego de la pelota tiene una historia de más de ________________ .
4. En Sinaloa todavía se juega una versión del juego antiguo que se llama ________________ .

2 **Las culturas indígenas** Describe estas culturas indígenas de México y de Ecuador. Di de qué región de cada país son y describe sus artesanías y celebraciones tradicionales. *(Complete this chart.)*

LOS ZAPOTECAS	LOS OTAVALEÑOS
Son de:	**Son de:**
Artesanías:	**Artesanías:**
Celebración:	**Celebración:**

3 **Un mercado de Otavalo** Eres un(a) vendedor(a) otavaleño. Escribe un párrafo breve sobre qué vendes y qué haces en el mercado. *(You are a vendor at the market in Otavalo. Write a short paragraph about what you sell and do there.)*

modelo: Yo soy un(a) vendedor(a) de Otavalo. En el mercado, yo vendo...

____

____

____

____

____

____

Nombre _______________ Clase _______________ Fecha _______________

Comparación cultural: Lo antiguo y lo moderno en mi ciudad

Level 2, pp. 244-245

Lectura y escritura

After reading the paragraphs about the descriptions of the cities where Martin, Elena, y Raúl live, write a paragraph about where you live. Use the information on your T-table to write sentences, and then write a paragraph that describes your city or town.

Step 1

Complete the T-table describing as many details as you can about your city or town.

Mi ciudad en el presente	Mi ciudad en el pasado

Step 2

Now take the details from the T-table and write a sentence for each topic in the table.

____

____

____

____

____

____

UNIDAD 4 Lección 2 • Comparación cultural

Comparación cultural: Lo antiguo y lo moderno en mi ciudad

Level 2, pp. 244-245

Lectura y escritura (continued)

Step 3

Now write your paragraph using the sentences you wrote as a guide. Include an introduction sentence and use verbs such as **ser, vivir,** and **construir** in the preterite or imperfect tense to write about your city or town.

____

____

____

____

____

____

____

Checklist

Be sure that…

- ☐ all the details about your city or town from your T-table are included in the paragraph;
- ☐ you use details to describe each aspect of your city;
- ☐ you include new vocabulary words and verbs in the preterite and imperfect tense.

Rubric

Evaluate your writing using the rubric below.

Writing criteria	Excellent	Good	Needs Work
Content	Your paragraph includes many details about your city or town.	Your paragraph includes some details about your city or town.	Your paragraph includes few details about your city or town.
Communication	Most of your paragraph is organized and easy to follow.	Parts of your paragraph are organized and easy to follow.	Your paragraph is disorganized and hard to follow.
Accuracy	Your paragraph has few mistakes in grammar and vocabulary.	Your paragraph has some mistakes in grammar and vocabulary.	Your paragraph has many mistakes in grammar and vocabulary.

Nombre _______________ Clase _______________ Fecha _______________

Comparación cultural: Lo antiguo y lo moderno en mi ciudad

Level 2, pp. 244-245

Compara con tu mundo

Now write a comparison about your city or town and that of one of the three students from page 245. Organize your comparison by topics. First, compare the places in the city, then the architecture and lastly the history of the area.

Step 1

Use the chart to organize your comparison by topics. Write details for each topic about your city or town and that of the student you chose.

	Mi ciudad	La ciudad de _______
Lugar(es)		
Arquitectura		
Historia		

Step 2

Now use the details from the chart to write a comparison. Include an introduction sentence and write about each topic. Use verbs such as **ser, vivir,** and **construir** in the preterite or imperfect tense to describe your city or town and that of the student you chose.

____

____

____

____

____

____

____

Vocabulario A

Level 2, pp. 254-258

¡AVANZA! **Goal:** Discuss different foods and flavors.

1 Mabel va al supermercado a comprar verduras frescas. Marca con una "x" las cosas que son verduras.

1. ____ la lechuga
2. ____ el aceite
3. ____ la pimienta
4. ____ la cebolla
5. ____ el vinagre
6. ____ la sal
7. ____ el limón
8. ____ las zanahorias
9. ____ las espinacas
10. ____ el azúcar

2 En la cocina de Maribel hay sabores diferentes. Completa su descripción con las palabras de la caja.

saladas
agrias
deliciosa
picantes
sabroso
dulces
qué asco

¡Hola! Me llamo Maribel y me gustan las cosas **1.** ____________, por eso como pizza. **2.** ¡Qué ____________! También me gustan las cosas **3.** ____________, por eso como chocolate. ¡Qué **4.** ____________! No me gustan las cosas **5.** ____________, por eso no como ensalada con mucho limón. Me gustan las cosas **6.** ____________, por eso mis comidas tienen mucha pimienta. Pero a mi hermano no le gustan y dice: **7.** ¡ ____________!

3 ¿Qué hace María para preparar la cena? Mira los dibujos y escribe una oración completa para cada uno.

1.

2.

1. ____

2. ____

Nombre ______________________ Clase ______________ Fecha __________

Vocabulario B

Level 2, pp. 254-258

¡AVANZA! **Goal:** Discuss different foods and flavors.

1 Vamos a preparar algunas recetas. Une con flechas las comidas y los ingredientes.

Comida	Ingredientes
1. un sándwich	**a.** pollo, arroz, espinacas frescas y zanahorias
2. una cena con verduras	**b.** cebolla, huevos y patatas
3. una ensalada	**c.** limón, fresas y azúcar
4. una tortilla	**d.** lechuga, aceite, vinagre y sal
5. un postre	**e.** pan, jamón, mostaza y mayonesa

2 ¿Qué hace José María para preparar la comida? Mira los dibujos y escribe qué hace en oraciones completas.

1.

2.

3.

4.

1. ____

2. ____

3. ____

4. ____

3 A cada persona le gusta algo diferente. Completa las siguientes oraciones con lo que come cada uno según el sabor que le gusta.

modelo: Inés / salado: **Inés come tortilla de patatas.**

1. Luis / agrio: ____

2. Ana / dulce: ____

3. Paula / picante: ____

4. Ernesto / comida caliente: ____

5. José Luis / fruta sabrosa: ____

Nombre ______________________ Clase ______________ Fecha ____________

Vocabulario C

Level 2, pp. 254-258

¡AVANZA! **Goal:** Discuss different foods and flavors.

1 Escribe las palabras correspondientes para eada una de las definiciones.

1. Plato de verduras frescas, con lechuga o espinacas: ______________
2. Fritas son mis favoritas, pero también me gustan en las tortillas: ______________
3. Verdura anaranjada para ensaladas: ______________
4. Si te gustan las cosas dulces, te gusta esto: ______________

2 ¡En esta cocina hay acción! Con la información de la tabla, escribe qué tienes que hacer cuando cocinas para preparar la comida.

batir	el agua
freír	la cebolla
hervir	la ensalada
mezclar	la tortilla
probar	los huevos

1. ____
2. ____
3. ____
4. ____
5. ____

3 ¿Cuál es tu merienda favorita? ¿Qué haces para prepararla?

____

____

____

____

____

Nombre ________________________ Clase ______________ Fecha __________

Gramática A *Usted/Ustedes* Commands

Level 2, pp. 259-263

¡AVANZA! **Goal:** Use **usted/ustedes** commands to give instructions and make recommendations.

1 El tío de Marcos tiene un restaurante. Él le dice a los camareros las cosas que tienen que hacer. Subraya el mandato *(command)* formal.

1. Raúl, (ayude / ayuda) a este camarero.
2. Raúl y Saúl, (lleven / llevan) la cuenta.
3. Manuela, (dé / da) un poco de sal a este señor.
4. Manuela y Roberta, (empiezan / empiecen) a servir las mesas.
5. Manuela y Saúl, (van / vayan) a buscar otro plato.
6. Raúl y Manuela, no (están / estén) nerviosos; todo va a salir bien.

2 El señor Gómez tiene que decirle a los camareros qué hacer. Escribe una oración completa. Usa el mandato correspondiente.

1. Manfredo / batir los huevos. ______________________
2. Alana y José / probar la sopa. ______________________
3. Manfredo y Alana / añadir más sal. ______________________
4. Clara / no mezclar los ingredientes. ______________________
5. Mauro / ser más activo. ______________________
6. Adriana / saber que cerramos tarde. ______________________

3 Gisela y Alberto van a preparar un postre. Escribe estas oraciones con mandatos formales para decirles qué tienen que hacer.

1. Compran plátanos en el supermercado. ______________________
2. Alberto saca la leche del refrigerador. ______________________
3. Gisela hierve la leche. ______________________
4. Prueban el postre. ______________________
5. Añaden más azúcar si el postre no está dulce. ______________________

____

Nombre _______________ Clase _______________ Fecha _______________

Gramática B *Usted/Ustedes* Commands

Level 2, pp. 259-263

¡AVANZA! **Goal:** Use **usted/ustedes** commands to give instructions and make recommendations.

1 La mamá de Miriam cocina. Miriam le lee la receta. Completa las instrucciones de abajo con la forma correcta del verbo entre paréntesis. Usa mandatos *(commands)*.

1. Primero _______________ las patatas. (cortar)
2. Ahora, _______________ bien los huevos. (batir)
3. _______________ más sal. (no añadir)
4. Luego _______________ las patatas. (hervir)
5. _______________ la tortilla. (probar)
6. Y _______________ caliente la comida. (servir)

2 La maestra de español lleva a los estudiantes de la clase a un restaurante. Ella da instrucciones y les recomienda qué hacer. Escribe oraciones completas. Sigue el modelo.

modelo estar tranquilos en el autobús: **Estén** tranquilos en el autobús.

1. buscar una mesa grande: _______________
2. empezar con la tortilla de patatas: _______________
3. probar el pollo picante: _______________
4. pedir el pescado a la sal: _______________
5. no pagar con tarjeta de crédito: _______________

3 Escribe cinco oraciones completas para dar unas recomendaciones de cocina al señor Calabaza, a Nicolás y a Andrés. Usa mandatos y la información de la tabla de abajo.

Señor Calabaza	mezclar	los ingredientes
Nicolás y Andrés	añadir	la sal
	buscar	el aceite

1. _______________
2. _______________
3. _______________
4. _______________

Nombre ______________________ Clase ______________ Fecha __________

Gramática C *Usted/Ustedes* Commands

Level 2, pp. 259-263

¡AVANZA! **Goal:** Use **usted/ustedes** commands to give instructions and make recommendations.

1 Un chef le dice a tu mamá cómo preparar un sándwich. Usa la forma de mandato *(command)* de los verbos de la caja para completar la receta.

poner
cortar
servir
buscar
lavar

Primero **1.** ______________ el pan. Después, **2.** ______________ la mayonesa y el jamón. **3.** ______________ la lechuga y el tomate. Ahora, **4.** ______________ sal a las verduras. Por fin, **5.** ¡______________ este sándwich delicioso!

2 La mamá de Luz les explicó una receta a sus hijos por teléfono. Escribe los siguientes pasos en una oración completa. Usa la forma de mandato *(command)* de los verbos. Sigue el modelo:

modelo: Tienen que usar fresas frescas. **Usen** fresas frescas.

1. Tienen que lavar las fresas. ______________
2. Tienen que cortar las fresas. ______________
3. No tienen que añadir azúcar. ______________
4. Sí, tienen que añadir leche. ______________
5. Tienen que cocinar todo. ______________
6. No tienen que hervir la leche. ______________
7. Tienen que servir este postre caliente. ______________

3 Gerardo y Mirella no saben adónde ir a comer pizza. Escribe cinco oraciones para recomendarles el mejor lugar en tu barrio. Empieza así: **Para la mejor pizza, …**

____

____

____

____

____

____

Nombre ______________________ Clase ______________ Fecha __________

Gramática A *Pronoun Placement with Commands*

Level 2, pp. 264-266

¡AVANZA! **Goal:** Give instructions to people using pronouns with **usted** and **ustedes** commands.

1 Un camarero le dice a otro qué cosas quiere la gente. Subraya la oración correcta para pedir las cosas.

1. Esa chica quiere más sal: (pásela usted. / la pasa usted.)
2. Este señor quiere una ensalada: (la prepara usted. / prepárela usted.)
3. Esos chicos no quieren mostaza en su comida: (no la añada. / no la añade.)
4. Esa señora dice que su comida no está buena: (la prueba. / pruébela.)
5. Este chico no quiere la lechuga cortada: (no la corta. / no la corte.)

2 Tienes que decirle a unos amigos cómo hacer una receta. Escribe oraciones con el pronombre correspondiente.

modelo: Añadan sal. **Añádanla.**

1. Lleven a los chicos al supermercado. ______________________
2. Compren verduras y frutas frescas. ______________________
3. No corten la cebolla. ______________________
4. Mezclen los ingredientes. ______________________
5. No añadan mostaza. ______________________
6. Prueben las fresas. ______________________
7. Sirvan el almuerzo. ______________________
8. No den de comer al perro. ______________________

3 Estás en un restaurante. En una oración completa le dices al chef cómo preparar la sopa.

1. ____

____

____

Gramática B *Pronoun Placement with Commands*

Level 2, pp. 264-266

¡AVANZA! **Goal:** Give instructions to people using pronouns with **usted** and **ustedes** commands.

1 Pablo tiene un restaurante. Él le dice a los chefs qué hacer. Completa el diálogo con mandatos (*commands*). Usa los verbos **comprar**, **añadir**, **probar** y **buscar**.

Camarero 1: Don Manuel, no encontramos el aceite.

Don Manuel: Pues, ____________. ¿Qué pasa con los tomates?

Camarero 2: Don Manuel, no hay más tomates.

Don Manuel: Entonces, ____________. ¿Qué pasa con esa ensalada?

Camarero 3: Don Manuel, a esa persona no le gusta la sal en la ensalada.

Don Manuel: Entonces, ____________. ¿Y cómo está la sopa? ____________ antes de servirla.

2 Tú y unos amigos cocinan. En tres oraciones pídeles qué hacer. Sigue el modelo.

modelo: Norberto y Federica / sacar las verduras
Sáquenlas.

1. Josefa y Norberto / cortar el limón
____
2. Norberto, Joaquín y Federica / poner la mesa
____
3. Josefa / servir calientes los postres
____

3 Díles a los chefs qué hacer. Escribe un diálogo de cuatro oraciones. Usa **le, lo, las, los** con los mandatos y las expresiones: **ahora** y **no... todavía**. Sigue el modelo.

modelo: **Esteban:** ¿Añado la cebolla al pollo?
Tú: No, no **la** añada **todavía**.

____
____
____
____

Nombre ______________________ Clase ______________ Fecha __________

Gramática C *Pronoun Placement with Commands*

Level 2, pp. 264-266

¡AVANZA! **Goal:** Give instructions to people using pronouns with **usted** and **ustedes** commands.

1 Pablo quiere tu ayuda con una receta. Escribe oraciones con el mandato y el pronombre correspondiente.

modelo: Ustedes / verduras frescas (comprar) **Cómprenlas.**

1. Usted / los ingredientes (buscar)
   ____
2. Ustedes / los huevos (no freír)
   ____
3. Ustedes / el aceite (mezclar)
   ____
4. Usted / la sal (no añadir)
   ____
5. Ustedes / las verduras (hervir)
   ____

2 Dile a María qué hacer con los ingredientes. Usa los mandatos y los pronombres.

modelo: Las verduras: **cómprelas.**

1. La cebolla ______________________________
2. Los huevos ______________________________
3. La pimienta ______________________________
4. La tortilla de las patatas ______________________________
5. El ajo ______________________________

3 La amiga de tu mamá quiere darle una fiesta de cumpleaños y servir su comida favorita. Te pide la receta. Dile cómo preparar y servir el pollo al ajo con cuatro oraciones completas. Usa los pronombres con los mandatos.

____

____

____

Nombre ______________________________ Clase ______________ Fecha __________

Integración: Hablar

Level 2, pp. 267-269
WB CD 03 track 01

A Martina le gusta cocinar y seguir recetas, pero a veces ella cambia *(changes)* las recetas e inventa platos únicos. ¿Cómo cambia una receta para huevos con verduras?

Fuente 1 Leer

Lee una receta para huevos con verduras.

Deliciosos huevos con verduras

Para esta receta necesitan seis huevos, dos cebollas, aceite, dos zanahorias y patatas. Si quieren, pueden añadir otros ingredientes.

- *Primero, laven las patatas, las cebollas y las zanahorias y córtenlas muy pequeñitas.*
- *En un bol grande, batan los huevos rápidamente; no los batan lentamente.*
- *Luego, frían las verduras con aceite y sal. Añadan el huevo y mezclen todo bien. Cocínenlo quince minutos.*

Fuente 2 Escuchar *WB CD 03 track 1*

Escucha el mensaje telefónico que le dejó Martina a su amigo Gustavo. Toma apuntes.

____

____

____

____

Hablar

¿Qué ingredientes diferentes le añade Martina a la receta que sale en la revista? ¿Cómo sabemos?

modelo: Martina añade... También...

Nombre ______________________ Clase ______________ Fecha __________

Integración: Escribir

Level 2, pp. 267-269
WB CD 03 track 03

Leonardo quiere participar en una competencia de cocina este fin de semana. Está nervioso porque no es un chef profesional. En tu opinión y basado en la información sobre la competencia, ¿piensas que Leonardo debe participar o no?

Fuente 1 Leer

Lee la publicidad de la competencia de cocina que sale en el periódico.

ESCUELA DE COCINA LÓPEZ

¿Saben cocinar?

Entonces, ¡pueden ganar un gran premio con sus mejores recetas!

Este sábado, tenemos una competencia en la Escuela de Cocina López. Estamos en la planta baja del Centro Comercial Macarena. Traigan sus recetas y prepárenlas aquí. Nosotros les damos todos los ingredientes. El premio es tomar clases de cocina con el famoso chef José Miguel López y los ingredientes necesarios, ¡por todo un año! ¡Busquen sus recetas y tráiganlas ya!

Fuente 2 Escuchar *WB CD 03 track 04*

Escucha el el anuncio en la radio sobre la competencia. Toma apuntes.

____

____

____

____

Escribir

Hay muy buenas razones para competir, pero Leonardo no quiere. Explica por qué Leonardo debe competir.

modelo: Leonardo debe competir porque... Además, puede ganar...

____

____

____

____

____

____

Escuchar A

Level 2, pp. 274-275
WB CD 03 tracks 05-06

¡AVANZA! **Goal:** Listen to discussions about food.

1 Escucha a Lorenzo. Encierra en un círculo las cosas que tiene que comprar en el supermercado.

fresas	cebollas	mostaza
lechuga	zanahorias	huevos
limón	leche	azúcar
aceite	pimienta	sal
vinagre	mayonesa	

2 Escucha la conversación entre Daniela y su mamá. Contesta las preguntas.

1. ¿Por qué no puede ir Daniela al supermercado?

____

____

____

2. ¿Por qué no puede ir la mamá de Daniela al supermercado?

____

____

____

3. ¿Por qué no puede ir Lorenzo al supermercado?

____

____

____

Escuchar B

Level 2, pp. 274-275
WB CD 03 tracks 07-08

¡AVANZA! **Goal:** Listen to discussions about food.

1 Escucha la conversación de Luciana y Lucas. Luego, subraya una vez lo que come Luciana y dos veces lo que come Lucas.

1. Ensalada de tomate con ajo
2. Ensalada de lechuga
3. Mostaza
4. Plátano
5. Fresas frescas
6. Una tortilla de patatas
7. Chocolate

2 Escucha lo que dice Norma. Luego, completa las siguientes oraciones.

1. Para la tortilla, mezclen ______________________ .
2. Para la ensalada, corten ______________________ y después añádanles ______________________ .

Nombre _______________ Clase _______________ Fecha _______________

UNIDAD 5 Lección 1 • Escuchar C

Escuchar C

Level 2, pp. 274-275
WB CD 03 tracks 09-10

¡AVANZA! **Goal:** Listen to discussions about food.

1 Escucha la conversación telefónica entre Malena y Juan Carlos. Toma apuntes. Luego, completa las oraciones.

1. Malena tiene que _______________ .
2. A Malena y a su hermano les gustan las comidas _______________ .
3. A Malena y a su hermano no les gustan las comidas _______________ .
4. Si no quieren una comida agria no le _______________ .
5. Si no quieren una comida picante no le _______________ .

2 Escucha lo que dice Dante y toma apuntes. Luego, contesta las preguntas con oraciones completas.

1. ¿Por qué tienen que preparar la comida Dante y su hermano?

____

2. ¿Qué quiere decir Dante con «¡no sabemos ni freír un huevo!»?

____

3. ¿Por qué sabe mucho de cocina Juan Carlos?

____

Leer A

Level 2, pp. 274-275

¡AVANZA! **Goal:** Read about food.

Olga le da a la mamá de su amiga una receta de su plato preferido.

Señora:

Ésta es mi receta de pollo en salsa de espinacas. Necesita:

cebolla	tomate	ajo	aceite
sal	espinacas	pollo	el jugo de un limón

Éstos son los ingredientes. Vaya al supermercado y cómprelos allí. Las verduras tienen que estar frescas. Después:

1. Lave el pollo y las verduras y córtelo todo.
2. Póngales sal y el jugo de limón.
3. Mézclelo todo menos los tomates.
4. Fríalo en aceite.
5. Añádale el ajo y los tomates.
6. Mézclelo todo otra vez.
7. Sírvalo caliente con arroz y una ensalada fresca.

¿Comprendiste?

Lee la receta de Olga. Luego, contesta **cierto** o **falso**.

C F **1.** Tiene que ir al supermercado a comprar los ingredientes.

C F **2.** Primero hay que mezclar los ingredientes.

C F **3.** La receta de Olga fríe todos los ingredientes.

C F **4.** La receta de pollo necesita espinacas, cebolla, pimienta y sal.

¿Qué piensas?

¿Crees que el pollo de Olga va a ser delicioso? ¿Por qué?

____

____

____

Nombre ______________________ Clase ______________ Fecha ________

Leer B

Level 2, pp. 274-275

¡AVANZA! **Goal:** Read about food.

Verónica deja en la mesa una nota para sus hermanos.

Hola, chicos. Hoy cocino yo. Por favor, vayan al supermercado porque yo no puedo. Necesitamos lechuga y tomate para una ensalada, leche, huevos y azúcar para un postre. Compren también ajo, mostaza y pimienta porque quiero cocinar algo picante. Compren verduras frescas para hacer un arroz, ¡pero no prueben nada! Necesito todos los ingredientes para hacer la cena. Si quieren algo dulce, pueden comprar chocolate. Yo llamo a mamá más tarde para pedirle la receta del flan. Si quieren alguna cosa más, llámenme a mi teléfono celular y hablamos. ¡Nos vemos para cenar!

¿Comprendiste?

Lee la nota de Verónica y luego contesta estas preguntas.

1. ¿Por qué tienen que ir al supermercado los hermanos de Verónica?

____

____

2. ¿Qué ingredientes necesita Verónica?

____

____

3. ¿Qué va a preparar Verónica para cenar?

____

____

4. ¿Por qué quiere llamar Verónica a su mamá?

____

¿Qué piensas?

¿Qué te gusta comer para cenar? Escribe un menú de tres platos.

____

____

____

Leer C

Level 2, pp. 274-275

¡AVANZA! **Goal:** Read about food.

Javier escribe una crítica de un restaurante nuevo para el periódico de su escuela.

> Ayer fui a cenar al restaurante nuevo La Costa Brava. Probé muchos platos para poder escribir una buena crítica. Como me gustan mucho las cosas picantes, primero pedí pan con ajo y aceite. ¡Estaba delicioso! Después probé la tortilla de patatas. Estaba demasiado salada; la receta no era muy buena. Luego pedí carne frita con patatas y mayonesa. La mayonesa estaba agria, entonces no la comí. Además, la carne estaba fría. ¡Qué asco! Por suerte, el postre estaba muy sabroso. Pedí una tarta de chocolate con fresas. Estaba dulce, pero no demasiado dulce y las fresas eran frescas. Me encanta el dulce. Fue un buen final para una experiencia no muy buena.

¿Comprendiste?

Lee la crítica de Javier. Luego, contesta estas preguntas con oraciones completas.

1. ¿Qué platos pidió Javier en el restaurante?

____

____

2. ¿Le gustó la tortilla de patatas? ¿Por qué?

____

3. ¿Qué sabores le gustan a Javier? ¿Cuál no le gusta?

____

4. ¿Por qué crees que no fue una buena experiencia?

____

¿Qué piensas?

1. ¿Cuál es tu sabor favorito? ¿Por qué?

____

2. ¿Te gustan los alimentos agrios o picantes? Da ejemplos.

____

____

Nombre ______________________ Clase ______________ Fecha ______________

Escribir A

Level 2, pp. 274-275

¡AVANZA! **Goal:** Write about food.

Step 1

Tu amiga María te pide la receta para cocinar un arroz con verduras. Haz una lista de cuatro ingredientes necesarios para cocinarlo. Luego haz una lista de las cosas que tiene que hacer para preparar el arroz con verduras. Sigue el modelo.

Ingredientes modelo: arroz	
1.	**3.**
2.	**4.**
¿Qué tiene que hacer? modelo: lavar	
1.	**3.**
2.	**4.**

Step 2

Con oraciones completas, escribe cuatro pasos para cocinar arroz con verduras. Usa los mandatos de **usted** o **ustedes** y los pronombres **lo, la, los** o **las.** Sigue el modelo.

1. Primero: ______________________
2. Segundo: ______________________
3. Tercero: ______________________
4. Cuarto: ______________________

Step 3

Evaluate your writing using the information in the table below.

Writing Criteria	Excellent	Good	Needs Work
Content	You have included all the information in your instructions.	You have included some information in your instructions.	You have included little information in your instructions.
Communication	Most of your instructions are clear.	Some of your instructions are clear.	Your instructions are not very clear.
Accuracy	You make few mistakes in grammar and vocabulary.	You make some mistakes in grammar and vocabulary.	You make many mistakes in grammar and vocabulary.

Escribir B

Level 2, pp. 274-275

¡AVANZA! **Goal:** Write about food.

Step 1

Escribe una lista de cuatro ingredientes de tu comida preferida.

1. ____________________
2. ____________________
3. ____________________
4. ____________________

La comida es: ____________________

Step 2

Con la información de arriba, escríbele cuatro oraciones al chef del restaurante donde comes. Dile dos cosas que tiene que hacer y dos cosas que no tiene que hacer. Usa mandatos *(commands)* y pronombres.

modelo: Señor, no me gustan las comidas con sal. **No la ponga** en mi sopa.

1. ____________________
2. ____________________
3. ____________________
4. ____________________

Step 3

Evaluate your writing using the information in the table below.

Writing Criteria	Excellent	Good	Needs Work
Content	You have included all the information in your instructions.	You have included some information in your instructions.	You have included little information in your instructions.
Communication	Most of your sentences are clear.	Parts of your sentences are clear.	Your sentences are not very clear.
Accuracy	Your senences have few mistakes in grammar and vocabulary.	Your sentences have some mistakes in grammar and vocabulary.	Your sentences have many mistakes in grammar and vocabulary.

Nombre ______________________ Clase ______________ Fecha ________

Escribir C

Level 2, pp. 274-275

¡AVANZA! **Goal:** Write about food.

Step 1

Completa la tabla con las comidas que tienen estos sabores.

Salado	Dulce	Agrio	Picante

Step 2

Con la información de arriba, escribe oraciones sobre cuatro combinaciones de alimentos. Di cuáles te gustan y cuáles no. Explica por qué. Sigue el modelo.

modelo: No me gusta mezclar la sopa con plátanos porque la sopa es salada y los plátanos son dulces. ¡Qué asco!

____

____

____

____

Step 3

Evaluate your writing using the information in the table.

Writing Criteria	Excellent	Good	Needs Work
Content	You have written about four food combinations.	You have written about three food combinations.	You have written about two or fewer food combinations.
Communication	Most of your sentences are clear.	Some of your sentences are clear.	Your sentences are not very clear.
Accuracy	Your sentences have few mistakes in grammar and vocabulary.	Your sentences have some mistakes in grammar and vocabulary.	Your sentences have many mistakes in grammar and vocabulary.

Nombre ______________________ Clase ______________ Fecha ______________

Cultura A

Level 2, pp. 274-275

¡AVANZA! **Goal:** Review the importance of food and culture in Spain.

1 **España** Completa las oraciones con la palabra correcta.

1. La capital de España es (Barcelona / Madrid).
2. Los idiomas de España son el español, el catalán, el vasco y el (griego / gallego).
3. (Picasso / Gaudí) fue un arquitecto famoso de Barcelona.
4. La tortilla española tiene (harina de maíz / patatas y huevos).
5. Una naturaleza muerta es una pintura de (objetos / personas).

2 **Tapas** Escribe el nombre de cuatro tapas y luego di si te gustan o no.

modelo: Los pulpos: (No) me gustan los pulpos.

1. ____
____
2. ____
____
3. ____
____
4. ____
____

3 **Una visita a España** Estás en España con unos amigos. Ustedes van a una churrería y después a un restaurante de tapas. Describe qué hicieron y qué pidieron en cada lugar.

modelo: Primero, mis amigos y yo fuimos a una churrería. Yo pedí...

____
____
____
____
____

Cultura B

Level 2, pp. 274-275

¡AVANZA! **Goal:** Review the importance of food and culture in Spain.

1 **España** Escoge una de las dos opciones para completar las siguientes oraciones.

1. España y once países más tienen esta moneda. ____

a. la peseta **b.** el euro

2. Una tapa típica española hecha con mayonesa es ____ .

a. la ensaladilla rusa **b.** los churros

3. El artista español El Greco pintó la ciudad de ____ .

a. Toledo **b.** Madrid

4. La tortilla española está hecha con ____ .

a. patatas y huevos **b.** harina o maíz

5. Antonio Gaudí construyó muchos edificios ____ en Barcelona.

a. modernos **b.** tradicionales

2 **Tapas** José Luis y Beatriz son españoles y discuten sobre las tapas. Escoge una de las palabras en paréntesis para terminar el diálogo entre ellos.

José Luis: Para el desayuno me gustan mucho (los churros / la tortilla española). A ti también te gustan, ¿no?

Beatriz: Sí, y me gusta beber (el chocolate / la leche) porque es muy rico. Y ¿qué tapas prefieres? ¿Los calamares?

José Luis: No, los calamares no, pero me gustan las zanahorias y por eso me gusta (la ensaladilla rusa / el jamón).

Beatriz: A mí me gustan los huevos y la cebolla de la (tortilla de patatas / ensaladilla rusa).

3 **La pintura española** Escribe cuatro oraciones para comparar a los artistas El Greco y Ángel Planells. ¿De dónde son? ¿Qué pintaron? ¿Cómo son sus pinturas?

____

____

____

____

Nombre ____________ Clase ____________ Fecha ______

Cultura C

Level 2, pp. 274-275

¡AVANZA! **Goal:** Review the importance of food and culture in Spain.

1 **España** Completa las siguientes oraciones sobre España.

1. El arquitecto Antonio Gaudí y el artista Ángel Planells son de la región de ____________.
2. Pueden comprar los churros o porras en ____________.
3. El artista El Greco vivía en la ciudad de ____________ por muchos años.
4. En España se habla el español, el catalán, el gallego y el ____________.
5. Neruda es un poeta que escribió muchas ____________.

2 **Tapas** Haz una lista de tres tapas españolas y luego escribe los ingredientes que lleva cada una.

____

____

____

3 **Oda a…** Escribe una oda a tu plato favorito como las de Pablo Neruda. Incluye el nombre del plato, por qué te gusta y cuándo lo comes. ¡No olvides el título!

____

____

____

____

____

____

____

UNIDAD 5 Lección 1 • Cultura C

UNIDAD 5 • Vocabulario A
Lección 2

Vocabulario A

Level 2, pp. 278-282

¡AVANZA! **Goal:** Talk about dishes and ordering at a restaurant.

1 Mónica y Luis van a almorzar al restaurante. Lee cada oración y contesta **cierto** o **falso**.

C F **1.** El gazpacho es una sopa fría.

C F **2.** El flan es un plato principal.

C F **3.** Usas una cuchara para comer la sopa.

C F **4.** Compras un helado en la pastelería.

C F **5.** El pollo asado es un plato vegetariano.

2 El camarero es muy atento. Completa el diálogo con las palabras de la caja.

entremés
una especialidad de la casa
excelente
muy amable
me puede traer
verduras hervidas
buen provecho
vegetariano

Alejandro: ¡Buenas tardes! ¿Cuál es el plato **1.** _______________?

El camarero: ¡Buenas tardes! Es un plato de **2.** _______________ o crudas y de **3.** _______________, hay gazpacho. Esta sopa es **4.** _______________.

Alejandro: **5.** ¡_______________! **6.** ¿_______________ las verduras crudas y el gazpacho, por favor?

El camarero: Aquí tiene, señor, **7.** ¡_______________!

Alejandro: Gracias. **8.** _______________.

3 ¿Qué pides en tu restaurante favorito? Contesta las preguntas con oraciones completas.

1. ¿Qué pides de entremés, caldo o sopa? _______________

____

2. ¿Qué prefieres: el filete a la parrilla o las chuletas de cerdo? _______________

____

3. ¿Qué pides, el flan o la tarta de chocolate? _______________

4. ¿Y para beber, prefieres té o café? _______________

Nombre ______________________ Clase ______________ Fecha ________

Vocabulario B

Level 2, pp. 278-282

¡AVANZA! **Goal:** Talk about dishes and ordering at a restaurant.

1 Javier es vegetariano. Marca con una X las comidas vegetarianas.

____ el caldo de verduras

____ el pollo asado

____ el gazpacho

____ las chuletas de cerdo

____ los espaguetis

____ la ensalada de lechuga

____ el filete a la parrilla

____ la paella

2 Los platos de este restaurante son riquísimos. Completa las oraciones.

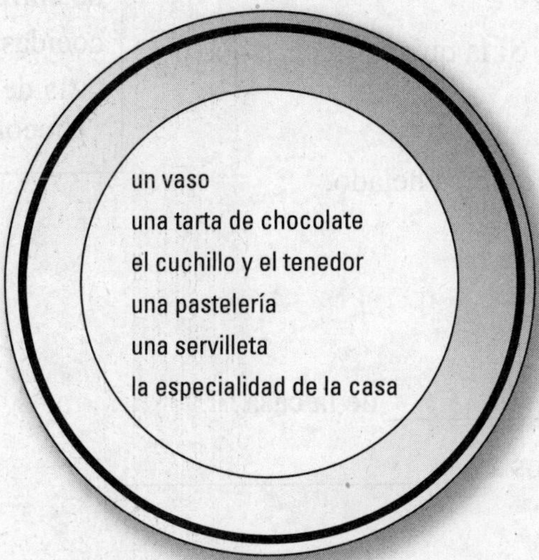

1. Como el filete a la parrilla con ______________________.
2. ______________________ es la paella.
3. Tengo sed. Para beber agua, necesito ______________________.
4. Y para limpiarme la boca, necesito ______________________.
5. Para el postre, tengo ganas de comer ______________________.
6. ¿Vamos a otro lugar para el postre? ¡Sí! Vamos a ______________________.

3 Tú y tu familia van a un restaurante español. Escribe qué piden para comer.

____

____

____

Vocabulario C

Level 2, pp. 278-282

¡AVANZA! **Goal:** Talk about dishes and ordering at a restaurant.

1 Lee las descripciones que escribió Marcos sobre el restaurante Mesón Ignacio y usa las palabras de la caja que completan las oraciones.

espaguetis
atentos
un flan
una pastelería
la heladería
de entremés
cocidas
tarta de chocolate

En este restaurante sirven gazpacho, que es una sopa **1.** ______________. Para los vegetarianos, sirven **2.** ______________. Las verduras están crudas, no están **3.** ______________. Pero los camareros son todos muy **4.** ______________. En este restaurante no venden **5.** ______________ de postre. Si la quieres, tienes que ir a **6.** ______________. Pero sí sirven **7.** ______________ muy delicioso. Si quieres helado, tienes que ir a **8.** ______________.

2 Javier va al restaurante. Completa el diálogo.

Javier: ¿Cuál es **1.** ______________ de la casa?

Camarero: Si le gusta la sopa, tenemos **2.** ______________ de verduras muy rico.

Javier: Sí, **3.** ¿ ______________ el caldo de entremés?

Camarero: Claro, señor. **4.** ¿ ______________? ¿Le gustaría la paella?

Javier: **5.** ¡ ______________! Muy buena idea. Y un refresco **6.** ______________.

Camarero: Aquí tiene la comida. **7.** ¡ ______________!

Javier: Muy amable. **8.** ______________.

3 Escribe tres oraciones completas para describir cómo te gustan las siguientes comidas. Usa los adjetivos **frito(a)**, **crudo(a)** y **hervido(a)** en tus oraciones.

1. las zanahorias: ______________________________
2. las chuletas de cerdo: ______________________________
3. las patatas: ______________________________

Nombre ______________________ Clase ______________ Fecha ________

Gramática A *Affirmative and Negative Words*

Level 2, pp. 283-287

¡AVANZA!

Goal: Use affirmative and negative words to talk about restaurants.

1 En este restaurante hay cosas positivas y cosas negativas. Marca con una X las oraciones positivas.

____ A nadie le gustan los espaguetis.

____ Siempre hay platos vegetarianos.

____ Sirven verduras y carne.

____ También sirven gazpacho.

____ Nunca hay sopa.

____ Hay algo de postre.

____ Ni sirven espaguetis ni sirven ensalada.

____ Tampoco sirven chuletas de cerdo.

2 Lucas siempre dice lo contrario que dice Carmen. Completa las siguientes oraciones con las cosas que dice Lucas.

1. Hay algo sabroso. / No hay ______________ sabroso.
2. Siempre hay carne. / ______________ hay carne.
3. También hay pollo. / ______________ hay pollo.
4. Nunca tienen espaguetis. / ______________ tienen espaguetis.
5. Hay o pollo o filete. / No hay ______________ pollo ______________ filete.

3 Contesta las siguientes preguntas sobre tu vida con una oraciones completas. Usa palabras afirmativas o negativas.

1. ¿Algunos de tus amigos van al restaurante este sábado?

____

____

____

2. ¿Tu restaurante favorito siempre sirve filete a la parrilla?

____

____

3. ¿Conoces a alguien que trabaja en un restaurante?

____

____

Nombre _______________________ Clase _______________ Fecha ________

Gramática B *Affirmative and Negative Words*

Level 2, pp. 283-287

¡AVANZA! **Goal:** Use affirmative and negative words to talk about restaurants.

1 Javier va a un restaurante. Escoge la palabra que completa mejor cada oración.

1. El menú no tiene ____ especialidad de la casa.
   a. ninguna **b.** alguien **c.** siempre **d.** también
2. Conozco bien el menú; ____ tengo que leerlo.
   a. siempre **b.** también **c.** algún **d.** nunca
3. No sé qué pedir. Voy a pedir ____ pollo o pescado.
   a. o **b.** algún **c.** también **d.** ni
4. No quiero nada de postre. ____ quiero té.
   a. También **b.** Tampoco **c.** Algo **d.** Alguien

2 En este restaurante pasan cosas buenas y malas. Escribe lo opuesto a cada oración.

modelo: **Nadie** llega al restaurante temprano. **Alguien** llega al restaurante temprano.

1. Luisa quiere o espaguetis o verduras. ____________________
2. Nunca tienen paella. ____________________
3. Hoy tampoco hay pollo. ____________________
4. No queremos ningún postre. ____________________

3 Estás en un restaurante del centro. Escribe tres oraciones completas sobre cosas afirmativas y negativas para decir qué hace el camarero y qué pasa en ese restaurante. Usa la información de la caja.

Nunca	tener	pollo asado
Siempre	servir	gazpacho
También	pedir	filete a la parrilla

1. ____________________
2. ____________________
3. ____________________

Nombre ______________________ Clase ______________ Fecha __________

Gramática C *Affirmative and Negative Words*

Level 2, pp. 283-287

¡AVANZA! **Goal:** Use affirmative and negative words to talk about restaurants.

1 Muchas personas van a comer al restaurante del señor Pascual. Escribe la palabra apropiada para cada oración. Lee si es afirmativa o negativa en el paréntesis.

1. Hoy no sirven espaguetis. ¡__________ tienen espaguetis! (negativa)
2. Nadie pidió caldo, pero __________ pidió gazpacho. (afirmativa)
3. No veo al camarero. No hay __________ aquí para atender las mesas. (negativa)
4. No hay pollo. __________ hay chuletas de cerdo. (negativa)
5. En el menú dice que hay ensalada. __________ hay espinacas. (afirmativa)

2 ¿Qué haces cuando vas a un restaurante? Contesta las preguntas con una oración negativa.

1. ¿Algunas veces comes en restaurantes caros?
   ____
2. ¿Prefieres comer algo tradicional? ______________________________
3. ¿Vais siempre tú y tus amigos a un restaurante para celebrar los cumpleaños?
   ____
4. ¿Quieres las espinacas o la ensalada? ______________________________
5. ¿Pides algún plato vegetariano? ______________________________

3 Describe tu restaurante favorito y otro que no te guste mucho. Escribe cuatro oraciones usando palabras afirmativas y negativas. Sigue los siguientes modelos.

modelo: **a. Algún** camarero es atento en mi restaurante favorito.
b. En el otro restaurante, **ningún** camarero es atento.

1. **a.** ______________________________
   b. ______________________________
2. **a.** ______________________________
   b. ______________________________

Nombre _______________ Clase _______________ Fecha _______________

Gramática A *Double Object Pronouns*

Level 2, pp. 288-290

¡AVANZA! **Goal:** Use double object pronouns to talk about food and service.

1 Escuchas una conversación en un restaurante. Une con flechas las oraciones con los verbos y pronombres.

1. ¿Le traigo la sopa?	**a.** Sí, se lo traigo.
2. ¿Nos trae un gazpacho?	**b.** Sí, tráiganoslo.
3. ¿Me trae la cuenta?	**c.** Sí, se la traigo.
4. ¿Les traigo el postre?	**d.** Sí, tráigamela.

2 Los camareros están muy ocupados y las personas hablan muy rápidamente. Completa las oraciones con los pronombres que faltan.

modelo: Sirves **gazpacho** a esos chicos. Se <u>lo</u> sirves.

1. Traes la sopa para mi hermana. Se _______________ traes.
2. Traes la cuenta para mí. _______________ la traes.
3. Pides postre para nosotros. _______________ lo pides.
4. Añades sal a la sopa. Se _______________ añades.
5. Buscamos un helado para nosotros. _______________ _______________ buscamos.
6. Vamos a dar los postres a Jaime y Joaquín. Vamos a dár _______________ .

3 Hay mucha actividad en el restaurante. Escribe una oración siguiendo el modelo.

modelo: Das una cuchara a ella. **Se la das.**

1. Cocinan un filete para vosotros. _______________
2. Le sirvo un té a la señora. _______________
3. Piden una tarta de chocolate para ti. _______________
4. Les trae más servilletas a Miriam y Mariana. _______________
5. Le van a pedir la paella y una cuchara a la camarera. _______________

Nombre ______________________ Clase ______________ Fecha __________

Gramática B *Double Object Pronouns*

Level 2, pp. 288-290

¡AVANZA! **Goal:** Use double object pronouns to talk about food and service.

1 Alberto está en un restaurante con su amiga Elisa, y habla con el camarero. Subraya los pronombres apropiados para completar.

Alberto: ¡Buenos días, señor! ¿Puede traerme un gazpacho?

Camarero: Sí, **1.** (se / me / os) **2.** (la / los / lo) traigo. También tenemos verduras frescas.

Alberto: ¡Riquísimo! ¿**3.** (Se / Te / Me) **4.** (los/ las / lo) sirve a mi amiga? También queremos una tarta de chocolate.

Camarero: Ya **5.** (me / nos / se) **6.** (lo / las / la) sirvo.

Elisa: No, ahora no, después de las verduras **7.** (te / nos / se) la sirve.

2 En este restaurante, la gente pide muchas cosas. Escribe de nuevo las oraciones. Sigue el modelo.

modelo: Compro **una sopa a mi amigo. Se la** compro.

1. Yo compro un helado para Julia. ______________________
2. Martín pide chuletas de cerdo para ti. ______________________
3. Javier y Lucía buscan unos restaurantes para ellos. ______________________
4. Camilo y yo pagamos vuestra cuenta. ______________________
5. Vosotros vais a preparar la paella para mí. ______________________
6. El camarero sirve patatas a esos chicos. ______________________

3 Contesta las siguientes preguntas. Usa dos pronombres en tu respuesta.

1. ¿A quién le pides la comida cuando vas a un restaurante?

____

2. ¿A qué hora te sirven la cena?

____

3. ¿Vas a pedirles a tus padres pizza para almorzar?

____

Gramática C *Double Object Pronouns*

Level 2, pp. 288-290

¡AVANZA! **Goal:** Use double object pronouns to talk about food and service.

1 El camarero está muy ocupado. Explica lo que hace usando los pronombres correctos según las pistas entre paréntesis.

1. (helado, para usted) _____ _____ busca.
2. (sopa, a la señora Plata) _____ _____ sirve.
3. (cuenta, a mí) _____ _____ trae.
4. (gazpacho, a los chicos) _____ _____ recomienda.
5. (patatas fritas, para vosotras) _____ _____ pide.

2 Hablas con un camarero pero no escuchas bien lo que dice, entonces le preguntas lo que te dijo. Completa el diálogo. Usa los dos tipos de pronombres.

modelo: **Camarero:** Traigo patatas fritas.
Tú: ¿Me las trae?

1. **Camarero:** También sirvo gazpacho.
   (servir) **Tú:** ____
2. **Camarero:** Puedo buscar unos helados en la heladería de al lado.
   (buscar) **Tú:** ____
3. **Camarero:** Voy a escribir su pedido.
   (escribir) **Tú:** ____
4. **Camarero:** No traigo chuletas de cerdo.
   (traer) **Tú:** ____
5. **Camarero:** No le puedo servir la paella a esta hora.
   (servir) **Tú:** ____

3 Escribe oraciones con cosas que haces para tu familia. Usa los dos tipos de pronombres.

1. Tu hermana quiere un helado. ______________________________
2. Tu madre quiere verduras frescas. ______________________________
3. Tu padre quiere una cuchara para la sopa. ______________________________
4. Nosotros queremos los filetes a la parrilla. ______________________________

Nombre ______________________ Clase ____________ Fecha ________

Integración: Hablar

Level 2, pp. 291-293
WB CD 03 track 11

Nicolás y Paula siempre van a comer al restaurante Don Manolo. Ellos prefieren este restaurante porque sirven platos riquísimos. ¿Qué van a pedir?

Fuente 1 Leer

Lee las especialidades de la casa en el menú del restaurante Don Manolo.

Especialidades de la casa

- *Chuletas de cerdo con mostaza*
- *Espaguetis con tomate*
- *Filete a la parrilla con patatas fritas*
- *Pollo asado con verduras hervidas*
- *Gazpacho*
- *Paella*
- *Ensalada con verduras crudas y cocidas*

Fuente 2 Escuchar *WB CD 03 track 12*

Escucha el mensaje telefónico que Nicolás le deja a Paula en su celular. Toma apuntes.

____

____

____

____

Hablar

Según lo que le dice Nicolás y los platos que ofrece Don Manolo, explica qué comidas van a pedir Nicolás y Paula como platos principales y por qué.

modelo: Nicolás puede pedir... porque él no es... Paula puede...

Integración: Escribir

Level 2, pp. 291-293
WB CD 03 track 13

A Vilma y a su amigo Gastón les gusta mucho salir a comer. Siempre están buscando restaurantes nuevos para probar. A Vilma le gusta la carne y a Gastón le gustan las verduras. ¿Qué pueden pedir en La Parrilla Deliciosa?

Fuente 1 Leer

Lee el anuncio que salió en la revista de la ciudad de Vilma y Gastón.

El restaurante La Parrilla Deliciosa

¡Búscalo en tu barrio ya!

Ofrecemos todo tipo de comida a la parrilla. Nuestra especialidad de la casa es el filete a la parrilla. También ofrecemos otros platos típicos españoles, como el gazpacho, el flan y la paella.

Vengan a vistarnos y… **¡Buen provecho!**

Fuente 2 Escuchar *WB CD 03 track 14*

Escucha este anuncio para La Parrilla Deliciosa.

____

____

____

____

Escribir

Vilma y Gastón quieren probar la comida del nuevo restaurante. Explica qué pueden pedir para el plato principal, el entremés y el postre.

modelo: Vilma puede pedir... Gastón puede pedir...

____

____

____

____

____

____

Escuchar A

Level 2, pp. 298-299
WB CD 03 tracks 15-16

¡AVANZA! **Goal:** Listen to people talk about food and restaurants.

1 Escucha la conversación de Verónica y el camarero. Luego, encierra en un círculo las comidas que pide Verónica.

filete a la parrilla	chuletas de cerdo	ensalada de tomate
ensalada de lechuga	patatas	espaguetis
pollo asado	tarta de chocolate	gazpacho

2 Escucha la conversación entre Verónica y María, que hablan por teléfono. Luego, contesta las preguntas.

1. ¿Dónde está comiendo Verónica? ______________________
____
2. ¿Qué comió María? ______________________________
____
3. ¿Qué tiene que comprar María en el supermercado? ______________
____
4. ¿Por qué tiene que comprar ésto? ______________________
____

Escuchar B

Level 2, pp. 298-299
WB CD 03 tracks 17-18

¡AVANZA! **Goal:** Listen to people talk about food and restaurants.

1 Escucha lo que dice Jaime. Lee cada oración y contesta **cierto** o **falso**.

C F **1.** La paella es el plato preferido de Jaime.

C F **2.** Alguien hace una paella más rica que la de su madre.

C F **3.** La madre de Jaime no sabe hacer gazpacho.

C F **4.** Los invitados comen mucho gazpacho.

C F **5.** La madre de Jaime les da la receta a sus invitados.

2 Escucha la conversación de Antonio y Maribel. Luego, contesta las preguntas con oraciones completas.

1. ¿De qué es la receta de Laura? ______________________

____

____

2. ¿Qué cosa es más rica que esas patatas? ______________________

____

____

3. ¿Cuál es el secreto de las patatas? ______________________

____

____

4. ¿A Maribel le gustan esas patatas? ¿Por qué? ______________________

____

____

Nombre ______________________ Clase ______________ Fecha __________

Escuchar C

Level 2, pp. 298-299
WB CD 03 tracks 19-20

¡AVANZA! **Goal:** Listen to people talk about food and restaurants.

1 Escucha la conversación entre Elena y Elisa, la madre de su amiga. Toma apuntes. Luego, completa las siguientes oraciones.

1. Elsa tiene que ______________ el pan.
2. Primero hay que ponerle ______________ al sándwich.
3. Después hay que ponerle ______________ encima.
4. Al final hay que añadirle ______________.
5. Debe comerlo ______________.

2 Escucha lo que dice Carina. Toma apuntes. Luego, contesta las preguntas con oraciones completas.

1. ¿Qué tiene de especial Carina? ______________
2. ¿Por qué no come carne Carina? ______________
3. ¿Qué cosas come Carina? ______________
4. ¿Cómo come los espaguetis Carina? ______________
5. ¿Cuál es la sopa preferida de Carina? ______________
6. ¿Qué piensan sus amigos de esta sopa? ______________

Leer A

Level 2, pp. 298-299

¡AVANZA! **Goal:** Read about dining preferences.

Cuando las personas van a comer al restaurante de Don Mario, él les da este volante (*flyer*).

¡ATENCIÓN, SEÑORAS Y SEÑORES!

¿LE GUSTA NUESTRA COMIDA PERO NO TIENE TIEMPO PARA VENIR?

Nosotros se la llevamos a su casa. Tenemos todos los platos de carnes y espaguetis listos para usted. Se los hervimos, se los freímos o se los hacemos a la parrilla. ¿Cómo los prefiere usted? ¡Díganoslo! Simplemente llámenos a nuestro teléfono: **555-1234**. No servimos ni ensaladas ni verduras. Tampoco tenemos postres durante la semana, pero sí los servimos los sábados y domingos. ¡Pídanoslos! Le van a encantar.

¿Comprendiste?

Lee el volante (*flyer*) de Don Mario. Marca con una x las comidas que pueden llevar a casa los miércoles.

____ verduras hervidas

____ pollo asado

____ chuletas de cerdo

____ ensalada de lechuga

____ filete a la parrilla

____ flan

____ espaguetis

¿Qué piensas?

1. ¿Crees que es buena idea llevar comida a las casas? ¿Por qué?

____

____

2. ¿Qué comida te gusta pedir? ¿Cuándo te la traen?

____

____

Leer B

Level 2, pp. 298-299

¡AVANZA! **Goal:** Read about dining preferences.

Lucas invita a su amiga Cecilia a su restaurante preferido.

¡Hola, Cecilia!
Mi familia y yo queremos invitarte a almorzar mañana. Siempre vamos a un restaurante en la calle Sevilla. Sabemos que es tu cumpleaños (¡tu mamá nos lo dice todo!). En este restaurante, nunca hay problemas para encontrar una mesa, así es que podemos llegar a la hora de comer. Yo sé que no comes ni pollo ni cerdo. Tampoco comes filete. Las especialidades de este restaurante son las chuletas de cerdo y el filete a la parrilla. Pero allí también hay muchos otros platos ricos, como el pescado a la sal y algunos platos vegetarianos. Puedes pedírselos al camarero. ¿Qué dices? ¿Vienes?
Abrazos,
Lucas

¿Comprendiste?

Lee el correo electrónico de Lucas. Luego, completa las oraciones.

1. En el restaurante, _______________ pueden encontrar una mesa.
2. Cecilia _______________ pide carne.
3. En el restaurante que describe Lucas, Cecilia puede comer _______________
____
4. Las chuletas de cerdo y el filete a la parrilla son _______________ del restaurante.

¿Qué piensas?

1. ¿Piensas que puedes ser vegetariano?
____
____
2. ¿Cuál es tu plato favorito?
____
____

Leer C

Level 2, pp. 298-299

¡AVANZA! **Goal:** Read about dining preferences.

Aníbal va a almorzar con su madre, Irma, y con sus primas, Cristina y Gabriela. El camarero es un poco desorganizado y explica a otro camarero las cosas que piden todos.

En la mesa cuatro hay una familia que quiere almorzar. Los conozco a todos. Aníbal no pide pollo asado. Gabriela tampoco pide pollo asado. Irma pide el plato que pide Cristina. Alguien pide chuletas de cerdo, pero nadie pide gazpacho. Tampoco piden verduras. El único plato de filete a la parrilla es para una de las primas. Cristina pide pollo asado con patatas. A nadie le gustan los espaguetis. Gabriela no quiere ni ensalada ni postre. Creo que todos quieren café, pero voy a volver a preguntárselo.

¿Comprendiste?

Lee las notas del camarero. Luego, contesta las preguntas.

1. ¿Qué pide Gabriela? ¿Qué pide Irma?

____

2. ¿Alguien pide verduras?

____

3. ¿Qué cosas no piden?

____

4. ¿Alguien quiere café? ¿Qué va a hacer el camarero?

____

____

¿Qué piensas?

1. ¿Cómo son los camareros de los restaurantes que conoces?

____

2. ¿Qué platos pides y cuáles no pides nunca cuando vas a un restaurante? ¿Por qué?

____

____

Escribir A

¡AVANZA! **Goal:** Write about food and restaurants.

Step 1

Completa esta tabla con los platos que comes en casa y los que comes en el restaurante.

En casa	En el restaurante

Step 2

Escribe tres oraciones sobre cómo prefieres comer algunos platos de la lista. Usa las siguientes palabras: **fresco(a)**, **frito(a)**, **hervido(a)**, **cocido(a)**.

1. ____
____
2. ____
3. ____
____

Step 3

Evaluate your writing using the information in the table.

Writing Criteria	Excellent	Good	Needs Work
Content	Your sentences include many details and vocabulary.	Your sentences include some details and vocabulary.	Your sentences include few details or vocabulary.
Communication	Most of your sentences are clear.	Some of your sentences are clear.	Your sentences are not very clear.
Accuracy	Your sentences have few mistakes in grammar and vocabulary.	Your sentences have some mistakes in grammar and vocabulary.	Your sentences have many mistakes in grammar and vocabulary.

Nombre ______________________ Clase ______________ Fecha __________

Escribir B

Level 2, pp. 298-299

¡AVANZA! **Goal:** Write about food and restaurants.

Step 1

Haz una lista con cinco comidas que te gustan.

1. ______________________
2. ______________________
3. ______________________
4. ______________________
5. ______________________

Step 2

Con la información de arriba, escribe cuatro oraciones sobre cuándo y dónde comes esos alimentos.

1. ______________________
____
2. ______________________
3. ______________________
4. ______________________

Step 3

Evaluate your writing using the information in the table.

Writing Criteria	Excellent	Good	Needs Work
Content	You have included all the information in your sentences.	You have included most of the information in your setences.	You have not included enough information in your sentences.
Communication	Most of your sentences are clear.	Some of your sentences are clear.	Your sentences are not very clear.
Accuracy	Your sentences have few mistakes in grammar and vocabulary.	Your sentences have some mistakes in grammar and vocabulary.	Your sentences have many mistakes in grammar and vocabulary.

Escribir C

Level 2, pp. 298-299

¡AVANZA! **Goal:** Write about food and restaurants.

Step 1

Escribe en esta tabla los platos que pediste en un restaurante y cómo estuvieron.

Comida	Qué	Cómo
entremés		
plato principal		
postre		
bebida		

Step 2

Con la información de arriba, escribe una crítica (*review*) del restaurante que visitaste. Usa pronombres y palabras afirmativas y negativas.

____

____

____

____

____

____

Step 3

Evaluate your writing using the information in the table.

Writing Criteria	Excellent	Good	Needs Work
Content	Your review includes all the information and descriptions.	Your review includes some of the information and descriptions.	Your review does not include much information.
Communication	Most of your review is clear.	Parts of your review are clear.	Your review is not very clear.
Accuracy	Your review has few mistakes in grammar and vocabulary.	Your review has some mistakes in grammar and vocabulary.	Your review has many mistakes in grammar and vocabulary.

Cultura A

Level 2, pp. 298-299

¡AVANZA! **Goal:** Review the importance of food and culture in Spain.

1 **Horario de comidas** Completa esta tabla con los horarios de las comidas en España y El Salvador.

España	El Salvador
desayuno:	**desayuno:**
almuerzo:	**almuerzo:**
cena:	**cena:**

2 **Las comidas de España y Uruguay** Completa las siguientes oraciones.

1. La comida típica más famosa de Madrid es _____ .
   a. el cocido **b.** la paella **c.** la tortilla de patatas
2. Comer parrillada significa que la comida es _____ .
   a. carne asada **b.** carne frita **c.** carne molida
3. Montevideo queda en la costa y por eso las personas allí comen mucho _____ .
   a. cerdo **b.** pescado **c.** verduras
4. Los españoles comen churros y porras con _____ .
   a. refrescos **b.** sal **c.** chocolate
5. Las personas van a comer parrilladas al Mercado del Puerto de Montevideo durante _____ .
   a. el desayuno **b.** el almuerzo **c.** la cena
6. La Casa Botín es el restaurante más _____ del mundo.
   a. antiguo **b.** bueno **c.** rápido

3 **Un menú español** Escribe un menú de un restaurante español. Incluye nombres de platos típicos españoles y describe cada plato.

____

____

____

____

Cultura B

Level 2, pp. 298-299

¡AVANZA! **Goal:** Review the importance of food and culture in Spain.

1 **Los ingredientes** Identifica los ingredientes necesarios para preparar cocido madrileño y ensaladilla rusa.

Cocido madrileño: garbanzos, pescado, aceitunas, verduras, pasta, carne, churros

Ensaladilla rusa: mayonesa, pollo, zanahorias, patata, pasta, lechuga, guisantes

2 **Es hora de comer** Contesta las siguientes preguntas sobre las horas de comer en España, Uruguay y El Salvador.

1. ¿Cuándo cenan los españoles generalmente?
   ____.
2. ¿En qué país cenan entre las 6:00 y las 7:00? ______________.
3. En Uruguay y El Salvador, ¿cuál es generalmente la comida principal?
   ______________________.
4. ¿En qué comida se comen los churros con chocolate? ______________.

3 **La niña con pasteles** Escribe un párrafo sobre qué piensas que puede decir la niña del cuadro de María Blanchard de la página 284. Escribe desde la perspectiva de la niña. Sigue el modelo.

modelo: Tengo... años y vivo en... Me gusta mucho comer pasteles de chocolate y...

____
____
____
____

Nombre ______________________ Clase ______________ Fecha __________

Cultura C

Level 2, pp. 298-299

¡AVANZA! **Goal:** Review the importance of food and culture in Spain.

1 **Arte y comida** Contesta estas preguntas con oraciones completas.

1. ¿Quién pintó *La niña con pasteles*?

   ____

2. ¿A qué hora cenan en España?

   ____

3. ¿Qué artistas famosos son de España?

   ____

4. ¿Cómo es el almuerzo en Uruguay y El Salvador?

   ____

2 **Un menú** Haz un menú para el restaurante la Casa Botín en Madrid. Incluye el cocido madrileño y también otros platos típicos de España. No olvides escribir los precios en euros.

____

____

____

____

____

3 **De viaje** Vas a comer en dos lugares muy famosos: la Casa Botín de Madrid y el Mercado del Puerto, en Montevideo. Escribe cinco oraciones sobre qué platos vas a comer, a qué hora y cómo es el lugar.

____

____

____

____

____

____

Nombre ______________________ Clase ____________ Fecha ________

Comparación cultural: ¡Qué delicioso!

Level 2, pp. 300-301

Lectura y escritura

After reading the descriptions of different foods by Danilo, Juan, and Saskia, write a paragraph about a typical dish from your country. Use the information in your pyramid to write sentences, and then write a paragraph that describes a typical dish.

Step 1

Complete the pyramid describing as many details as you can about a typical dish.

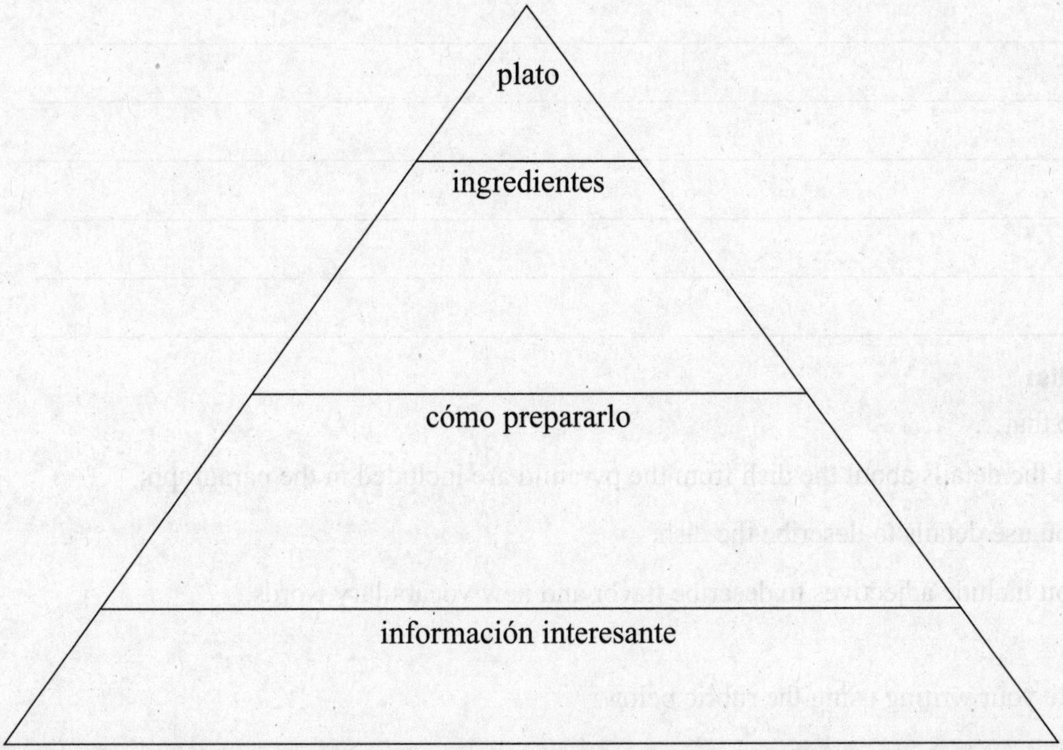

Step 2

Now take the details from the pyramid and write a sentence for each topic in the pyramid.

____

____

____

____

____

UNIDAD 5 • Comparación cultural
Lección 2

Comparación cultural: ¡Qué delicioso!

Level 2, pp. 300-301

Lectura y escritura (continued)

Step 3

Now write your paragraph using the sentences you wrote as a guide. Include an introduction sentence and use adjectives such as **picante, dulce, agrio, salado,** and **sabroso** to write about a typical dish.

____

____

____

____

____

____

____

Checklist

Be sure that…

- ☐ all the details about the dish from the pyramid are included in the paragraph;
- ☐ you use details to describe the dish;
- ☐ you include adjectives to describe flavor and new vocabulary words.

Rubric

Evaluate your writing using the rubric below.

Writing criteria	Excellent	Good	Needs Work
Content	Your paragraph includes many details about a typical dish.	Your paragraph includes some details about a typical dish.	Your paragraph includes few details about a typical dish.
Communication	Most of your paragraph is organized and easy to follow.	Parts of your paragraph are organized and easy to follow.	Your paragraph is disorganized and hard to follow.
Accuracy	Your paragraph has few mistakes in grammar and vocabulary.	Your paragraph has some mistakes in grammar and vocabulary.	Your paragraph has many mistakes in grammar and vocabulary.

Nombre ________________________________ Clase ____________ Fecha ____________

Comparación cultural: ¡Qué delicioso!

Level 2, pp. 300-301

Compara con tu mundo

Now write a comparison about the typical dish from your country and that of one of the three students from page 301. Organize your comparison by topics. First, compare the ingredients, then how they are prepared, and lastly any interesting facts.

Step 1

Use the chart to organize your comparison by topics. Write details for each topic about your dish and that of the student you chose.

	Mi plato	El plato de ________
Nombre del plato		
Ingredientes		
Preparación		
Algo interesante		

Step 2

Now use the details from the pyramid to write a comparison. Include an introduction sentence and write about each topic. Use adjectives such as **picante, dulce, agrio, salado,** and **sabroso** to describe your dish and that of the student you chose.

____

____

____

____

____

____

____

____

____

Nombre ______________________ Clase __________ Fecha ________

Vocabulario A

Level 2, pp. 310-314

¡AVANZA! **Goal:** Talk about movies and moviemaking.

1 Mis amigos y yo vamos al cine. Subraya la palabra que mejor completa cada oración.

1. La película es una (comedia / película de terror) porque nos hace reír.
2. Vino mucha gente. La película tiene (guión / éxito).
3. Mañana vamos a conocer a (los actores / los documentales); son personas muy famosas.
4. Es una película profesional; el director la filmó con una cámara (digital / de cine).
5. El argumento es fantástico porque el (guionista / maquillaje) es muy bueno.

2 Camilo va a filmar una película. Completa las oraciones con las palabras de la lista.

drama	fracasar	micrófono	papeles	la escena

1. El sonido es importante; por eso necesitas un buen ______________.
2. El camarógrafo filma ______________.
3. El director les dice a los actores cómo hacer sus ______________.
4. Los actores nos van a hacer llorar con este ______________.
5. La película no va a ______________ porque es muy interesante.

3 Completa las siguientes oraciones:

1. Las películas de ciencia ficción tienen ______________
____
2. Las comedias son ______________
____
3. Los papeles de las películas de aventuras son para ______________
____

UNIDAD 6 • Vocabulario A
Lección 1

Nombre ______________________ Clase ______________ Fecha ________

Vocabulario B

Level 2, pp. 310-314

¡AVANZA! **Goal:** Talk about movies and moviemaking.

1 Vamos a ver una película. Une con una flecha las palabras relacionadas.

a. Guionista	Filmar escenas
b. Éxito	Argumento
c. Papel	Actores
d. Sonido	Estrellas de cine
e. Camarógrafo	Micrófono

2 Mi amigo Carlos quiere filmar una película pero no sabe sobre qué tema. Completa las oraciones con las palabras correspondientes.

1. Si Carlos va a filmar una película que hace reír, su película es ______________
____

2. Si Carlos va a filmar una película que hace llorar, su película es ______________
____

3. Si Carlos va a filmar una película que da miedo, su película es ______________
____

4. Si Carlos va a filmar una película que enseña sobre un evento histórico, su película es
____

5. Si Carlos va a filmar una película sobre gente de otras galaxias, su película es ________
____

3 Contesta las siguientes preguntas con oraciones completas:

1. ¿Cuáles son tus películas favoritas?
____

2. ¿Alguna vez filmaste una película con una cámara digital?
____

3. ¿Cómo te gusta editar una película?
____

Nombre ______________________ Clase ______________ Fecha ________

Vocabulario C

Level 2, pp. 310-314

¡AVANZA! **Goal:** Talk about movies and moviemaking.

1 Unos amigos y yo vamos a filmar una película. Completa las oraciones con la palabra adecuada.

1. Si mucha gente va a ver la película, tiene ______________________.
2. ______________________ filma con una cámara de cine profesional.
3. El guionista escribió un ______________________ muy interesante.
4. Si nadie va a ver la película, el director va a ______________________.
5. Los actores hacen muy bien sus ______________________.

2 ¿Qué sabes de las películas? Completa las oraciones con lo que tú piensas. Usa el vocabulario de esta lección.

1. Las estrellas de cine son ____
____
2. El argumento de muchas películas de ciencia ficción es ______________________
____
3. Las cámaras de cine son ____
____
4. Las personas a las que les gusta tener miedo ______________________________
____

3 Escribe tres oraciones con los tipos de películas que vas a ver al cine y explica por qué.

1. ____
____
2. ____
____
3. ____
____

UNIDAD 6 • Vocabulario C
Lección 1

Gramática A *Affirmative tú Commands*

Level 2, pp. 315-319

¡AVANZA! **Goal:** Use affirmative **tú** commands to talk about movies.

1 Tenemos que organizarnos para filmar una buena película. Encierra en un círculo la forma verbal que indica un mandato.

1. Marcos, (ven / vienes) temprano, por favor.
2. Norma, (estudias / estudia) el guión desde el comienzo.
3. Camila, (invitas / invita) a la gente para la filmación.
4. Santiago, (trae / traes) la cámara.
5. Pedro, (vé / vas) a buscar el maquillaje.

2 La madre de Beny le dice qué hacer por la mañana. ¡Es impaciente! Escribe lo que dice usando los verbos entre parentesis, y luego repite el mandato con un pronombre.

modelo: Beny, ___haz___ la cama. ¡___Hazla___!

1. Beny, _______________ el desayuno. ¡_______________! (preparar)
2. Beny, _______________ la mesa. ¡_______________! (poner)
3. Beny, _______________ las tareas de ciencias y matemáticas.

¡_______________! (terminar)

3 Tú y tu amiga piensan hacer una película de terror. Escribe tres oraciones para hacerle sugerencias *(suggestions)*. Escribe las oraciones con **¡Vamos a...!** y mandatos.

____

____

____

____

____

____

____

UNIDAD 6 • Gramática A
Lección 1

Nombre ______________________ Clase ______________ Fecha __________

Gramática B *Affirmative **tú** Commands*

Level 2, pp. 315-319

¡AVANZA! **Goal:** Use affirmative **tú** commands to talk about movies.

1 Vamos a filmar todo el día de hoy. Completa las oraciones con el verbo correspondiente.

1. Abel, ____ desde lejos.
   a. filma **b.** filmas **c.** filman
2. Necesitamos un micrófono. Fabiola, ____ .
   a. tráelo **b.** tráela **c.** traiga
3. Vamos a poner la cámara encima del edificio. Jorge, ____ .
   a. ponlo **b.** pones **c.** ponla
4. Necesitamos hacer cinco escenas. ¡Vamos a ____ !
   a. hazlo **b.** hazlas **c.** hacerlas
5. Roxana, ____ a los actores.
   a. maquillas **b.** maquilla **c.** maquille

2 Eres el director de un drama. Dales mandatos a tus amigos usando los verbos **hacer**, **decir** y **poner**.

1. Iván, tienes que vestirte para la escena. ______________ este sombrero.
2. Te voy a dar el papel principal. ______________ bien, por favor.
3. Ahora, ______________ una escena con la actriz.
4. Habla con los otros actores y ______________ qué van a hacer.
5. Sara, ______________ el micrófono cerca del actor.

3 Escribe cuatro oraciones para decirle a tres amigos lo que tienen que hacer en su película para la escuela. Usa el imperativo de los verbos **venir**, **ir** and **ser**, y escribe una oración con **¡Vamos a…!**

1. ____
2. ____
3. ____
4. ____

UNIDAD 6 • Gramática B
Lección 1

Nombre ______________________ Clase ______________ Fecha ________

Gramática C *Affirmative tú Commands*

Level 2, pp. 315-319

¡AVANZA! **Goal:** Use affirmative **tú** commands to talk about movies.

1 Lucas le dice al camarógrafo lo que tiene que hacer. Completa el siguiente texto con los verbos de la caja. Usa mandatos.

empezar
poner
venir
decir
caminar

Tú eres el camarógrafo y tienes que filmar muy bien todas las escenas. Primero, **1.** ______________ hasta esa esquina. Lleva la cámara contigo y **2.** ______________ debajo de aquel semáforo. Después de escuchar «¡Acción!» **3.** ______________ a filmar. Más tarde, **4.** ______________ y vamos a editar lo que filmamos hoy. **5.** ______________ si entiendes todo.

2 Tú eres el director de una película. Dile a cada uno de tus amigos lo que tienen que hacer en la filmación. Usa el mandato del verbo entre paréntesis.

1. (ir) ______________________________________
2. (poner) ______________________________________
3. (editar) ______________________________________
4. (decir) ______________________________________
5. (hacer) ______________________________________

3 Escribe un texto de cuatro oraciones completas para decirle a tu amigo lo que tiene que hacer mañana. Escribe tres oraciones con mandatos de **tú** y una con **¡Vamos a...!**

____

____

____

____

____

____

____

Nombre ______________________ Clase ______________ Fecha ____________

Gramática A *Negative tú Commands*

Level 2, pp. 320-322

¡AVANZA! **Goal:** Use negative **tú** commands to talk about movies.

1 Armando filma una película y les dice a todos lo que no deben hacer. Une con flechas lo que Armando les pide.

a. No le des	el micrófono.
b. No maquilles mucho	lejos.
c. No apagues	la cámara a Juan.
d. No estés	tan nervioso.
e. No vayas	a los actores.

2 Para el asistente del director todo está bien, pero para el director no. Cambia los mandatos afirmativos del asistente a los mandatos negativos del director.

modelo: Nina, ponte el maquillaje si quieres.
No, ¡no te pongas el maquillaje!

1. Sofía, almuerza ahora si quieres.

____

2. Irma, sé más cómica.

____

3. Lucas, juega con los micrófonos si quieres.

____

4. Manuel, trae la cámara de cine.

____

3 Javier les dice a su asistente las cosas que no tiene que hacer. Completas sus mandatos usando los verbos entre paréntesis.

1. Ya filmamos muchas escenas en la playa. (no filmarlas) ______________ más.
2. Tú quieres traer la cena para nosotros. (no traerla) ______________ ahora.
3. La actriz quiere más maquillaje. (no dárselo) ______________ .

UNIDAD 6 • Gramática A
Lección 1

Gramática B *Negative tú Commands*

Level 2, pp. 320-322

¡AVANZA! **Goal:** Use negative **tú** commands to talk about movies.

1 El director de esta película está enojado. Un amigo le dice a un actor lo que no tiene que hacer. Completa las oraciones con el verbo entre paréntesis.

1. Nunca ____________________ tarde. Al director no le gusta eso. (llegar)
2. No le ____________________ problemas. (dar)
3. No ____________________ todo el tiempo de ti. (hablar)
4. No ____________________ a ningún otro lugar. (ir)
5. Tampoco ____________________ con su tiempo. (jugar)

2 Escribe oraciones completas con lo que el director le dice a cada persona.

1. no tocar las cámaras

____

2. no almorzar en horas de trabajo

____

3. no estar delante de la cámara

____

4. no jugar con el maquillaje

____

3 Escribe tres oraciones con las cosas que tu amigo(a) no tiene que hacer. Sigue el modelo.

modelo: No llegues tarde.

1. ____
2. ____
3. ____

UNIDAD 6 • Gramática B
Lección 1

Nombre ______________________ Clase ______________ Fecha ________

Gramática C *Negative tú Commands*

Level 2, pp. 320-322

¡AVANZA! **Goal:** Use negative **tú** commands to talk about movies.

1 Julio y Leticia dan sus opiniones sobre el nuevo drama que salió el viernes, *Después de la guerra*. ¿Qué le dicen a su amiga Rafa?

llegar	pagar	perder	escuchar	esperar	ir

Leticia: No ______________ a ver esa película. Es aburridísima.

Julio: Rafa, No ______________ a Leticia. La película es buena.

Leticia: ¡Ay, por favor! Espera el DVD. No ______________ por verla en el cine.

Julio: ¡Debes ir! Y no ______________ tarde, porque comienza con mucha acción.

Leticia: ¿Acción? ¿Qué acción? Rafa, no ______________ tu tiempo.

Julio: Pues, a mí me encantó. No ______________ : ¡Debes verla hoy!

2 El director les dice a todos qué cosas no tienen que hacer. Usa el verbo entre paréntesis para escribir lo que dice.

1. La filmación tiene que terminar antes de las cuatro. (terminar)

____

2. La actriz principal no quiere un sándwich. (llevar)

____

3. No necesito más información sobre el guión. (decir)

____

3 Escríbele una nota de cuatro oraciones a un amigo(a) para decirle qué cosas no tiene que hacer en el cine.

____

____

____

UNIDAD 6 • Gramática C
Lección 1

Nombre ______________________ Clase ______________ Fecha __________

Integración: Hablar

Level 2, pp. 323-325
WB CD 03 track 21

Un famoso director de cine está filmando una película en la ciudad donde vive Sandra. Muchas personas que trabajan en la película vinieron con el director, pero él necesita más personas. Lee el anuncio y escucha el mensaje telefónico de Sandra. Luego, contesta qué le interesa al director.

Fuente 1 Leer

Lee el anuncio que salió en el periódico.

> **☆ ¡Necesitamos actores! ☆**
>
> ***¿Eres actor o actriz?*** Tú eres la persona que necesitamos. Estamos filmando una película en tu ciudad y necesitamos cincuenta chicos y chicas. Tienes que saber del cine y de la filmación de una película. Necesitamos personas de veinticinco a treinta años con ganas de trabajar y aprender de cine.
>
> **Llama al 252-378-2190 o ven a la calle Oeste 12345 el sábado a las ocho de la mañana. No llegues tarde.**

Fuente 2 Escuchar *WB CD 03 track 22*

Escucha el mensaje que dejó Sandra cuando llamó al número de teléfono en el anuncio. Toma apuntes.

____

____

____

____

Hablar

Estás trabajando como asistente del director y escuchaste el mensaje de Sandra. Habla con el director y dile si recomiendas a Sandra para la película o no la recomiendas, y porqué. Da instrucciones al director para devolver la llamada.

Modelo: Sandra es... También ella sabe... Pero ella no tiene...

UNIDAD 6 • Integración:
Lección 1 Hablar

Nombre ______________________ Clase ______________ Fecha __________

Integración: Escribir

Level 2, pp. 323-325
WB CD 03 track 23

Unos amigos quieren aprender más sobre el cine. Ellos organizan «La semana del cine». Invitan a otros chicos y todos tienen que llevar su película favorita. Después, van a hablar sobre las películas.

Fuente 1 Leer

Lee el correo electrónico que Ariel le mandó a Hugo.

> De: Ariel   A: Hugo
> Tema: La semana del cine
> Hola, Hugo:
> Te invito a «La semana del cine». Comienza este lunes en casa de Sabina. De lunes a viernes, después de las clases, cada persona debe llevar su película favorita y vamos a verlas. Es una buena idea para aprender más de cine y conocer más películas. Vamos a hablar de los guiones, de los directores de cine y de los actores y las actrices. Yo prefiero ver *Escape del circo* el primer día, porque me hace reír. También tengo una película que me da miedo; se llama *El cuarto sin camas*. Trae tu película favorita y muchas ganas de hablar. No seas perezoso y llega a las cinco.
> Ariel

Fuente 2 Escuchar *WB CD 03 track 24*

Escucha el mensaje que Hugo le dejó a Ariel. Toma apuntes.

____

____

____

____

Escribir

Escríbele un correo electrónico a un amigo y dale instrucciones para «La semana del cine». Explica lo que debe traer para participar y describe la película que tú prefieres ver.

Modelo: Ven a... Ve a la casa...

____

____

____

____

UNIDAD 6 • Lección 1 Integración: Escribir

Nombre ____________________ Clase ______________ Fecha __________

Escuchar A

Level 2, pp. 330-331
WB CD 03 tracks 25-26

¡AVANZA! **Goal:** Listen to people talk about movies.

1 Escucha a Carolina y toma notas. Marca con una cruz las películas que le gustan.

Películas de terror ____

Películas de ciencia ficción ____

Documentales ____

Comedias ____

Dramas ____

Películas de aventuras ____

2 Escucha la conversación de Verónica y Gastón. Toma notas. Luego, completa las oraciones con las palabras de la caja.

sus amigas	película de terror
película de fantasía	tomar unos refrescos

1. Gastón va a ver una ____________________.
2. Verónica va al cine con ____________________.
3. Verónica va a ver una ____________________.
4. Después del cine, todos van a ____________________.

UNIDAD 6 • Lección 1 Escuchar A

Nombre ______________________ Clase ______________ Fecha ____________

Escuchar B

Level 2, pp. 330-331
WB CD 03 tracks 27-28

¡AVANZA! **Goal:** Listen to people talk about movies.

1 Escucha a Roberto y toma notas. Luego, subraya las cosas que pasan cuando filmaron.

1. Roberto filma una película de aventuras.
2. Roberto filma un documental.
3. El guionista estudió las civilizaciones antiguas.
4. Los actores llegan tarde.
5. La película tiene efectos especiales.
6. El trabajo del editor es fácil.

2 Escucha la conversación de Miriam y Arturo. Toma notas. Luego, completa las oraciones.

1. En diez minutos, Miriam tiene que ______________________.
2. Arturo no puede tocar ______________________.
3. Si les pasa algo a las cajas del ______________________, Miriam y Arturo tienen problemas.
4. Todo ______________________ de la película está en esas cajas.

Nombre ______________________ Clase ______________ Fecha ________

Escuchar C

Level 2, pp. 330-331
WB CD 03 tracks 29-30

¡AVANZA! **Goal:** Listen to people talk about movies.

1 Escucha a Andrea y toma notas. Luego, empareja las oraciones y escríbelas abajo.

a. Andrea Lozano es
b. El director César Cuevas hizo
c. Andrea Lozano hizo
d. El argumento es sobre
e. La película es

____ una princesa y un emperador malo.
____ un papel muy importante en la película de un director muy famoso.
____ una estrella de cine.
____ corta pero tuvo mucho éxito.
____ una película de fantasía.

1. ______________________
2. ______________________
3. ______________________
____
4. ______________________
5. ______________________

2 Escucha la conversación de Carlos y Patricia. Toma notas. Luego, contesta las siguientes preguntas con oraciones completas.

1. ¿Qué hace Patricia cuando Carlos le habla?
____

2. ¿Qué le pregunta Patricia a Carlos después de terminar?
____

3. ¿Qué más tiene que hacer Patricia?
____

4. ¿Qué quiere hacer Patricia antes de volver a trabajar?
____

Nombre ______________________ Clase ______________ Fecha ________

Leer A

Level 2, pp. 330-331

¡AVANZA! **Goal:** Read about movies and moviemaking.

El director de la película está enfermo y no puede ir a filmar. Él envía esta nota con lo que tienen que hacer las personas que trabajan en la película.

¡Hola a todos! Estoy enfermo y no puedo ir a filmar hoy. Ustedes van a filmar sin mí. Éstas son las cosas que tienen que hacer:

- *Miguel, pon la cámara más cerca de los actores; las escenas de ayer no salieron bien.*
- *Carmen, ponles más maquillaje a los actores. Ayer no salieron bien.*
- *Lucas, no vayas a buscar el almuerzo antes de las doce. Te necesito en las escenas. Después, haz tus cosas.*
- *Graciela, haz una lista de las escenas de hoy.*
- *Elena, no estés en la escena de la playa. Sal en la escena de la cena.*
- *Manuel, edita la película temprano y tráela a mi casa.*

UNIDAD 6 Lección 1 • Leer A

¿Comprendiste?

Lee la nota del director. Luego, lee cada oración y contesta **cierto** o **falso**.

C F **1.** Lucas tiene que estar en la filmación hasta las doce.

C F **2.** Ayer, Carmen les puso mucho maquillaje a los actores.

C F **3.** Elena sale en la escena de la playa.

C F **4.** Manuel es el editor.

C F **5.** Miguel es el camarógrafo.

¿Qué piensas?

¿Piensas que una película puede salir bien si el director no está allí? ¿Por qué?

____

____

____

____

____

Nombre ______________________ Clase ______________ Fecha ______________

Leer B

Level 2, pp. 330-331

¡AVANZA! **Goal:** Read about movies and moviemaking.

Guillermo va a filmar una película. Él está estudiando el guión.

Una aventura en la ciudad

Héroe: ¡Vamos a salir por esta ventana!

Chica: ¡No! Tengo miedo. Está muy alto. Es muy peligroso.

Héroe: No mires abajo. Mírame a mí. Muy bien. Ahora pon un pie aquí y sal del edificio. ¡Hazlo! ¡Ahora!

Chica: ¡No me hables así! De acuerdo. No, no me des la mano. Yo puedo hacerlo sola.

Héroe: Ten cuidado. Así, vamos a salir. Muy bien. Ahora, camina por aquí. ¡No! ¡No mires abajo!

Chica: ¡No seas tan malo!

Héroe: Bueno, ya. Dame la mano. ¡Ahora!

¿Comprendiste?

Lee el guión de la película. Luego, completa las siguientes oraciones.

1. La chica y el héroe van a salir ______________________
2. La chica tiene ______________________
3. El héroe le explica a la chica ______________________
4. A la chica no le gusta ______________________

¿Qué piensas?

1. ¿Qué tipo de película es ésta? ¿Te gustaría filmar este tipo de película? ¿Por qué?

____

____

2. ¿Cuál es tu película preferida? ¿Por qué?

____

____

____

Nombre ______________________ Clase ______________ Fecha ______________

Leer C

Level 2, pp. 330-331

¡AVANZA! **Goal:** Read about movies and moviemaking.

La película de Armando ya está terminada. Una revista escribe un artículo sobre ella.

La nueva película de Armando López

El famoso director de cine, Armando López, terminó esta semana la filmación de la película *Terror en la calle 9*. Como vemos por su nombre es una película de terror, con un argumento muy interesante. Normalmente, las películas de terror no reciben mucha atención seria, pero ésta no es como las otras. Tiene más drama y menos efectos especiales, gracias a la guionista Lucinda Luna, ganadora de muchos premios. Los actores, grandes estrellas de cine, están muy contentos con este trabajo.

Vamos a ver esta película este mes en todos los cines de la ciudad. Ya vendieron todas las entradas.

Lleva a tus amigos; lo van a pasar muy bien. Ve preparado para ver una gran película, ¡pero no vayas solo!

¿Comprendiste?

Lee el artículo de la revista. Luego, contesta las siguientes preguntas:

1. ¿Cómo es la película? ¿Por qué es especial?

____

____

____

2. ¿Quiénes son los actores?

____

3. ¿Por qué dice el artículo que no vayas solo?

____

¿Qué piensas?

1. ¿Te gustan las películas de terror? ¿Por qué?

____

2. ¿Por qué piensas que las películas de terror normalmente no reciben mucha atención seria?

____

Nombre ______________________ Clase ______________ Fecha ____________

Escribir A

Level 2, pp. 330-331

¡AVANZA! **Goal:** Write about movies.

Step 1

Escribe una lista de lo que se necesita para hacer una película.

1. ______________________
2. ______________________
3. ______________________
4. ______________________
5. ______________________
6. ______________________

Step 2

Ahora, escribe tres oraciones con la información de arriba para decirle a las personas del equipo de una película lo que no tienen que hacer. Usa mandatos con los verbos **dar, poner** y **tocar**.

1. ______________________
2. ______________________
3. ______________________

Step 3

Evaluate your writing using the information in the table below.

Writing Criteria	Excellent	Good	Needs Work
Content	You give three commands and include several words related to making movies.	You give two commands and include some words related to making movies.	You give one or no commands and include few words related to making movies.
Communication	Most of your commands are clear.	Some of your commands are clear.	Your commands are not very clear.
Accuracy	Your sentences have few mistakes in grammar and vocabulary.	Your sentences have some mistakes in grammar and vocabulary.	Your sentences have many mistakes in grammar and vocabulary.

Nombre ______________________ Clase ______________ Fecha ______________

Escribir B

Level 2, pp. 330-331

¡AVANZA! **Goal:** Write about movies.

Step 1

Escribe la palabra en su lugar correspondiente.

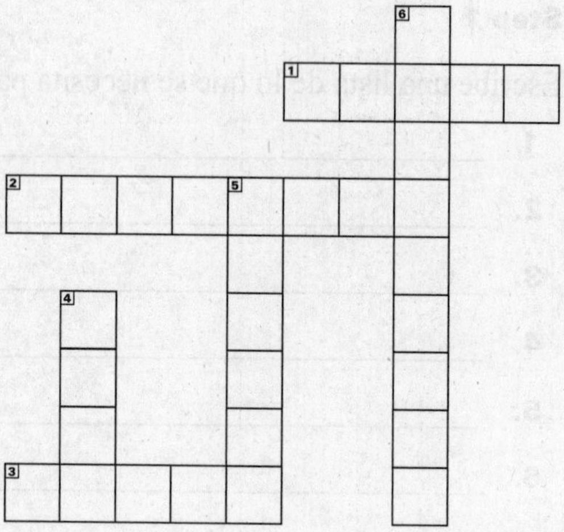

Horizontal

1. El guionista lo escribe para los actores.
2. Persona que les dice a todos lo que tienen que hacer cuando filman una película.
3. Tipo de película que nos hace llorar.

Vertical

4. Una comedia nos hace...
5. Objeto con el que se filma una película; puede ser de cine, digital o de video.
6. Objeto que sirve para grabar el sonido de lo que dicen los actores en una película.

Step 2

Usando las palabras de arriba, escribe cuatro mandatos que diría *(would say)* un director durante la filmación de una película.

____

____

____

Step 3

Evaluate your writing using the information in the table below.

Writing Criteria	Excellent	Good	Needs Work
Content	You write four commands and include words from the puzzle.	You write three commands and include some words from the puzzle.	You write two or fewer commands and include few words from the puzzle.
Communication	Most of your commands are clear.	Some of your commands are clear.	Your commands are not very clear.
Accuracy	Your sentences have few mistakes in grammar and vocabulary.	Your sentences have some mistakes in grammar and vocabulary.	Your sentences have many mistakes in grammar and vocabulary.

Nombre ______________________ Clase ____________ Fecha ________

Escribir C

Level 2, pp. 330-331

¡AVANZA! **Goal:** Write about movies.

Step 1

Completa la siguiente tabla sobre las características de cada tipo de película y de sus personajes.

La película:	¿Cómo es la película?
Comedia	
Drama	
Película de ciencia ficción	
Película de terror	

Step 2

Escribe un párrafo sobre por qué te gustan o no te gustan las películas de arriba.

____
____
____
____

Step 3

Evaluate your writing using the information in the table below.

Writing Criteria	Excellent	Good	Needs Work
Content	Your paragraph includes all movies and new vocabulary.	Your paragraph includes some movies and new vocabulary.	Your paragraph includes little information or new vocabulary.
Communication	Most of your paragraph is clear.	Some of your paragraph is clear.	Your paragraph is not very clear.
Accuracy	Your paragraph has few mistakes in grammar and vocabulary.	Your paragraph has some mistakes in grammar and vocabulary.	Your paragraph has many mistakes in grammar and vocabulary.

Nombre ______________________ Clase ______________ Fecha __________

Cultura A

Level 2, pp. 330-331

¡AVANZA! **Goal:** Review cultural information about Los Angeles and the United States.

1 **Los Ángeles** Lee las siguientes oraciones y decide si son **ciertas** o **falsas**.

C F **1.** Los Ángeles es la ciudad con más latinos en los Estados Unidos.

C F **2.** Aproximadamente el 45% de la población de Los Ángeles es latina.

C F **3.** Un chicano es una persona de los Estados Unidos que tiene padres mexicanos.

C F **4.** Aztlán es el lugar de origen de los mayas.

2 **La historia y el arte de Los Ángeles** Completa el texto con las palabras de la lista.

actores	españoles
artistas	mexicanos

El nombre de la ciudad de Los Ángeles viene del nombre que le dieron **1.** ______________. En Los Ángeles se celebran muchos días festivos **2.** ______________, como el Cinco de Mayo y el Día de la Independencia. Gael García Bernal y John Leguizamo son dos **3.** ______________ hispanos que trabajan en Hollywood. Gilbert «Magú» Lujan es uno de los **4.** ______________ chicanos del grupo Los Four.

3 **El Festival Internacional de Cine Latino** Describe el Festival Internacional de Cine Latino en Los Ángeles. ¿Dónde está? ¿Quién es el fundador? ¿Quiénes van al festival y qué hacen allí? Usa oraciones completas.

____

____

____

____

____

Nombre ________________________ Clase ______________ Fecha ________

Cultura B

Level 2, pp. 330-331

¡AVANZA! **Goal:** Review cultural information about Los Angeles and the United States.

1 **Latinos en los Estados Unidos** Escoge una de las palabras entre paréntesis y completa las oraciones.

1. A las personas de herencia mexicana que nacen en los Estados Unidos se les llama (boricua / chicano).
2. El río de Los Ángeles era originalmente el (río Porciúncula / río de California).
3. La ciudad con más latinos de los Estados Unidos es (Nueva York / Los Ángeles).
4. El Día de la Independencia y el (Día de San Valentín / Cinco de Mayo) son celebraciones mexicoamericanas.

2 **El arte chicano** Escoge una respuesta de la caja y contesta las siguientes preguntas. Usa oraciones completas.

Los Four	murales	Aztlán	un coche *lowrider*

1. ¿De dónde vienen los aztecas, según sus leyendas?
   ____
2. ¿Qué grupo artístico formó el artista Gilbert «Magú» Lujan?
   ____
3. ¿Qué coches son iconos de la cultura chicana?
   ____
4. ¿Qué pintó Lujan?
   ____

3 **Los festivales de cine** Escribe un anuncio *(ad)* para el Festival Internacional de Cine Latino de Los Ángeles. Describe el evento y por qué las personas deben ir.

____
____
____
____
____

UNIDAD 6 • Lección 1 • Cultura B

Nombre ______________________ Clase ______________ Fecha __________

Cultura C

Level 2, pp. 330-331

¡AVANZA! **Goal:** Review cultural information about Los Angeles and the United States.

1 **Literatura y cine hispanos** Contesta las siguientes preguntas con oraciones completas.

1. ¿Quién es el autor de *La casa de los espíritus*?

____

2. ¿Qué ciudad de los Estados Unidos tiene la población latina más grande?

____

3. ¿Dónde se celebra el Festival Internacional de Cine de Mar del Plata?

____

4. ¿Quién es Edward James Olmos?

____

____

2 **Ser chicano** Eres un(a) escritor(a) y vas a definir la palabra **chicano** en un nuevo diccionario. No olvides incluir la importancia del arte en la definición de la palabra.

____

____

____

____

3 **Cine latino** Estás en el Festival Internacional de Cine Latino de Los Ángeles y vas a entrevistar *(interview)* a un(a) actor o actriz hispano(a). Escribe tres preguntas sobre su participación en el festival y sus respuestas.

____

____

____

____

____

____

Nombre ______________________ Clase ______________ Fecha ________

Vocabulario A

Level 2, pp. 334-338

¡AVANZA! **Goal:** Talk about communicating via email and telephone.

1 ¿Cómo hablas por teléfono? Ordena el siguiente diálogo.

____ Está bién, yo la voy a llamar ahora. ¡Gracias! Adiós.

____ ¿Bueno? No, Mariana no está. ¿Quién es?

____ Adiós, Rafael.

____ Soy Rafael. ¿Puedo dejarle un mensaje?

____ Hola, Rafael. Sí, puedes dejarle un mensaje. Pero es mejor llamarla a su teléfono celular.

____ ¿Bueno? ¿Está Mariana?

2 Hoy es el estreno de la película de Manuel. Carmen se lo dice a todos con su computadora. Completa las siguientes oraciones con las palabras de la caja.

estreno	fin de semana	invitación
ropa elegante	corbatín	teclado
estar en línea	ratón	

1. ¿Recibiste la ______________ al ______________ de la película?
2. Yo tengo mensajero instantáneo para ______________ siempre.
3. Mi computadora tiene un ______________ muy bueno para escribir y un ______________ de color azul para hacer clic.
4. Este ______________ me voy a poner ______________ para la gala de Manuel. Tengo un nuevo traje y ______________ negro.

3 Contesta esta pregunta con una oración completa.

1. ¿Qué haces en la computadora para mandar un correo electrónico?

____

____

UNIDAD 6 • Vocabulario A
Lección 2

Nombre ______________________ Clase ______________ Fecha __________

Vocabulario B

Level 2, pp. 334-338

¡AVANZA! **Goal:** Talk about communicating via email and telephone.

1 Luis quiere invitar a todos al estreno de su película. Completa la oración con las palabras correctas entre paréntesis.

1. Si no estás en tu casa, te llamo al ______________. (mensajero instantáneo / teléfono celular / correo electrónico)
2. Con ______________, siempre estoy en línea. (el estreno / el icono / el mensajero instantáneo)
3. Escribo rápido porque tengo ______________ muy moderno. (un teclado / un icono / un ratón)
4. Estoy nervioso por ______________ de la película. (el icono / la crítica / la gala)
5. Me voy a poner ropa elegante para ______________. (la corbata / la invitación / la gala)

2 Antonio quiere invitar a Norma al estreno de una película y la llama por teléfono. Completa el diálogo con las palabras de la caja.

Antonio: Hola, ¿______________ Norma?

Mamá de Norma: ¡______________! Un momento.

Norma: ¿______________?

Antonio: Hola, Norma. Quiero invitarte al cine. ¿Quieres venir?

Norma: Sí, ¡______________!

Antonio: ¿______________ tu hermana? tal vez quiere venir también.

Norma: No, no está, pero la voy a llamar a su ______________ y si no contesta le ______________. Nos vemos por la noche.

3 Escribe tres oraciones sobre las cosas que haces con tu computadora.

1. ______________________________
2. ______________________________
3. ______________________________

UNIDAD 6 • Vocabulario B
Lección 2

Nombre _______________ Clase _______________ Fecha _______________

Vocabulario C

Level 2, pp. 334-338

> ¡AVANZA! **Goal:** Talk about communicating via email and telephone.

1 Esta noche es el estreno de la película y todavía hay que invitar a mucha gente. Completa las oraciones con las palabras correspondientes.

1. Voy a mandar una _______________ a mis amigos para el _______________ de la película.
2. Les puedo mandar un correo electrónico a su _______________.
3. También puedo usar el _______________ porque es más rápido.
4. Después de la película hay una _______________. Pero, ¿qué me voy a poner? ¡No tengo _______________!
5. La película ya se estrenó en México y recibió buenas _______________.
6. Sé que nos va a gustar la película:¡ _______________!
7. Mi amigo Ramón me dijo que no puede venir.¡ _______________!

2 ¿Qué cosas dices cuando hablas por teléfono? Completa las siguientes oraciones con lo que dices:

1. Cuando contestas el teléfono, dices: _______________
2. Cuando preguntas por tu amigo(a), dices: _______________
3. Cuando tu amigo(a) no está, dices: _______________
4. Cuando termina la conversación, dices: _______________

3 Escribe una invitación de cuatro oraciones para el estreno de una película de cine.

____

____

____

____

Nombre ______________________ Clase ____________ Fecha ________

Gramática A *Present Subjunctive with **ojalá***

Level 2, pp 339-343

¡AVANZA! **Goal:** Use present subjunctive with **ojalá** to talk about wishes.

1 Luisa quiere que les pasen algunas cosas a sus amigos. Une las personas con lo que Luisa quiere para ellas.

a. Ojalá que María ____ saques buenas notas.

b. Ojalá que Santiago y Juan ____ almuerce con Julio porque él le gusta mucho.

c. Ojalá que nosotros ____ escriban un buen guión.

d. Ojalá que tú ____ encuentre la pulsera que perdí.

e. Ojalá que yo ____ hagamos un viaje.

2 Lucas desea muchas cosas para el próximo año. Completa oraciones con los verbos de la caja.

estrene
conozca
recibas
tengan
saquemos

1. Ojalá que nosotros ______________ buenas notas.

2. Ojalá que tú ______________ regalos muy lindos.

3. Ojalá que María ______________ su película.

4. Ojalá que Santiago y Carmen ______________ nuevos amigos.

5. Ojalá que Virginia ______________ a su actor preferido.

3 ¿Qué cosas deseas *(you wish)* para la gente que quieres? Completa las siguientes oraciones:

1. Ojalá que mi mejor amigo(a) ______________________________

____

____

2. Ojalá que mi familia ______________________________

____

____

3. Ojalá que yo ______________________________

____

____

UNIDAD 6 • Lección 2 Gramática A

Nombre _______________ Clase _______________ Fecha _______________

Gramática B *Present Subjunctive with ojalá*

Level 2, pp. 339-343

¡AVANZA! **Goal:** Use present subjunctive with **ojalá** to talk about wishes.

1 Matías tiene un grupo de amigos por Internet. Subraya la forma verbal correcta en las siguientes oraciones:

1. Ojalá que Matías (recibe / reciba) más mensajes esta semana.
2. Ojalá que Carolina (llame / llama) por teléfono.
3. Ojalá que Jimena (empiece / empieza) a filmar su película.
4. Ojalá que tú me (escribes / escribas) un correo electrónico.
5. Ojalá que nosotros nos (encontramos / encontremos) pronto.

2 Escribe tres oraciones para describir algunas cosas que Jorge quiere que pasen. Usa **ojalá que** y la información de las cajas.

Susana Patricia y Juan Tú y yo	hacer sacar recibir	buenas notas nuevos amigos regalos fantásticos

1. _______________
2. _______________
3. _______________

3 Escribe tres cosas que quieres para la gente importante de tu vida. Sigue el modelo.

modelo: Ojalá que mi hermano compre su coche.

1. _______________
2. _______________
3. _______________

Nombre ______________________ Clase ______________ Fecha __________

Gramática C *Present Subjunctive with **ojalá***

Level 2, pp. 339-343

¡AVANZA! **Goal:** Use present subjunctive with **ojalá** to talk about wishes.

1 Luis le habla a su mamá de su amiga Vilma. Completa el texto con los verbos correspondientes de la caja.

ayudar
entender
querer
empezar

Mi amiga Vilma está muy triste. Ojalá que ella **1.** __________ escucharme y que **2.** __________ que todos estamos tristes a veces. Es normal. Ojalá que ella **3.** __________ a estar más contenta con sus nuevos amigos. Ella tiene un grupo de amigos de mensajero instantáneo. Ojalá que ellos la **4.** __________ a pensar en cosas divertidas.

2 María quiere que les pasen cosas buenas a sus amigos. Escribe lo que puede querer María. Usa **ojalá que** y los siguientes verbos:

1. Conocer: ______________________________
2. Tener: ______________________________
3. Empezar: ______________________________
4. Sacar: ______________________________
5. Llamar: ______________________________

3 Escribe tres oraciones con lo que tú deseas que te pase a ti. Usa **ojalá que**.

1. ______________________________
2. ______________________________
3. ______________________________

UNIDAD 6 • Lección 2 • Gramática C

Nombre ______________________ Clase ______________ Fecha __________

Gramática A *More Subjunctive Verbs with **ojalá***

Level 2, pp. 344-346

¡AVANZA! **Goal:** Use irregular subjunctive with **ojalá** to talk about wishes.

1 Nosotros queremos que les pasen cosas buenas a nuestros amigos. Completa la oración con el verbo correcto.

1. Ojalá que Viviana ______________ mucho, porque está cansada. (duerme / duerma)
2. Ojalá que nosotros ______________ amigos para siempre. (seamos / somos)
3. Ojalá que tú ______________ ir a ver la película de terror. (prefieras / prefieres)
4. Ojalá que yo ______________ de vacaciones a Los Ángeles. (voy / vaya)

2 Ramiro quiere muchas cosas. Escribe oraciones completas con la información de abajo.

1. tú / ser feliz.
____
2. nosotros / saber cómo llegar.
____
3. mis amigos / estar en mi cumpleaños.
____
4. mi mamá / preferir preparar pescado.
____
5. el equipo / pedir pelotas nuevas.
____

3 Completa las oraciones sobre las cosas que tú quieres. Usa los verbos de la caja.

saber	ir	dar

1. Ojalá que yo ______________________________________
2. Ojalá que nosotros __________________________________
3. Ojalá que mis amigos ________________________________
____

Gramática B *More Subjunctive Verbs with* ***ojalá***

Level 2, pp. 344-346

¡AVANZA! **Goal:** Use irregular subjunctive with **ojalá** to talk about wishes.

1 Lee las cosas que quiere Alejandro. Completa las oraciones con el verbo correspondiente.

1. Ojalá que mi hermano _______________ el próximo director de esta película. (ser)
2. Ojalá que nosotros _______________ toda la noche. (dormir)
3. Ojalá que yo _______________ qué estudiar el próximo año. (saber)
4. Ojalá que Lucía y Lorenzo _______________ venir a mi casa. (preferir)

2 Inés desea que sus amigos hagan algunas cosas. Escribe lo que desea usando **Ojalá que**... y el subjuntivo.

modelo: ¿Voy a recibir un regalo? ¡Ojalá que sí!
¡Ojalá que reciba un regalo!

1. ¿Vamos a saber las respuestas en el examen? ¡Ojalá que sí!
____
2. ¿Me vas a pedir dinero? ¡Ojalá que no!
____
3. ¿Van a ir conmigo ustedes al cine? ¡Ojalá que sí!
____

3 Escribe tres oraciones con las cosas que quieres. Usa **ojalá que** y los verbos **ir, dar** y **estar**.

1. ____
____
2. ____
____
3. ____
____

UNIDAD 6 • Gramática B
Lección 2

Nombre ______________________ Clase ______________ Fecha __________

Gramática C *More Subjunctive Verbs with* ***ojalá***

Level 2, pp. 344-346

¡AVANZA! **Goal:** Use irregular subjunctive with **ojalá** to talk about wishes.

1 José Miguel quiere que pasen algunas cosas. Completa las oraciones con los verbos **servir, estar, ir, pedir** y **ser**.

1. Ojalá que las clases ________________ más fácil este año.
2. Ojalá que el restaurante ________________ gazpacho.
3. Ojalá que mis amigos ya ________________ en el cine.
4. Ojalá que Vanina me ________________ un guión para su película.
5. Ojalá que nosotros ________________ al parque con las chicas.

2 Vas a una gala elegante. Completa las oraciones con lo que tú deseas para la gala. Usa los verbos **servir, ir, dormir** y **ser**.

1. Ojalá que ____
2. Ojalá que ____
3. Ojalá que ____
4. Ojalá que ____

3 Escríbele una carta de fin de año a tu amigo(a) para decirle las cosas buenas que quieres que le pasen. Usa **ojalá que**.

UNIDAD 6 • Lección 2 • Gramática C

Nombre ______________________ Clase ______________ Fecha ________

Integración: Hablar

Level 2, pp. 347-349
WB CD 03 track 31

Marcelo Ortiz es un director de cine muy joven. Él trabajó con muchas personas para filmar su primera película. Ahora, terminaron la película y llegó el día del estreno. Marcelo quiere invitar a todos sus amigos a la gala y al estreno.

Fuente 1 Leer

Lee la invitación que les mandó Marcelo a sus amigos.

De: Marcelo A: Todos mis amigos
Tema: Nueva película

Queridos amigos:

Ustedes son personas muy importantes para mí y quiero estar con todos el próximo sábado porque voy a estrenar mi nueva película: *Un héroe de hoy.*

Voy a estar muy contento y emocionado si todos llegan a la gala con su ropa más elegante.

¡Ojalá que vengan todos! Pero, por favor, no vayan a venir en pantalones cortos. Hace calor, pero tienen que vestirse bien.

Marcelo Ortiz

UNIDAD 6 Lección 2 • Integración: Hablar

Fuente 2 Escuchar *WB CD 03 track 31*

Escucha lo que dice Marcelo en un programa de radio una semana antes del estreno. Toma apuntes.

____

____

____

____

Hablar

Marcelo te invitó al estreno de su película *Un héroe de hoy*. Di lo que esperas del estreno, a quién esperas ver, qué esperas de la película y cómo piensas vestirte para la gala después.

Modelo: Recibí la invitación de Marcelo ayer. Ojalá que el estreno... Ojalá que vea a...

Nombre _______________________ Clase ______________ Fecha __________

Integración: Escribir

Level 2, pp. 347-349
WB CD 03 track 33

Teresa necesita comprar una computadora nueva. Ella no sabe mucho de computadoras, pero sus amigos saben mucho. Ella piensa que ellos pueden recomendarle qué computadora comprar.

Fuente 1 Leer

Lee el correo electrónico que Teresa escribe a sus amigos.

De: Teresa A: Mis amigos
Tema: La computadora
Hola compañeros:
Necesito pedirles un favor. Quiero comprar una computadora nueva y, como algunos de ustedes saben mucho de las computadoras, pensé que pueden recomendarme alguna. Con mi computadora vieja no puedo usar el mensajero instantáneo. Hago clic en el icono del mensajero instantáneo y la pantalla se pone negra. No entiendo nada. Si alguien puede ayudarme, por favor, llámenme pronto.
Teresa

Fuente 2 Escuchar *WB CD 03 track 34*

Escucha la publicidad de una tienda de computadoras en el radio. Toma apuntes.

____

____

____

____

Escribir

Contesta el correo electrónico de Teresa. Explica cuál computadora quieres recomendarle a ella.

Modelo: Teresa, te recomiendo… porque…

____

____

____

____

____

____

UNIDAD 6 • Lección 2 Integración: Escribir

Nombre ______________________ Clase ____________ Fecha ________

Escuchar A

Level 2, pp. 354-355
WB CD 03 tracks 35-36

¡AVANZA! **Goal:** Listen to people talk about wishes and movies.

1 Escucha a Gustavo. Encierra en un círculo la manera en que él invitó a sus amigos.

teléfono celular	carta	teléfono
mensajero instantáneo	en persona	invitación escrita
se lo dijo otro amigo	correo electrónico	

2 Escucha a Clara. Luego, completa las oraciones con las palabras correctas.

1. Clara se vistió para ir a ______________. (la casa de su amigo / la gala)
2. Clara se puso ______________. (ropa elegante / una corbata)
3. Clara va a usar ______________ para invitar a sus amigos al estreno. (el icono / el mensajero instantáneo)
4. También puede llamarlos al ______________. (teléfono celular / teclado)

UNIDAD 6 Lección 2 • Escuchar A

Escuchar B

Level 2, pp. 354-355
WB CD 03 tracks 37-38

¡AVANZA! **Goal:** Listen to people talk about wishes and movies.

1 Escucha a Santiago. Luego, lee cada oración y contesta **cierto** o **falso.**

C F **1.** Santiago estrena su película hoy.

C F **2.** Clara todavía no llegó.

C F **3.** Clara se vistió con ropa elegante.

C F **4.** Santiago no invitó a los críticos de cine.

C F **5.** A Santiago no le importa si sus amigos vienen al estreno.

2 Escucha la conversación entre Carina y Adrián. Toma notas. Luego, completa las oraciones.

1. Carina llama a Adrián para ________________________ .

2. Mañana en la noche es ________________________ de Gustavo.

3. Gustavo invitó a Adrián por ________________________ .

4. La película de Gustavo es de ________________________ .

5. Adrián dice: «Ojalá que ________________________ todos los amigos de Gustavo».

Escuchar C

Level 2, pp. 354-355
WB CD 03 tracks 39-40

¡AVANZA! **Goal:** Listen to people talk about wishes and movies.

1 Escucha la conversación telefónica que Beatriz tiene con su mamá y toma notas. Luego completa la tabla con lo que debe hacer cada chico.

Nombre	Ojalá que…
Lucas	
Luis	
Mariana	
Julia	
Armando	
Beatriz	

2 Escucha la conversación de Fernando y Mariana. Toma notas. Luego, contesta las siguientes preguntas con oraciones completas:

1. ¿Cómo invita Fernando a Mariana?
   ____
2. ¿Adónde invita Fernando a Mariana?
   ____
3. ¿Por qué está triste Fernando?
   ____
4. ¿Por qué esta película es muy importante para Fernando?
   ____
5. ¿Por qué no puede ir Mariana?
   ____

Nombre ______________________ Clase ______________ Fecha __________

Leer A

Level 2, pp. 354-355

¡AVANZA! **Goal:** Read about movies, hopes, and wishes.

La directora de esta película escribió una invitación para el estreno de su película.

QUISIERA INVITARLO AL ESTRENO DE MI NUEVA PELÍCULA: ***EL CAMINO DEL AMOR.*** EL ESTRENO VA A SER EN EL CINE EMPERADOR, EL PRÓXIMO VIERNES, A LAS OCHO DE LA NOCHE. EL ARGUMENTO NO ES DIFÍCIL PERO ES MUY INTERESANTE. LO ESCRIBIÓ EL FAMOSO JAIME ESCOBO. TAMBIÉN TENEMOS DOS ESTRELLAS DE CINE QUIENES SON MARCIA JIMÉNEZ Y FRANCISCO DEL SOTO.

ESTOY MUY CONTENTA DE SER LA DIRECTORA DE ESTA PELÍCULA, Y ESTOY MUY EMOCIONADA POR SU ESTRENO.

OJALÁ QUE PUEDA VENIR Y VER MI PELÍCULA MUY HERMOSA.

Mabel Rodríguez

¿Comprendiste?

Lee la invitación de Mabel. Luego, une con flechas las palabras que se relacionan.

a. Mabel Rodríguez	guionista
b. Jaime Escobo	actor
c. Marcia Jiménez	directora
d. Francisco del Soto	cine
e. Emperador	actriz

¿Qué piensas?

¿Piensas que la persona invitada va a ir al estreno de la película? ¿Por qué?

____

____

____

____

____

UNIDAD 6 Lección 2 • Leer A

Nombre ______________________ Clase ______________ Fecha __________

Leer B

Level 2, pp. 354-355

¡AVANZA! **Goal:** Read about movies, hopes, and wishes.

Todos los fines de año, el maestro de Raúl escribe una tarjeta para los chicos.

A todos mis estudiantes:

Otro año que ya pasa… ¡Vivimos tantas cosas!

Pero un nuevo año viene y con él muchas sorpresas para todos.

Ojalá que el próximo año les dé a todos sólo cosas buenas. Que todos tengan éxito y alegría.

Ojalá que nadie esté triste y todos encuentren las cosas que desean.

Ojalá que todos estén juntos nuevamente y sean tan buenos amigos como hasta ahora.

Su maestro,

Raúl Cárdenas

¿Comprendiste?

Lee la tarjeta del maestro. Luego escribe oraciones con lo que va a pasar si lo que quiere el maestro se hace realidad.

a. Un nuevo año ______________________.

b. El próximo año ______________________.

c. Nadie ______________________.

d. Todos ______________________.

¿Qué piensas?

1. ¿Qué deseos tienes para el próximo año?

____

____

2. ¿Por qué?

____

____

Nombre ______________________ Clase ______________ Fecha ________

Leer C

Level 2, pp. 354-355

¡AVANZA! **Goal:** Read about movies, hopes, and wishes.

Ignacio fue al estreno de la película de ciencia ficción de un amigo. Él les cuenta a todos en un correo electrónico y les recomienda esta película.

¡Hola chicos!

El sábado pasado fui al cine a ver una película muy buena. Fue el estreno y vendieron todas las entradas. El director es mi amigo. Tiene treinta y dos años y desde los veinte quiere filmar esta película. De verdad, se la recomiendo. Ojalá que puedan ir esta semana.

Es el año 2984. Es la historia de un robot que empieza a hacer las cosas que hacen los humanos. ¡Hasta puede reír y llorar!

Ojalá que les guste el argumento y que vayan a verla. Si quieren ir, llámenme al teléfono celular. Yo voy a verla otra vez.

Ignacio

¿Comprendiste?

Lee el correo electrónico de Ignacio. Luego, contesta las preguntas con oraciones completas.

1. ¿Por qué fueron tantas personas el sábado al cine?

   ____

2. ¿Cuánto tiempo hace que el director quiere filmar esta película?

   ____

3. ¿Qué cosas humanas puede hacer el robot?

   ____

¿Qué piensas?

1. ¿Te gustaría ir al estreno de esta película? ¿Por qué?

   ____

   ____

2. ¿Qué tipo de película te gustaría hacer? ¿Por qué?

   ____

Nombre ______________________ Clase ______________ Fecha ____________

Escribir A

Level 2, pp. 354-355

¡AVANZA! **Goal:** Write about communicating with friends.

Step 1

Escribe una lista de lo que puedes usar para comunicarte con tus amigos.

1. ______________________
2. ______________________
3. ______________________
4. ______________________
5. ______________________

Step 2

Con la información de arriba, escribe tres oraciones sobre cómo te comunicas con tus amigos.

1. ______________________
____
2. ______________________
____
3. ______________________
____

Step 3

Evaluate your writing using the information in the table below.

Writing Criteria	Excellent	Good	Needs Work
Content	Your sentences include at least three means of communication.	Your sentences include two means of communication.	Your sentences include little description of how you communicate.
Communication	Most of your sentences are clear.	Some of your sentences are clear.	Your sentences are not very clear.
Accuracy	Your sentences have few mistakes in grammar and vocabulary.	Your sentences have some mistakes in grammar and vocabulary.	Your sentences have many mistakes in grammar and vocabulary.

UNIDAD 6 Lección 2 • Escribir A

Nombre _______________________________ Clase ______________ Fecha ________

Escribir B

Level 2, pp. 354-355

¡AVANZA! **Goal:** Write about wishes for friends.

Step 1

Escribe una lista de tus deseos (*wishes*) que tienes para tus amigos. Usa **ojalá que**.

____

____

____

____

Step 2

Todos los años, tu grupo de amigos escriben tarjetas con cosas buenas que quieren para cada persona. Escribe tu tarjeta con cuatro oraciones, usando la información de arriba.

____

____

____

____

Step 3

Evaluate your writing using the information in the table below.

Writing Criteria	Excellent	Good	Needs Work
Content	Your card includes four wishes for your friends.	Your card includes three wishes for your firends.	Your card includes two wishes or fewer for your friends.
Communication	Most of your card is clear.	Parts of your card are clear.	Your card is not very clear.
Accuracy	Your card has few mistakes in grammar and vocabulary.	Your card has some mistakes in grammar and vocabulary.	Your card has many mistakes in grammar and vocabulary.

Nombre ______________________ Clase ______________ Fecha __________

Escribir C

Level 2, pp. 354-355

¡AVANZA! **Goal:** Write an invitation to a movie premiere.

Step 1

En una lista, escribe cinco cosas que se pueden escribir en una invitación sobre una fiesta de estreno de una película.

____

____

____

____

____

Step 2

Escribe una invitación de cinco oraciones para el estreno de una película. Usa **ojalá que.**

____

____

____

____

____

____

Step 3

Evaluate your writing using the information in the table below.

Writing Criteria	Excellent	Good	Needs Work
Content	Your invitation has many details and expresses two wishes.	Your invitation has some details and expresses one wish.	Your invitation has little information and does not include a wish.
Communication	Most of your invitation is clear.	Parts of your invitation are clear.	Your invitation is not very clear.
Accuracy	Your invitation has few mistakes in grammar and vocabulary.	Your invitation has some mistakes in grammar and vocabulary.	Your invitation has many mistakes in grammar and vocabulary.

Nombre ______________________ Clase ______________ Fecha __________

Cultura A

Level 2, pp. 354-355

¡AVANZA! **Goal:** Review cultural information about Los Angeles and the United States.

1 **Las estrellas latinas en Estados Unidos** Une con una línea las estrellas latinas de la izquierda con su descripción de la derecha.

Patssi Valdez	actor puertorriqueño que ganó un Óscar
Wilmer Valderrama	actriz de herencia argentina y mexicana
Alexis Bledel	actor de Venezuela
José Ferrer	artista chicana de Los Ángeles

2 **El cine hispano** Escoge la respuesta correcta para completar las siguientes oraciones.

1. El premio nacional de cine en México es (el Ariel / el Óscar).
2. La Época de Oro del cine mexicano fue en los años (60 / 40).
3. Empezaron a dar el premio «Óscar» en (1929 / 1950).
4. El nombre «Óscar» viene del (hijo / tío) de la bibliotecaria de la Academia.
5. La primera actriz hispana que ganó un Óscar fue (María Félix / Rita Moreno).

3 **El premio Óscar** Escribe qué representan los cinco radios del carrete *(reel)* de película que son partes de la estatuilla del Óscar.

____

____

____

____

____

____

____

Nombre ______________________ Clase ______________ Fecha __________

Cultura B

Level 2, pp. 354-355

¡AVANZA! **Goal:** Review cultural information about Los Angeles and the United States.

1 **Latinos en Estados Unidos** Escribe la profesión de las siguientes personas.

1. Alexis Bledel es ______________.
2. Wilmer Valderrama es ______________.
3. Patssi Valdez es ______________.
4. Ellen Ochoa es ______________.

2 **El arte chicano** Haz una lista de las actividades artísticas que hizo Patssi Valdez. Luego escribe tres oraciones desde el punto de vista de la artista. ¿Qué cosas le inspiran? ¿Qué tipo de arte hizo en el pasado y qué hace ahora?

Actividades:	

____

____

____

3 **Los premios Óscar** Ganaste dos entradas a la ceremonia de los premios Óscar. Escríbele un correo electrónico a un(a) amigo(a) que quieres invitar. Explícale por qué debe venir contigo y menciona un poco de la historia de estos premios.

____

____

____

____

____

____

____

Nombre ______________________ Clase ______________ Fecha ________

Cultura C

Level 2, pp. 354-355

¡AVANZA! **Goal:** Review cultural information about Los Angeles and the United States.

1 **Los artistas del mundo hispano** Contesta las siguientes preguntas con oraciones completas.

1. ¿Quién es Patssi Valdez? ______________________

____

2. ¿Quiénes son algunos de los actores latinos que trabajan en Estados Unidos? ______

____

3. ¿Quién fue escogida como la artista oficial para la quinta edición de los Premios Grammy Latino? ______________________

____

2 **Los premios Ariel** Escribe un resumen de la historia de los premios Ariel de México. ¿Cuándo empezó? ¿Cómo es el premio? ¿Dónde tiene lugar la ceremonia?

____

____

____

____

3 **Premios del cine hispano** Vas a inventar unos premios del cine hispano. ¿Cómo va a ser el premio? ¿Dónde va a tener lugar la ceremonia? ¿A quién vas a darle un premio? ¿Por qué? Describe cómo va a ser el evento y compáralo con la ceremonia de los premios Óscar. Escribe por lo menos cinco oraciones.

____

____

____

____

____

____

____

Nombre _________________________ Clase _______________ Fecha _______________

Comparación cultural: Aficionados al cine y a la televisión

Level 2, pp. 356-357

Lectura y escritura

After reading the paragraphs about movies and television by Alex, Mariano, and Estela, write a paragraph about what you like about movies or television and what you would do if you worked in these fields. Use the information on your table to write sentences, and then write a paragraph that describes your vacation.

Step 1

Complete the table by describing what you like about movies and television (first column) and what you would like to do if you worked in these fields (second column).

Me gusta(n)...	Como trabajo, me gustaría...

Step 2

Now take the details from your table and write a sentence for each topic on the table.

____

____

____

____

____

____

____

____

UNIDAD 6 • Lección 2 Comparación cultural

Nombre ______________________ Clase ______________ Fecha ________

Level 2, pp. 356-357

Comparación cultural: Aficionados al cine y a la televisión

Lectura y escritura (continued)

Step 3

Now write your paragraph using the sentences you wrote as a guide. Include an introduction sentence and use words such as **guionista, director(a), camarógrafo(a), editor(a),** and **actor/actriz** to write about what you like about movies and television and work-related interests.

____

____

____

____

____

____

Checklist

Be sure that…

- ☐ all the details about movies and television from your table are included in the paragraph;
- ☐ you use details to describe each aspect of what you like and what you would like to do;
- ☐ you include words for careers in media and other new vocabulary words.

Rubric

Evaluate your writing using the rubric below.

Writing criteria	Excellent	Good	Needs Work
Content	Your paragraph includes many details about movies and television and careers.	Your paragraph includes some details about movies and television and careers.	Your paragraph includes little information about movies and television and careers.
Communication	Most of your paragraph is organized and easy to follow.	Parts of your paragraph are organized and easy to follow.	Your paragraph is disorganized and hard to follow.
Accuracy	Your paragraph has few mistakes in grammar and vocabulary.	Your paragraph has some mistakes in grammar and vocabulary.	Your paragraph has many mistakes in grammar and vocabulary.

Nombre _______________________ Clase _____________ Fecha _______

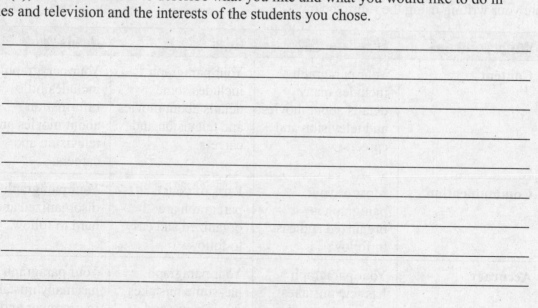

Comparación cultural: Aficionados al cine y a la televisión

Level 2, pp. 356-357

Compara con tu mundo

Now write a comparison about what you like about movies and television with that of one of the three students from page 357. Organize your comparison by topics. First, compare what you like about movies and television, and then what you'd like to do if you worked in these fields.

Step 1

Use the chart to organize your comparison by topics. Write details for each topic about your interests in movies and television and those of the student you chose.

	Mis intereses	Los intereses de ______
el cine y la televisión		
trabajar en el cine o la televisión		

Step 2

Now use the details from the chart to write a comparison. Include an introduction sentence and write about each topic. Use words such as **guionista, director(a), camarógrafo(a), editor(a),** and **actor/actriz** to describe what you like and what you would like to do in movies and television and the interests of the students you chose.

____

____

____

____

____

____

____

____

Vocabulario A

Level 2, pp. 366-370

¡AVANZA! **Goal:** Discuss school-related issues.

1 Verónica escribe en el periódico escolar. Subraya la palabra que mejor completa cada oración.

1. Verónica escribió un (artículo / escritor) para el periódico.
2. Verónica encontró una (vida / información) muy importante.
3. Verónica le hizo una (editora / entrevista) al director de la escuela.
4. Verónica publicó la (opinión / periodista) de los estudiantes en su artículo.
5. Verónica escribió un (titular / periódico) interesante para las noticias de ayer.

2 Verónica y sus compañeros del periódico escolar tienen mucho trabajo esta semana. Completa las siguientes oraciones con las palabras de la caja:

periodista
fotógrafo
escritora
editora

1. El ____________ tomó unas fotos muy interesantes.
2. La ____________ puso las fotos debajo del titular.
3. El ____________ entrevistó al equipo de béisbol.
4. La ____________ escribió un artículo muy interesante.

3 Contesta la pregunta con oraciones completas, usando vocabulario de la lección:

1. ¿Piensas que hay presión de grupo en la escuela? ¿Por qué?

____

____

____

____

____

____

____

____

____

UNIDAD 7 • Vocabulario A
Lección 1

Vocabulario B

Level 2, pp. 366-370

¡AVANZA! **Goal:** Discuss school-related issues.

1 El periódico escolar tiene muchas funciones. Escribe la letra de la actividad que corresponde con la persona.

1. ____ fotógrafo	**a.** escribir artículos
2. ____ periodista	**b.** organizar las cosas que se publican
3. ____ editor	**c.** tomar fotos para publicar
4. ____ escritor	**d.** investigar y entrevistar

2 Leandro trabajó mucho para publicar el periódico de esta semana. Completa las oraciones con las palabras que corresponden.

1. No siempre estamos ________________ con las opiniones de otras personas. (publicados / de acuerdo / presentados)

2. ____________ es una cuestión importante y por otro lado, es difícil presentarla. (no sólo / por un lado / por eso)

3. Publicamos no sólo entrevistas, ________________ anuncios. (de acuerdo / sino también / por un lado)

4. Antes de publicar una noticia, nosotros ________________ la información. (investigamos / entrevistamos / describimos)

5. Nos gusta leer ________________ interesantes. (las cuestiones / las opiniones / los titulares)

3 Contesta las siguientes preguntas con oraciones completas.

1. ¿Qué parte de un periódico miras primero?

____

2. ¿Qué prefieres leer en un periódico?

____

Vocabulario C

Level 2, pp. 366-370

¡AVANZA! **Goal:** Discuss school-related issues.

1 El periódico escolar necesita varias cosas para funcionar. Coloca *(place)* en una columna a las personas que participan en el periódico y en otra columna, las partes de un periódico.

editor	titulares	fotógrafo	periodista
escritor	artículos	anuncios	noticias

Personas	Partes del periódico
1. ______________	1. ______________
2. ______________	2. ______________
3. ______________	3. ______________
4. ______________	4. ______________

2 Graciela tiene muchas cosas que hacer para el periódico escolar. Completa las siguientes oraciones con el vocabulario de la lección.

1. Por un lado, a Graciela le gusta escribir, ______________
____
2. Graciela no sólo escribe los artículos ______________
____
3. Hay pocos chicos en el periódico escolar. ______________
____
4. Nadie quiere editar. ______________
____

3 Tu escuela va a extender el día escolar. Explica tu opinión sobre esta noticia con tres oraciones.

____
____
____
____

UNIDAD 7 • Vocabulario C
Lección 1

Nombre ______________________ Clase ______________ Fecha __________

Gramática A *Subjunctive with Impersonal Expressions*

Level 2, pp. 371-375

¡AVANZA! **Goal:** Use the subjunctive with impersonal expressions.

1 Emiliano tiene que escribir algunos artículos para el periódico escolar. Subraya el verbo que mejor completa cada oración.

1. Es necesario que Emiliano (investiga / investigue) sobre la información del artículo.
2. Es malo que Emiliano (publica / publique) un artículo sin investigar.
3. Es importante que Emiliano (explique / explicando) todos los detalles de sus ideas.
4. Es preferible que Emiliano (escriba / escribe) sobre algo que les interesa a todos.
5. Es bueno que (hay / haya) titulares interesantes.

2 Los compañeros de Emiliano tienen que terminar el periódico mañana. Completa las oraciones con la forma correcta del verbo entre paréntesis.

1. Es necesario que ustedes ______________ temprano. (terminar)
2. Es preferible que yo ______________ los artículos antes de las seis de la tarde. (editar)
3. Es malo que Emiliano no ______________ su artículo antes de las tres de la tarde. (empezar)
4. Es bueno que los fotógrafos ______________ fotos profesionales. (tomar)
5. No sólo es importante que ______________ fotos, sino también que ______________ buenos titulares. (haber)

3 Completa las siguientes oraciones, según tu opinión.

1. Es bueno que ____
2. Es malo que ____

UNIDAD 7 • Lección 1 • Gramática A

Nombre ______________________ Clase ____________ Fecha ____________

Gramática B *Subjunctive with Impersonal Expressions*

Level 2, pp. 371-375

¡AVANZA! **Goal:** Use the subjunctive with impersonal expressions.

1 Patricia es la editora del periódico escolar. Completa las oraciones con el verbo correspondiente.

1. Es importante que el fotógrafo ____ las fotos que le pedí.
a. tome **b.** tomes **c.** toma **d.** tomas

2. Es necesario que tú me ____ a editar.
a. ayudes **b.** ayudas **c.** ayude **d.** ayuda

3. Es bueno que yo ____ terminar todo el trabajo hoy.
a. puedas **b.** puedo **c.** puedes **d.** pueda

4. Es malo que los chicos no ____ sus artículos hoy.
a. escriben **b.** escriban **c.** escriba **d.** escribo

5. Es preferible que ____ más opiniones en el periódico.
a. hay **b.** había **c.** haya **d.** haber

2 Escribe tres opiniones en oraciones completas sobre las cosas que pasan en el periódico escolar.

Es bueno	Patricia	editar
Es malo	los escritores	terminar
Es preferible	nosotros	explicar

1. ______________________________

2. ______________________________

3. ______________________________

3 Escribe tres oraciones para describir unas opiniones sobre la vida escolar.

1. En mi opinión, es preferible que ______________________

2. En mi opinión, es importante que ______________________

3. En mi opinión, es malo que ______________________

Nombre ______________________ Clase ______________ Fecha ____________

Gramática C *Subjunctive with Impersonal Expressions*

Level 2, pp. 371-375

¡AVANZA! **Goal:** Use the subjunctive with impersonal expressions.

1 Jimena y sus compañeros publican el periódico escolar. Completa el siguiente texto con los verbos entre paréntesis. Conjúgalos según la persona.

encontrar
saber
estar
escribir
haber
expresar

Es importante que nosotros **1.** ____________ que muchos chicos leen este periódico. Por eso, es importante que **2.** ____________ todo tipo de opiniones. No es necesario que tú **3.** ____________ de acuerdo, lo importante es que todos los estudiantes **4.** ____________ opiniones como las de ellos. Es malo que el periódico **5.** ____________ una sola opinión y no hable de las demás. Es bueno que nosotros **6.** ____________ para todos los estudiantes y no sólo para algunos.

2 ¿Qué opiniones tienes sobre la vida escolar? Completa las siguientes oraciones según lo que piensas, usando el vocabulario de esta lección.

1. Es necesario que la escuela ______________________________
2. Es importante que la tarea ______________________________
3. Es preferible que los maestros ______________________________
4. Es bueno que nosotros ______________________________
5. Es malo que no ______________________________

3 Lees un titular en el periódico escolar que dice «No se va a servir almuerzo el próximo año.» Responde con tres opiniones, usando expresiones impersonales.

____

____

____

____

Nombre ______________________ Clase ____________ Fecha ________

Gramática A *Por and Para*

Level 2, pp. 376-378

¡AVANZA! **Goal:** Distinguish the uses of **por** and **para**.

1 Raúl publica artículos muy interesantes en el periódico escolar. Encierra en un círculo *(circle)* **por** o **para** según corresponde.

1. Raúl va a publicar su primer artículo; (por / para) eso, está nervioso.
2. Raúl me llamó (por / para) teléfono (por / para) pedirme una entrevista.
3. Raúl va (por / para) la escuela en la mañana temprano (por / para) tener tiempo de editar el periódico.
4. Trabajó en la edición (por / para) una semana completa.

2 Reescribe las siguientes oraciones con la información entre paréntesis y las palabras **por** o **para**.

1. Raúl escribe artículos. (el periódico escolar) ______________________
2. Graciela dice «gracias». (la comida) ______________________
3. Simón va a venir. (la noche) ______________________
4. Sandra tiene la tarea. (la maestra) ______________________
5. Miguel estudia. (sacar buenas notas) ______________________

3 Escribe oraciones completas sobre las cosas que hicieron estas personas. Usa las palabras de las cajas con **por** o **para**.

Tania	caminar	teléfono
Álex y Elena	salir	periódico
Nosotros	llamarme	calle
Yo	escribir	escuela

1. ______________________
2. ______________________
3. ______________________
4. ______________________

UNIDAD 7 • Lección 1 • Gramática A

Nombre ______________________ Clase ______________ Fecha __________

Gramática B *Por and Para*

Level 2, pp. 376-378

¡AVANZA! **Goal:** Distinguish the uses of **por** and **para**.

1 Une con flechas las dos partes de una oración.

a. Cecilia va para	organizar bien el periódico.
b. Marcos me llamó por	los estudiantes.
c. Sebastián escribió una invitación para	la casa de la editora.
d. Miriam tomó el tiempo necesario para	ser tan atentos.
e. Lorenzo da las gracias a todos por	teléfono.

2 Los chicos del periódico publicaron algunos artículos sobre los problemas de los estudiantes. Completa el siguiente texto con **por** o **para**.

Publicamos este artículo **1.** ______________ poder entender mejor algunos problemas de los estudiantes. Investigamos **2.** ______________ dos semanas hasta que encontramos toda la información. **3.** ______________ eso, sabemos que hay algunos problemas pero que todo puede mejorar. **4.** ______________ mañana, tenemos una entrevista con el director **5.** ______________ hablar de estos temas.

3 Completa las siguientes oraciones sobre las cosas que tú haces. Usa **por** o **para**.

1. Yo compro regalos ______________________________
2. Yo hago muchas cosas ______________________________
3. Yo corro ______________________________

UNIDAD 7 • Gramática B
Lección 1

Nombre ______________________ Clase ______________ Fecha ________

Gramática C *Por and Para*

Level 2, pp. 376-378

¡AVANZA! **Goal:** Distinguish the uses of **por** and **para**.

1 Los chicos del periódico escolar investigan, escriben, editan y hacen muchas cosas más. Usa **por** y **para**.

1. Investigamos sobre algunos problemas de la comunidad escolar __________ escribir un artículo.
2. Hablamos __________ mensajero instantáneo con los entrevistados para pedirles una entrevista.
3. Escribimos __________ dar noticias para todos los estudiantes.
4. __________ eso, buscamos la información correcta para escribir la verdad.
5. __________ nosotros, lo más importante es escribir para hacer un buen periódico.

2 En el periódico escolar pasan muchas cosas. Completa las oraciones. Usa **por** y **para**.

1. El editor ______________________________
2. Los escritores ______________________________
3. La fotógrafa ______________________________
4. Los entrevistados ______________________________
5. Un periodista ______________________________

3 Escribe tres oraciones para describir las cosas que pasan en el periódico escolar de tu escuela. Usa **por** y **para**.

1. ______________________________
____
2. ______________________________
____
3. ______________________________
____

UNIDAD 7 Lección 1 • Gramática C

Nombre ______________________ Clase ______________ Fecha ________

Integración: Hablar

Level 2, pp. 379-381
WB CD 04 track 01

Un periódico muy importante necesita personas para trabajar. Para el periódico, es preferible que estas personas sean jóvenes y con ideas nuevas, pero también es necesario que sepan cómo trabajar para un periódico.

Fuente 1 Leer

Lee el anuncio en el periódico que necesita personas para trabajar.

Necesitamos personas para trabajar en el periódico

Necesitamos ***personas jóvenes***, con ganas de aprender y trabajar en un periódico.

Necesitamos ***periodistas***; es importante que sepan entrevistar a personas interesantes.

Necesitamos ***fotógrafos***; es preferible que tengan experiencia y una cámara digital.

Necesitamos ***editores***; es importante que sepan de la gramática y que puedan escribir artículos de opinión.

Por favor, llama al 555-5555.

Fuente 2 Escuchar *WB CD 04 track 02*

Escucha el mensaje que dejó Mateo para el periódico. Toma apuntes.

____

____

____

____

Hablar

Si a las personas del periódico les interesa lo que dice Mateo, ¿para qué trabajo de los que salen en el anuncio pueden llamarlo? Explica.

modelo: Mateo puede ser... porque...

UNIDAD 7 • Lección 1 Integración: Hablar

Nombre ______________________ Clase ______________ Fecha ________

Integración: Escribir

Level 2, pp. 379-381
WB CD 04 track 03

Nancy es periodista para el periódico escolar. Genaro, el editor, le dice que es importante que entreviste a Abel Martínez, una persona importante. ¿Va a poder entrevistarlo Nancy? ¿Cuándo?

Fuente 1 Leer

Lee el correo electrónico que Genaro le escribió a Nancy.

> De: Genaro A: Nancy
>
> Tema: Entrevista
>
> Hola, Nancy:
>
> Es necesario que le hagas la entrevista hoy a Abel Martínez. Va a estar en la ciudad por dos semanas y no queremos perder la oportunidad de publicar una entrevista con él. Puedes encontrarlo en el hotel de la calle Palermo.
>
> Es necesario que publiquemos esta entrevista porque es una persona importante en la comunidad.
>
> Genaro

Fuente 2 Escuchar *WB CD 04 track 04*

Escucha el mensaje que le dejó Abel Martínez a Nancy. Toma apuntes.

____

____

____

____

Escribir

Explica por qué es necesario que Nancy entreviste a Abel Martínez. Según su mensaje a Nancy, ¿cuándo puede tener la entrevista con Abel?

Modelo: Es necesario... Nancy lo puede entrevistar...

____

____

____

____

____

____

UNIDAD 7 • Lección 1 Integración: Escribir

Nombre ______________________ Clase ______________ Fecha __________

Escuchar A

Level 2, pp. 386-387
WB CD 04 tracks 05-06

¡AVANZA! **Goal:** Listen to discussions about a school newspaper.

1 Escucha a Ana y toma notas. Luego, lee cada oración y contesta **Cierto** o **Falso**.

C F **1.** A Ana no le gusta la gente que trabaja en el periódico.

C F **2.** A Ana no le gusta cuando uno tiene opiniones con las que no está de acuerdo.

C F **3.** Los chicos del periódico entienden las opiniones de las otras personas.

C F **4.** A veces, los chicos del periódico no están de acuerdo con las opiniones de las otras personas.

C F **5.** Es importante que todos puedan decir su punto de vista.

2 Escucha a César y toma notas. Luego, completa las oraciones con la palabra que corresponda entre paréntesis.

1. César es el ______________ del periódico escolar. (fotógrafo / editor)

2. Ana es la ______________ del periódico escolar. (escritora / editora)

3. Para Ana, es importante que haya ______________ en el periódico. (buenas ideas / amistad)

4. Los chicos que están en ______________ trabajan como una familia. (el periódico / la escuela)

Nombre _______________ Clase _______________ Fecha _______________

Escuchar B

Level 2, pp. 386-387
WB CD 04 tracks 07-08

¡AVANZA! **Goal:** Listen to discussions about a school newspaper.

1 Escucha a Martín y toma notas. Une con flechas *(draw arrows)* a las personas con lo que hacen para el periódico escolar.

a. Laura — escritora

b. Verónica — periodista

c. Mauro — fotógrafa

d. Martín — editor

2 Escucha a Mauro y toma notas. Luego, completa las siguientes oraciones.

1. Mauro cree que es necesario que un escritor _______________
____

2. Un escritor no puede escribir _______________ sin decir la verdad.

3. Mauro también escribe _______________.

4. Si la gente no está de acuerdo con lo que dice Mauro, es bueno que _______________
____

UNIDAD 7 • Lección 1 • Escuchar B

Nombre ______________________ Clase ______________ Fecha __________

Escuchar C

Level 2, pp. 386-387
WB CD 04 tracks 09-10

¡AVANZA! **Goal:** Listen to discussions about a school newspaper.

1 Escucha a Graciela y toma notas. Luego, completa la siguiente tabla con la información que te pide.

Sobre qué son los artículos	Para quiénes son los artículos
cómo vivir saludable	
deportes	
estilos de ropa	
comida	

2 Escucha la conversación de Ernesto y Valentina. Toma notas. Luego, contesta a las siguientes preguntas con oraciones completas.

1. ¿Sobre qué es el artículo que salió hoy en el periódico?

____

2. ¿Quién busca este tipo de artículo y para qué?

____

3. ¿Por qué la madre de Valentina necesita una dieta?

____

4. ¿Cómo es la dieta que necesita la madre de Valentina?

____

5. ¿Qué más debe hacer con la dieta?

____

Nombre _______________ Clase _______________ Fecha _______________

Leer A

Level 2, pp. 386-387

¡AVANZA! **Goal:** Read about a school newspaper.

Los chicos del periódico escolar publicaron este anuncio.

Buscamos chicos para el periódico escolar

Este anuncio es para todos los chicos a los que les gustaría trabajar para el periódico escolar.

- *Necesitamos un editor o editora con buenas ideas y ganas de trabajar.*
- *Necesitamos un fotógrafo o fotógrafa con cámara digital.*
- *Necesitamos periodistas para investigar sobre muchos tópicos y entrevistar a personas.*
- *Necesitamos escritores buenos y rápidos.*

Por favor, si quieres trabajar para el periódico escolar, habla con Jorge (123-4567).

¿Comprendiste?

Lee el anuncio en el periódico escolar. Luego, marca con una cruz las características de las personas que necesitan los chicos del periódico.

____ Ganas de trabajar
____ Inteligente
____ Buenas ideas
____ Controversial
____ Escribir rápido
____ Escribir bien
____ Poder investigar
____ Poder hacer entrevistas
____ Activo
____ Elegante

¿Qué piensas?

Lee el anuncio en el periódico escolar. Luego, contesta las siguientes preguntas con una oración completa.

¿Te gustaría trabajar para un periódico como periodista?

____

¿Por qué?

____

Leer B

Level 2, pp. 386-387

¡AVANZA! **Goal:** Read about a school newspaper.

Andrea les hizo esta entrevista a los chicos del equipo de béisbol para el periódico escolar.

Un equipo ganador

El viernes pasado, entrevistamos a los chicos del equipo de béisbol de la escuela. Éstas son las cosas que dijeron:

Periodista: Buenas tardes, chicos. ¿Es difícil para alguien estar en el equipo?

Ramón: Sí, para mí es un poco difícil. Es que hago muchas actividades todos los días y estoy muy cansado cuando juego. Es necesario que los jugadores tengan unos días libres.

Periodista: ¿Es muy importante para ustedes estar en el equipo?

Santiago: Sí, para mí es muy importante que todos estemos en el equipo, pero es más importante que seamos amigos.

Periodista: ¿Qué quieren hacer para el próximo campeonato?

Víctor: Es preferible que juguemos contentos. No sólo es bueno que ganemos, sino también es importante que sea divertido.

Periodista: Estoy de acuerdo contigo. No importa si pierden. Es necesario que nuestro equipo esté feliz. Gracias a todos.

¿Comprendiste?

Lee la entrevista. Luego, completa la tabla con lo que piensa cada uno.

Nombre	¿Qué piensa?
Ramón	
Santiago	
Víctor	

¿Qué piensas?

Lee la entrevista. Luego, contesta la siguiente pregunta con una oración completa, y explica por qué en otra oración.

1. Para ti, ¿es más importante que tu equipo gane todos los partidos? ¿Por qué?

____

____

Nombre ______________________ Clase ______________ Fecha __________

Leer C

Level 2, pp. 386-387

¡AVANZA! **Goal:** Read about a school newspaper.

Simón escribió para el periódico escolar este artículo sobre la amistad.

La amistad

¿Podemos ser amigos de personas diferentes de nosotros?

En nuestras amistades, no es importante que todos estemos de acuerdo o que pensemos igual. Es más necesario que entendamos que todos pensamos diferente y que aceptemos a nuestros amigos como ellos son.

Mi mejor amigo se va a vivir a otra ciudad.

Es muy bueno que dos amigos pasen tiempo juntos. Pero, a veces, los amigos ya no se ven todos los días. ¿Quiere decir que ya no son amigos? La respuesta es un gran NO. La amistad es algo que siempre está con nosotros.

¿Quieres ser mi amigo?

La amistad no es algo que les pedimos a otras personas o que otras personas nos piden. La amistad es algo que construimos todos los días, poco a poco, porque dos personas quieren hacerlo. No tiene precio, pero es preciosa.

¿Comprendiste?

Coloca en cada columna tres oraciones para explicar cada punto del artículo.

¿Amigo de personas diferentes de mí?	Mi mejor amigo se va a vivir a otra ciudad.	¿Quieres ser mi amigo?
1.	1.	1.
2.	2.	2.
3.	3.	3.

¿Qué piensas?

Contesta la siguiente pregunta con una oración completa, y luego explica tu respuesta.

¿Es necesario que dos chicos pasen juntos mucho tiempo para ser buenos amigos? Explica.

____

____

UNIDAD 7 • Lección 1 • Leer C

Nombre _______________________ Clase _______________ Fecha _________

Escribir A

Level 2, pp. 386-387

¡AVANZA! **Goal:** Write an advertisement for a school newspaper.

Step 1

Escribe una lista de las cosas que hace la gente de un grupo de música:

1. ______________________
2. ______________________
3. ______________________

Step 2

Escribe un anuncio de tres oraciones en el periódico escolar para buscar alguien para tu grupo de música.

____

____

____

____

Step 3

Evaluate your writing using the information in the table.

Writing Criteria	Excellent	Good	Needs Work
Content	You have included three sentences in your ad.	You have included two sentences in your ad.	You have included one sentence in your ad.
Communication	Most of your response is clear.	Some of your response is clear.	Your reponse is not very clear.
Accuracy	You make few mistakes in grammar and vocabulary.	You make some mistakes in grammar and vocabulary.	You make many mistakes in grammar and vocabulary.

Escribir B

Level 2, pp. 386-387

¡AVANZA! **Goal:** Write about the parts of a school newspaper.

Step 1

Escribe una lista de las partes de un periódico:

1. ______________________
2. ______________________
3. ______________________

Step 2

Escribe tres oraciones completas usando la información de arriba para decir qué debe tener un periódico escolar.

____

____

____

____

Step 3

Evaluate your writing using the information in the table.

Writing Criteria	Excellent	Good	Needs Work
Content	You mention three parts of a newspaper.	You mention two parts of a newspaper.	You mention one part of a newspaper.
Communication	Most of your response is clear.	Parts of your response are clear.	Your response is not very clear.
Accuracy	You make few mistakes in grammar and vocabulary.	You make some mistakes in grammar and vocabulary.	You make many mistakes in grammar and vocabulary.

Nombre ______________________ Clase ______________ Fecha ______________

Escribir C

Level 2, pp. 386-387

¡AVANZA! **Goal:** Write your opinons about school life.

Step 1

Escribe cuatro cosas que son importantes para ti en la vida escolar.

1. ______________________________
2. ______________________________
3. ______________________________
4. ______________________________

Step 2

Tienes que escribir un artículo de opinión corto para el periódico escolar. Con la información de arriba, escribe cuatro oraciones sobre las cosas que más te importan en la vida escolar, y explica por qué.

____

____

____

____

____

____

Step 3

Evaluate your writing using the information in the table below.

Writing Criteria	Excellent	Good	Needs Work
Content	You write four sentences that include all of your ideas.	You write three sentences that include some of your ideas.	You write two or fewer sentences that include none of your ideas.
Communication	Most of your response is organized and easy to follow.	Parts of your response are organized and easy to follow.	Your response is disorganized and hard to follow.
Accuracy	You make few mistakes in grammar and vocabulary.	You make some mistakes in grammar and vocabulary.	You make many mistakes in grammar and vocabulary.

Nombre _______________________ Clase _______________ Fecha ___________

Cultura A

Level 2, pp. 386-387

¡AVANZA! **Goal:** Review the culture of the Dominican Republic.

1 **La República Dominicana** Une con una línea la respuesta de la izquierda con su significado a la derecha.

1. Santo Domingo	idioma oficial
2. El español	moneda dominicana
3. el casabe	comida dominicana
4. El peso	capital de la República Dominicana

2 **Los sitios turísticos** Lee las ideas de un turista y dile qué debe hacer.

el Faro a Colón	Santo Domingo	Los Tres Ojos
los camarones con tayota	la Ciudad Colonial	

1. «Quiero visitar un monumento importante.»
Debes ir a _______________________.

2. «Quiero ver edificios antiguos e históricos.»
Visita _______________________.

3. «Quiero explorar la naturaleza en un bote.»
Debes ir a _______________________.

4. «Quiero conocer la capital de la República Dominicana.»
Vé a _______________________.

5. «Quiero comer una comida típica dominicana.»
Prueba _______________________.

3 **El arte taíno** Contesta estas preguntas con oraciones completas.

1. ¿Dónde vivían los taínos?

____

2. ¿Qué representan las pictografías taínas?

____

UNIDAD 7 Lección 1 • Cultura A

Nombre _________________________ Clase _____________ Fecha _________

Cultura B

Level 2, pp. 386-387

¡AVANZA! **Goal:** Review the culture of the Dominican Republic.

1 **La República Dominicana** Usa las palabras de la caja para completar las oraciones.

las bellas playas	Haití
el primer lugar	los camarones con tayota

1. _____________ son un plato típico dominicano.
2. Los turistas visitan _____________ del Caribe.
3. La República Dominicana fue _____________ de las Américas al que llegaron los españoles.
4. La República Dominicana comparte la isla de Hispañola con _____________.

2 **Tarjeta postal** Completa esta tarjeta postal que envió Paula a su amiga.

¡Hola Mariana! Me encanta la República Dominicana. Vi a muchas personas que practicaban esquí acuático en **1.** _____________. Aprendí sobre la historia del país y sobre **2.** _____________, el grupo indígena que vivía aquí. También probé comidas típicas muy ricas, como los camarones con tayota, **3.** _____________ y **4.** _____________. ¡Tienes que venir!

3 **Soy turista** Escribe sobre cómo pasaste un día en Santo Domingo. Mira el horario y describe qué hiciste y los sitios que visitaste.

11:00a.m.-1:30p.m.	Ir a Los Tres Ojos
2:00p.m.-5:00p.m.	Almorzar y explorar la Ciudad Colonial
6:00p.m.-7:30p.m.	Ver el Faro a Colón

____

____

____

____

____

UNIDAD 7 • Lección 1 • Cultura B

Nombre ______________________ Clase ______________ Fecha ______________

Cultura C

Level 2, pp. 386-387

¡AVANZA! **Goal:** Review the culture of the Dominican Republic.

1 **La República Dominicana** Contesta las siguientes preguntas.

1. ¿Dónde llegaron primero los exploradores españoles? ______________________

2. ¿Qué hay en la Ciudad Colonial? ______________________

3. ¿Cómo es la cultura dominicana? ______________________

4. ¿Qué deportes acuáticos son populares en la República Dominicana?

____

2 **Hay que viajar** Escribe una anuncio para los turistas que quieren visitar la República Dominicana. Puedes empezar así: **Si te interesa la historia...** o **Si te gustan los deportes acuáticos...**

____

3 **Los sitios turísticos** Escribe en la tabla dos sitios turísticos de la República Dominicana y dos de los Estados Unidos. Luego escribe cuatro oraciones para compararlos.

La República Dominicana	Los Estados Unidos

____

UNIDAD 7 Lección 1 • Cultura C

Nombre ______________________________ Clase ______________ Fecha __________

Vocabulario A

Level 2, pp. 390-394

¡AVANZA! **Goal:** Talk about extended family relationships.

1 Laura tiene muchos parientes. Marca con una cruz las oraciones lógicas.

1. Laura se casó con su novio. ____
2. El suegro de Laura es menor que ella. ____
3. La cuñada de Laura es su hermana. ____
4. El cuñado de Laura es el hermano de su esposo. ____
5. La madrina de Laura es la esposa de su padrino. ____
6. El sobrino de Laura es su primo. ____

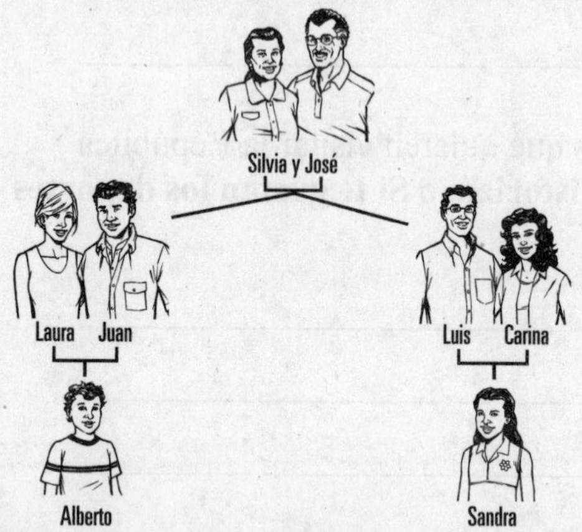

2 Laura se lleva muy bien con la familia de su esposo. Observa las fotos y completa las siguientes oraciones:

1. Laura se lleva bien con su ____________________, la madre de Juan.
2. El cuñado de Laura, ____________________, es generoso.
3. La sobrina de Juan, ____________________, es tímida.
4. La cuñada de Juan, ____________________, es la madrina de Alberto.
5. La suegra de Carina, ____________________, se entiende mal con ella.

3 Esta familia es la mía. Completa las siguientes oraciones con el vocabulario de esta lección:

1. Mi hermano se casó con su novia. Ahora ella es mi ____________________.
2. No me llevo bien con la madre de mi novio y en dos meses ella va a ser mi ____________________.
3. La hija de mi hermano, mi ____________________, es muy tímida.

Nombre ______________________ Clase ____________ Fecha ________

Vocabulario B

Level 2, pp. 390-394

¡AVANZA! **Goal:** Talk about extended family relationships.

1 Francisco tiene una familia grande. Une con flechas *(draw arrows)* a cada pariente con la relación familiar.

a. Suegra	el esposo de su hermana.
b. Cuñado	persona que es como el padre.
c. Sobrino	la madre de su esposa.
d. Esposa	novia con la que se casó.
e. Padrino	el hijo de su hermano.

2 Francisco sale a cenar con la familia de su esposa María. Completa las siguientes oraciones con las palabras de la caja:

madre
esposa
compañero
suegro
hermana

1. Francisco se encontró con un ______________ de trabajo en el restaurante.
2. El ______________ de Francisco fue muy generoso con su hija y con el esposo suyo: pagó la cena.
3. La ______________ de Francisco se lleva bien con su cuñada, la esposa de él.
4. Francisco habló mucho con la suegra de su esposa, su ______________.
5. El suegro de Francisco discutió con su ______________, la suegra de Francisco.

3 Contesta las siguientes preguntas con una oración completa:

1. ¿Cómo se llama tu cuñado?

____

2. ¿Es muy impaciente algún pariente tuyo?

____

3. ¿Cómo se llama la suegra de tu mamá?

____

UNIDAD 7 • Lección 2 • Vocabulario B

Nombre ______________________ Clase ______________ Fecha __________

Vocabulario C

Level 2, pp. 390-394

¡AVANZA! **Goal:** Talk about extended family relationships.

1 Catalina quiere mucho a todos sus parientes. Coloca en columnas a las personas que son parientes y en otra columna, a las que no lo son.

suegra	sobrino	esposo	entrenador
cuñado	dentista	compañero	

Parientes	No parientes
______________	______________
______________	______________
______________	______________
______________	

2 La familia del esposo de Catalina es muy buena con ella. Completa las siguientes oraciones para describir cómo son:

1. La suegra de Catalina es ______________________
2. El cuñado de Catalina es ______________________
3. El esposo de Catalina tiene dos sobrinos, y los sobrinos de su esposo y los suyos ______________________
4. La madrina del esposo de Catalina ______________________
5. Los suegros de Catalina ______________________

3 Escribe un texto de tres oraciones para describir cómo te llevas con tus parientes.

____

____

____

UNIDAD 7 • Vocabulario C
Lección 2

Gramática A *Comparatives*

Level 2, pp. 395-399

¡AVANZA! **Goal:** Use comparatives to compare two people or things.

1 Javier está comparando a sus parientes. Subraya la expresión correcta en las siguientes oraciones:

1. El suegro de Javier tiene más (de / que) cincuenta años.
2. La suegra de Javier es tan generosa (como / que) el suegro.
3. La esposa de Javier tiene (menos / tantos) sobrinos simpáticos como él.
4. La madrina de Javier le regala tantas cosas (que / como) su madre.
5. La hermana de Javier es menos impaciente (como / que) la nuestra.

2 Todos los parientes de Javier fueron juntos *(together)* de vacaciones. Completa las oraciones con las palabras de la caja.

tanto	que	más	menor	como

1. En la playa, los sobrinos de Javier nadaron más lejos ______________ él.
2. El sobrino mayor de Javier es más deportista que el ______________.
3. A la esposa de Javier le gusta acampar tanto ______________ a él.
4. La suegra de Javier es ______________ tranquila que el suegro.
5. Javier nadó ______________ como pudo.

3 ¿Cómo son tus parientes? Escribe tres oraciones con los comparativos. Sigue el modelo.

modelo: Mi hermana es más divertida que mi cuñada.

1. ____
2. ____
3. ____

Nombre ______________________ Clase ______________ Fecha __________

Gramática B *Comparatives*

Level 2, pp. 395-399

¡AVANZA! **Goal:** Use comparatives to compare two people or things.

1 Patricia fue al cumpleaños de su cuñada. Completa las oraciones.

1. Sí, esta hora es mejor. La decoración es más bonita que la del año pasado. Tienes __________ de cien globos.
2. ¡No! Ésta es __________ bonita como la mía.
3. Hola, Teresa. Esta fiesta es __________ temprano que la del año pasado.
4. Bueno, decoré __________ bonito como pude. Llegaron __________ invitados que el año pasado y no tuve tiempo de terminar de decorar.

2 Observa la imagen de los invitados de la fiesta de Teresa. Completa las oraciones con construcciones comparativas.

1. Armando es ______________________________ Patricia.
2. Patricia es ______________________________ Julio.

3 Escribe tres oraciones para describir a tus amigos. Usa las siguientes palabras:

1. tan... como / alto. ______________________________
2. más... que / generoso. ______________________________
3. tanto como / estudiar / salir. ______________________________

Nombre ______________________ Clase ____________ Fecha ________

Gramática C *Comparatives*

Level 2, pp. 395-399

¡AVANZA! **Goal:** Use comparatives to compare two people or things.

1 ¿Qué dice Sandra sobre sus parientes? Completa las siguientes oraciones con construcciones comparativas.

1. Mi hermana ______________________ mi sobrina.
2. La madre de mi novio(a) ______________________ la mía.
3. Mis sobrinos ______________________ mis hermanos, que tienen menos de quince años.
4. Mi madrina ______________________ mi padrino.
5. Mi madre ______________________ mi madrina.

2 Escribe cinco oraciones para describir a algunos parientes de Fernanda. Usa la información de las cajas y las construcciones comparativas.

La cuñada de Fernanda	alta	el cuñado de Fernanda
La suegra de Fernanda	generosa	el suegro de Fernanda
La madrina de Fernanda	paciente	el padrino de Fernanda

1. ____
____
2. ____
____
3. ____
____

3 Escribe un correo electrónico de cuatro oraciones a un(a) amigo(a) para contarle cómo son tus amigos de la escuela. Usa construcciones comparativas.

____
____
____
____
____

Nombre ______________________ Clase ______________ Fecha ________

Gramática A *Superlatives*

Level 2, pp. 400-402

¡AVANZA! **Goal:** Use superlatives to compare three or more items.

1 Lucas tiene unos parientes muy especiales. Encierra en un círculo *(circle)* la palabra que mejor completa cada oración.

1. El suegro de Lucas le regala muchas cosas. Es el (más / menos) generoso.
2. La cuñada de Lucas no habla con gente que no conoce. Ella es la (menos / más) tímida.
3. Nadie sacó mejores notas que el sobrino de Lucas. Es el (peor / mejor) estudiante.
4. A la madrina de Lucas no le gusta quedarse sin hacer nada. Es la (menos / más) paciente.
5. Mis sobrinos son más divertidos que los tuyos. Son los (menos / más) aburridos.

2 Los parientes de Lucas son los mejores en todo. Completa la oración con **más** o **menos**.

1. Los cuñados de Lucas son los jugadores ____________ lentos.
2. Los sobrinos de Lucas son los niños ____________ bonitos.
3. Los suegros de Lucas son las personas ____________ aburridas.
4. Los primos de Lucas son los deportistas ____________ rápidos.
5. Los hermanos de Lucas son los estudiantes ____________ inteligentes.

3 Completa las siguientes oraciones con la expresión correspondiente:

1. Compré unas botas. A mi me gustan ____________________ modernas.
2. Compré un libro. A mí me gustan ____________________ interesantes.
3. Compré un disco compacto. Yo prefiero ____________________ caros.

Nombre ______________________ Clase ______________ Fecha __________

Gramática B *Superlatives*

Level 2 pp. 400-402

¡AVANZA! **Goal:** Use superlatives to compare three or more items.

1 Susana tiene los parientes más buenos. Completa las oraciones con las frases de la caja.

las menos
el más
la más
los más
lo más

1. El cuñado de Susana es ________________ popular.
2. La suegra de Susana es ________________ generosa.
3. Lo que dijo Susana es ________________ importante.
4. Las primas de Susana son ________________ perezosas.
5. Los hermanos de Susana son ________________ inteligentes.

2 Susana le presentó sus parientes a una amiga suya. Completa las oraciones con las palabras entre paréntesis.

1. (popular) Aquélla es mi suegra, es ________________________________
2. (alto) Éste es mi cuñado, es ________________________________
3. (divertido) Esos son mis padrinos, son ________________________________
4. (bonito) Aquéllas son unas sobrinas mías, son ________________________________
5. (sincero) Esto es lo que pienso, es ________________________________

3 Contesta las siguientes preguntas con una oración completa. Usa las expresiones de superlativo.

1. ¿Quién es tu compañero(a) más generoso(a)?

____

2. ¿Quién es tu compañero(a) menos tímido(a)?

____

3. ¿Quién es tu compañero(a) más tranquilo(a)?

____

UNIDAD 7 Lección 2 • Gramática B

Nombre ______________________ Clase ______________ Fecha ____________

Gramática C *Superlatives*

Level 2, pp. 400-402

¡AVANZA! **Goal:** Use superlatives to compare three or more items.

1 ¿Qué puedes decir de tus parientes? Completa las siguientes oraciones:

1. La más simpática es ______________________
2. Los más divertidos son ______________________
3. Las más bonitas son ______________________
4. Lo más importante para todos es ______________________
5. El más generoso es ______________________

2 ¿Qué puedes decir de tus amigos? Escribe oraciones completas con la estructura superlativa de los siguientes adjetivos:

1. Paciente: ______________________
2. Estudioso: ______________________
3. Elegante: ______________________
4. Interesante: ______________________
5. Buen compañero: ______________________

3 Escribe tres oraciones para describir a las personas que conoces. Usa los superlativos y el vocabulario de esta lección.

1. ______________________
2. ______________________
3. ______________________

UNIDAD 7 • Gramática C
Lección 2

Nombre ______________________ Clase ______________ Fecha __________

Integración: Hablar

Level 2, pp. 403-405
WB CD 04 track 11

Muchas cosas le pasan a la familia Echevarría en *Un pájaro al volar*, la telenovela favorita de Fidelina. Ella no quiere perder el próximo episodio, en que se va a saber mucho más de los personajes dentro esta familia fascinante.

Fuente 1 Leer

Lee la descripción en el periódico del episodio de la telenovela que sale hoy en la televisión.

> ***Un pájaro al volar*** Canal 6, 8:00 p.m.
>
> Hoy la familia Echevarría recibe muchas sorpresas. Armando aprende algo interesante sobre la mujer que limpia la casa. María encuentra a un pariente suyo que estaba perdido. También sabe que su esposo Armando no es tan bueno como ella pensaba. Y el tío Francisco, un hombre impaciente y misterioso, discute con su sobrino Armando.

Fuente 2 Escuchar *WB CD 04 track 12*

Escucha el mensaje que la madre de María le dejó a su esposo en el teléfono celular. Toma apuntes.

____

____

____

____

Hablar

Describe la familia Echevarría del programa *Un pájaro al volar*. ¿Quiénes son los personajes y cómo son y cómo se llevan el uno con el otro? ¿Qué sorpresas ocurren en este episodio?

modelo: Los personajes son... En este episodio...

Nombre ______________________ Clase ______________ Fecha __________

Integración: Escribir

Level 2, pp. 403-405
WB CD 04 track 13

Susana y Mónica son muy buenas amigas. Ellas se ven todos los días y hacen muchas cosas juntas *(together)*. Pensaron estudiar para un examen importante, y por eso Mónica está en su casa esperando a su amiga.

Fuente 1 Leer

Lee el correo electrónico que Susana le manda a Mónica.

> De: Susana   A: Mónica
> Tema: El examen
> Hola, Mónica:
> Hoy no puedo ir a tu casa a estudiar. Tengo que ir al consultorio. Pedí una cita hace más de tres semanas y no puedo perderla.
> Tal vez mañana es mejor que hoy para estudiar. Es que hoy tengo el menos tiempo libre de todos los días de esta semana. Mañana podemos hacer un buen trabajo para ciencias y estudiar mucho. ¡Nosotras debemos sacar las mejores notas de la clase!
> Susana

Fuente 2 Escuchar *WB CD 04 track 14*

Escucha el mensaje que le dejó la madre de Mónica en el teléfono de su casa. Toma apuntes.

____

____

____

Escribir

Mónica y Susana están muy ocupadas hoy. ¿Qué tiene que hacer Susana? ¿Y Mónica? Escribe sobre sus actividades de hoy y explica qué día es el mejor para estudiar para el examen.

modelo: Susana tiene que... Mónica tiene que...

____

____

____

____

____

Nombre ______________________ Clase ______________ Fecha ______________

Escuchar A

Level 2, pp. 410-411
WB CD 04 tracks 15-16

¡AVANZA! **Goal:** Listen to discussions about family relations.

1 Escucha a Rafael y toma notas. Luego, marca con una cruz las oraciones que son ciertas sobre su familia.

1. Rafael tiene un hermano. ____
2. El hermano de Rafael está casado. ____
3. Rafael no tiene ninguna cuñada. ____
4. Hace dos años que Rafael tiene una cuñada. ____
5. Rafael tiene muchos sobrinos. ____
6. Rafael quiere tener sobrinos. ____

2 Escucha a Carolina y toma notas. Luego, completa las oraciones con las palabras de la caja.

esposo	cuñado	sobrino	alto

1. El ______________ de Carolina se llama Rafael.
2. El ______________ de Carolina se llama Andrés.
3. Rafael es más ______________ que Andrés.
4. La noticia es que Rafael va a tener un ______________.

Nombre ______________________ Clase ______________ Fecha __________

Escuchar B

Level 2, pp. 410-411
WB CD 04 tracks 17-18

¡AVANZA! **Goal:** Listen to discussions about family relations.

1 Escucha a Natalia y toma notas. Luego, subraya la palabra que completa cada oración.

1. Natalia se casa con su (novio / esposo).
2. El mejor amigo de Santiago es su (suegro /cuñado).
3. Los padres de Natalia son los mejores (abuelos /suegros).
4. Los hijos del hermano de Natalia quieren tener (tíos / primos).
5. Lo más importante para Natalia es que Santiago (se lleva bien / no discuta) con su familia.

2 Escucha a Santiago y toma notas. Luego, completa la tabla con la información que te pide.

Pariente de Natalia	¿Qué va a ser de Santiago?	¿Cómo es? o ¿Cómo son?
madre de Natalia		
padre de Natalia		
hermano de Natalia		
sobrinos de Natalia		

UNIDAD 7 Lección 2 • Escuchar B

Nombre _______________ Clase _______________ Fecha _______________

Escuchar C

Level 2, pp. 410-411
WB CD 04 tracks 19-20

¡AVANZA! **Goal:** Listen to discussions about family relations.

1 Escucha a Lía. Primero, escribe el nombre de cada pariente. Luego, nota la relación que cada uno tiene con la persona indicada.

Nombre	¿Qué es de Lía?	¿Qué es de la madre de Lía?
1. ________	1. ________	1. ________
2. ________	2. ________	2. ________
3. ________	3. ________	3. ________
4. ________	4. ________	4. ________

2 Escucha a Juan Carlos y toma notas. Luego, contesta las siguientes preguntas con oraciones completas.

1. ¿Quién va a organizar la fiesta?
   ____
2. ¿Cuántos parientes tiene la madre de Juan Carlos?
   ____
3. ¿Qué quiere hacer Juan Carlos para la fiesta de su madre?
   ____
4. ¿Por qué ésa va a ser una sorpresa para todos?
   ____
5. ¿Por qué Juan Carlos piensa que Inés se va a llevar bien con su familia?
   ____

Nombre _______________________ Clase _____________ Fecha _________

Leer A

Level 2, pp. 410-411

¡AVANZA! **Goal:** Read about family relations.

Lorena le escribe esta carta a su abuela.

Mi querida abuela:

Quiero contarte que la próxima semana, mi familia y yo vamos a ir a visitarte. Mi mamá está muy contenta, dice que tiene ganas de ver a su querida suegra. Leonardo va con su novia, Sandra. Ella es la chica más inteligente y hermosa que conozco. Ahora, ella no sólo va a ser mi cuñada, sino también mi mejor amiga.

Leonardo quiere tanto presentártela como quiere verte. Creo que van a casarse el próximo año.

¡Ojalá que nos esperes con tu chocolate famoso! Es el postre más rico del mundo.

Besos,

Lorena

UNIDAD 7 • Leer A
Lección 2

¿Comprendiste?

Lee la carta de Lorena. Luego, empareja a la persona con la descripción que Lorena dice.

a. La madre de Lorena ____ va a visitar a la abuela.

b. Leonardo ____ está contenta por ver a la abuela de Lorena.

c. Sandra ____ es amiga y va a ser cuñada de Lorena.

d. La familia de Lorena ____ van a ser esposos.

e. Leonardo y Sandra ____ va a presentarle a Sandra a la abuela.

¿Qué piensas?

Lee la carta de Lorena. Contesta a la siguiente pregunta con una oración completa:

¿Te gustan las familias muy grandes?

____

Nombre ______________________ Clase ______________ Fecha __________

Leer B

Level 2, pp. 410-411

¡AVANZA! **Goal:** Read about family relations.

Los parientes de Adrián vienen a la ciudad de visita. Él le escribe un correo electrónico a su mejor amiga para decirle cómo es su familia.

<adrian@alomail.co.es> Escribió

Hola, Silvana:

Mis parientes llegan el sábado por avión. Ellos son de la familia de mi mamá. Hace más de dos años que no los veo. Creo que mis primos Roberto y Pablo, los hijos de mis tíos, deben ser más altos que yo. La suegra de mi papá, mi abuela, se llama Sonia y es la persona más simpática de toda la familia. La hermana de mi mamá, mi tía Paula, es la más generosa. Ellos son fantásticos.

Quiero presentártelos a todos. ¿Puedes venir a mi casa el sábado?

Adrián

Comprendiste

Lee el correo electrónico de Adrián. Luego, encierra en un círculo las palabras que mejor completan cada oración.

1. Roberto y Pablo son los hijos de sus (tíos / sobrinos).
2. Sonia es la (madre / suegra) de la mamá de adrian.
3. Paula es la (suegra / cuñada) del padre de Adrián.
4. Todas estas personas son los (compañeros / parientes) de Adrián.

¿Qué piensas?

Lee el correo electrónico de Adrián. Contesta las siguientes preguntas con una oración completa. Luego, explica por qué en otra oración.

1. ¿Tu madre tiene muchos(as) cuñados(as)?

____

2. ¿Por qué?

____

Nombre ______________________ Clase ______________ Fecha ______________

Leer C

Level 2, pp. 410-411

¡AVANZA! **Goal:** Read about family relations.

Rosana quiere saber más de sus parientes. Por eso, está haciendo este diagrama con todos sus parientes.

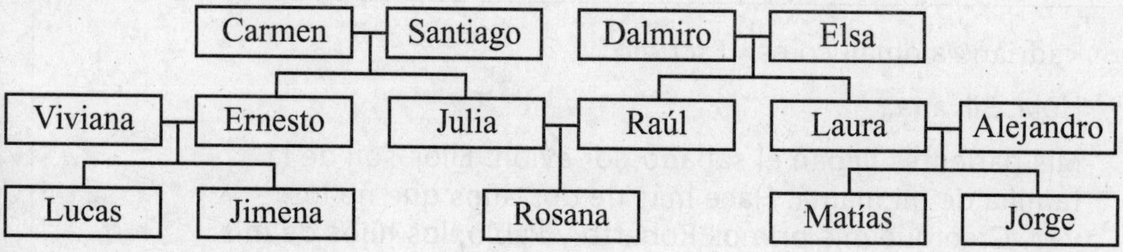

¿Comprendiste?

Lee el diagrama de la familia de Rosana. Luego, completa las siguientes oraciones con las relaciones familiares:

1. Carmen es la __________ de Raúl.
2. Ernesto es el __________ de Raúl.
3. Jimena es la __________ de Julia.
4. Dalmiro es el __________ de Rosana.
5. Dalmiro es el __________ de Julia.
6. Jorge es el __________ de Raúl.
7. Julia es la __________ de Laura.
8. Elsa es la __________ de Matías.

¿Qué piensas?

Lee el dibujo de la familia de Rosana. Contesta a la siguiente pregunta con una oración completa. Luego, ejemplifícala en una o dos oraciones.

1. ¿Tu familia es más grande que la de Rosana?

____

2. Ejemplo:

____

Nombre _______________ Clase _______________ Fecha _______________

Escribir A

Level 2, pp. 410-411

¡AVANZA! **Goal:** Write about family relations.

Step 1

Contesta las siguientes preguntas para describir tu familia.

1. ¿Cómo se llama el cuñado de tu madre? ¿Qué relación tiene contigo?

____

2. ¿Qué relación tienen los suegros de tus padres contigo?

____

3. ¿Qué relación tiene contigo el(la) novio/a o esposo(a)de tu hermano(a)? ¿Cómo se llama?

____

Step 2

Escribe tres oraciones para describir tus parientes. Usa "(el / la / lo/ los / las) más / menos".

____

____

____

Step 4

Evaluate your writing using the information in the table below.

Writing Criteria	Excellent	Good	Needs Work
Content	You have included three sentences to describe your family.	You have included two sentences to describe your family.	You have included one or fewer sentences to describe your family.
Communication	Most of your response is clear.	Some of your response is clear.	Your message is not very clear.
Accuracy	You make few mistakes in grammar and vocabulary.	You make some mistakes in grammar and vocabulary.	You make many mistakes in grammar and vocabulary.

Nombre ______________________________ Clase ____________________ Fecha ____________

Escribir B

Level 2, pp. 410-411

¡AVANZA! **Goal:** Write about family relations.

Step 1

Escribe los nombres de tus parientes o de los parientes de un(a) amigo(a) en las fotos de abajo.

______________ ______________ ______________ ______________

______________ ______________ ______________ ______________

Tú

Step 2

Escribe cuatro oraciones completas para describir tu familia o la familia de un(a) amigo(a):

____

____

____

____

Step 3

Evaluate your writing using the information in the table below.

Writing Criteria	Excellent	Good	Needs Work
Content	You include four sentences to describe the family tree.	You include three sentences to describe the family tree.	You include two or fewere sentences to describe the family tree.
Communication	Most of your message is organized and easy to follow.	Parts of your message are organized and easy to follow.	Your message is disorganized and hard to follow.
Accuracy	You make few mistakes in grammar and vocabulary.	You make some mistakes in grammar and vocabulary.	You make many mistakes in grammar and vocabulary.

Nombre _______________ Clase _______________ Fecha _______________

Escribir C

Level 2, pp. 410-411

¡AVANZA! **Goal:** Write about family relations.

Step 1

Miriam tiene un solo hermano. Completa la siguiente tabla con las relaciones familiares de Miriam. Luego, escribe una lista de estos parientes.

Relación conmigo	Relación con mi hermano
Mi abuela, madre de mi padre	
Mi cuñada	
Mi sobrino	
Mi esposo	
Mis hijas	

Step 2

Escribe cinco oraciones para describir la familia de Miriam.

____

____

____

____

Step 3

Evaluate your writing using the information in the table below.

Writing Criteria	Excellent	Good	Needs Work
Content	You include five sentences to describe the family.	You include three to four sentences to describe the family.	You include two or fewer sentences to describe the family..
Communication	Most of your message is organized and easy to follow.	Parts of your message are organized and easy to follow.	Your message is disorganized and hard to follow.
Accuracy	You make few mistakes in grammar and vocabulary.	You make some mistakes in grammar and vocabulary.	You make many mistakes in grammar and vocabulary.

Nombre _______________________ Clase _______________ Fecha __________

Cultura A

Level 2, pp. 410-411

¡AVANZA! **Goal:** Review the culture of the Dominican Republic.

1 **Una universidad antigua** Escoge una de las opciones y responde a las siguientes preguntas.

1. ¿Cómo se llama la universidad más antigua de las Américas? _____
   - a. La Universidad Libre de Santo Domingo
   - b. La Universidad Autónoma de Santo Domingo
   - c. La Universidad Autónoma de la República Dominicana
2. ¿En qué año fue fundada? _____
   - a. 1738
   - b. 1492
   - c. 1538
3. ¿Cuántas escuelas tenía originalmente? _____
   - a. 4
   - b. 2
   - c. 6

2 **La artista y la escritora** Escoge la palabra del paréntesis que completa cada oración.

1. Belkis Ramírez es (una artista / una escritora).
2. Belkis Ramírez hace grabados sobre (plástico / madera).
3. La escritora de *El cuento del cafecito* se llama (Julia Álvarez / Belkis Ramírez).
4. Julia Álvarez y su esposo tienen (un cafetal / una tienda de ropa).

3 **Los padrinos** Contesta estas preguntas con oraciones completas.

1. ¿Quiénes son los testigos en una boda paraguaya?

____

____

2. ¿Y en una boda de los Estados Unidos, generalmente?

____

____

3. ¿Cúando se convierten en compadres los padrinos de un(a) niño(a)?

____

____

Nombre ______________________ Clase ______________ Fecha ________

Cultura B

Level 2, pp. 410-411

¡AVANZA! **Goal:** Review the culture of the Dominican Republic.

1 **Una universidad antigua** Completa las siguientes oraciones.

1. La Universidad Autónoma de Santo Domingo se fundó en el año ____________.
2. Las cuatro escuelas originales fueron teología, derecho, ______________ y ______________.
3. La UASD es la universidad más ____________ y más antigua de la República Dominicana.
4. En la UASD los estudiantes pueden participar en deportes y ______________ ______________.

2 **La artista y la escritora** Lee las oraciones y decide quién lo dice, Belkis Ramírez o Julia Álvarez.

Mi esposo y yo tenemos un cafetal en la República Dominicana.
____

Hago esculturas y grabados sobre madera. ______________

Hice ilustraciones para *El cuento del cafecito*.
____

Escribí *El cuento del cafecito* y otros libros. ______________

3 **Los padrinos** Haz dos listas. En la primera escribe dos responsabilidades de los padrinos de boda y en la segunda escribe dos responsabilidades de los padrinos de bautizo. Después escribe cuatro oraciones comparando los dos.

LOS PADRINOS DE BODA	LOS PADRINOS DE BAUTIZO
______________	______________
______________	______________
______________	______________

____

____

____

____

UNIDAD 7 Lección 2 • Cultura B

Nombre ______________________ Clase ______________ Fecha __________

Cultura C

Level 2, pp. 410-411

¡AVANZA! **Goal:** Review the culture of the Dominican Republic.

1 **Los padrinos** Contesta las siguientes preguntas sobre los padrinos en Latinoamérica.

1. ¿Qué papel tienen los padrinos en una boda de Latinoamérica?

____

2. ¿Quiénes son los padrinos de los novios generalmente?

____

3. ¿Cuáles son las responsabilidades de los padrinos de un niño?

____

____

2 **Una universidad antigua** Escribe un anuncio para estudiantes nuevos que quieren ir a la universidad Autónoma de Santo Domingo. Habla de su historia, de qué pueden estudiar allí y de por qué tienen que ir. Usa las palabras de la caja.

fundada	antigua	escuelas	asignaturas	actividades

____

____

____

____

3 **La artista y la escritora** Mira la ilustración de Belkis Ramírez de la página 402. Inventa una historia sobre esta familia. Describe quiénes son, qué hacen y por qué.

____

____

____

____

____

UNIDAD 7 Lección 2 • Cultura C

Nombre ______________________ Clase ______________ Fecha ____________

Level 2, pp. 412-413

Comparación cultural: Una persona importante para mí

Lectura y escritura

After reading the paragraphs about people who are special to Anahí, Eduardo, and Pedro, write a paragraph about a person who is important to you. Use the information on your star to write sentences, and then write a paragraph that describes your special person.

Step 1

Complete the star describing as many details as you can about your special person. At each point, write a fact about the person: name, relationship to you, personality, work or hobby, and importance to you.

Step 2

Now take the details from your star and write a sentence for each fact on the star.

Nombre ______________________ Clase ______________ Fecha __________

Comparación cultural: Una persona importante para mí

Level 2, pp. 412-413

Lectura y escritura (continued)

Step 3

Now write your paragraph using the sentences you wrote as a guide. Include an introduction sentence and use the superlatives **el (la) más..., el (la) menos...,** and **el (la) mejor...** as needed to write about your special person.

____

____

____

____

____

____

____

Checklist

Be sure that…

- ☐ all the details about your special person from your star are included in the paragraph;
- ☐ you use details to describe your special person;
- ☐ you include superlatives and new vocabulary words.

Rubric

Evaluate your writing using the rubric below.

Writing criteria	Excellent	Good	Needs Work
Content	Your paragraph includes many details about your special person.	Your paragraph includes some details about your special person.	Your paragraph includes few details about your special person.
Communication	Most of your paragraph is organized and easy to follow.	Parts of your paragraph are organized and easy to follow.	Your paragraph is disorganized and hard to follow.
Accuracy	Your paragraph has few mistakes in grammar and vocabulary.	Your paragraph has some mistakes in grammar and vocabulary.	Your paragraph has many mistakes in grammar and vocabulary.

Nombre ______________________ Clase ______________ Fecha ________

Comparación cultural: Una persona importante para mí

Level 2, pp. 412-413

Compara con tu mundo

Now write a comparison about your special person and that of one of the three students from page 413. Organize your comparison by topics. First, compare what their relationship is and what their personality is like, then what their job or hobbies are, and finally compare why each person is important.

Step 1

Use the chart to organize your comparison by topics. Write details for each topic about your special person and that of the student you chose.

	Mi persona especial	La persona de ________
Relación		
Personalidad		
Trabajo / pasatiempos		
Es importante porque...		

Step 2

Now use the details from the chart to write a comparison. Include an introduction sentence and write about each topic. Use comparatives (**más que, menos que, tanto como**) and superlatives (**el (la) más..., el (la) menos..., el (la) mejor...**) to describe your special person and that of the student you chose.

____

____

____

____

____

____

____

____

UNIDAD 7 • Comparación cultural
Lección 2

Nombre ______________________ Clase ______________ Fecha __________

Vocabulario A

Level 2, pp. 422-426

¡AVANZA! **Goal:** Discuss environmental problems and solutions.

1 Susana y sus amigos protegen la naturaleza. Subraya la palabra que mejor completa cada oración.

1. Susana y sus amigos son (recursos / voluntarios).
2. Susana quiere respirar aire puro: no quiere una ciudad con (smog / árboles).
3. Los amigos de Susana reciclan (las selvas / la basura).
4. Susana quiere comprar (un vehículo híbrido / incendios forestales) para usar recursos naturales.
5. Los amigos de Susana quieren proteger los bosques de (la capa de ozono / la deforestación).

2 Susana es muy responsable con el medio ambiente. Completa las oraciones con las palabras de la caja.

el reciclaje	la capa de ozono	los recursos naturales
el cartón	el mundo	el vidrio

1. Susana conoce los peligros de la destrucción de ______________________.
2. Es importante conservar ______________________ porque no dañan el medio ambiente.
3. ‹‹Yo recojo la basura; ______________________ es importante››, dice Susana.
4. ‹‹Yo protejo la naturaleza; ______________________ es responsabilidad de todos››, dice Susana.
5. Los consumidores deben reciclar ______________________ y ______________________.

3 Completa las siguientes oraciones sobre el medio ambiente.

1. Todos tenemos que proteger ______________________________________
2. Dos cosas que dañan el medio ambiente pueden ser ______________________________________
3. Es responsabilidad de todos ______________________________________

UNIDAD 8 • Vocabulario A
Lección 1

Nombre ______________________ Clase ______________ Fecha __________

Vocabulario B

Level 2, pp. 422-426

¡AVANZA! **Goal:** Discuss environmental problems and solutions

1 Luis tiene un grupo de amigos, todos protegen el medio ambiente. Une con una flecha las palabras relacionadas.

a. basura	bosques
b. selva	reciclar
c. incendios forestales	deforestación
d. smog	vehículos híbridos

2 Los amigos de Luis trabajan todos los días para proteger el medio ambiente. Completa las siguientes oraciones con las palabras de esta lección.

1. Luis y sus amigos trabajan de ______________________.
2. Los chicos quieren proteger ______________________.
3. Todos saben que la destrucción de ______________________ es peligrosa para la vida.
4. Yo protejo las especies ______________________.
5. Yo recojo basura de vidrio y de cartón. Esta basura se puede ______________________.

3 Contesta las siguientes preguntas con oraciones completas.

1. ¿Qué haces para proteger el medio ambiente?

____

____

2. ¿Qué sabes sobre la contaminación?

____

____

3. ¿Qué sabes sobre los incendios forestales?

____

____

Nombre ______________________ Clase ______________ Fecha __________

Vocabulario C

Level 2, pp. 422-426

¡AVANZA! **Goal:** Discuss environmental problems and solutions.

1 Ernesto quiere proteger el medio ambiente. Completa las oraciones con la palabra correspondiente.

1. Ernesto trabaja de ______________ en el parque.
2. Ernesto quiere comprar ______________ para conservar recursos naturales.
3. Ernesto quiere proteger las especies en ______________.
4. Ernesto quiere proteger los bosques de la ______________.
5. Los incendios forestales terminan con todos ______________ de la selva.
6. Hay que ______________ el vidrio y el cartón.

2 ¿Proteges tú el medio ambiente? Completa las oraciones con las cosas que haces. Usa el vocabulario de esta lección.

1. Yo recojo ______________
2. Yo protejo ______________
3. Yo trabajo ______________
4. Yo no daño ______________

3 Escribe tres oraciones con las cosas que debemos hacer para proteger la naturaleza.

1. ______________
2. ______________
3. ______________

UNIDAD 8 • Vocabulario C
Lección 1

Nombre ______________________ Clase ______________ Fecha __________

Gramática A *Other Impersonal Expressions*

Level 2, pp. 427-431

¡AVANZA! **Goal:** Use impersonal expressions to talk about the environment

1 La naturaleza es muy importante para todos. Encierra en un círculo la forma verbal correcta.

1. Es cierto que yo (recicle / reciclo) toda la basura que puedo.
2. No es verdad que nosotros no (pensemos / pensamos) en los problemas de la contaminación.
3. Es cierto que los chicos (sean / son) personas muy responsables.
4. No es cierto que tú (dañes / dañas) el medio ambiente.
5. Es verdad que Víctor (quiera / quiere) formar un grupo de voluntarios.

2 Completa las siguientes oraciones con los verbos entre paréntesis. Usa el imperativo.

1. (preferir) Es cierto que yo ______________ reciclar la basura.
2. (dañar) No es cierto que nosotros ______________ la capa de ozono.
3. (conocer) Es verdad que mis amigos ______________ especies en peligro de extinción.

3 Todos somos responsables de proteger el mundo. Completa el diálogo entre estos amigos.

Javier: Muchas personas no hacen nada por el medio ambiente, pero nosotros protegemos la naturaleza.

Ana: Sí, es cierto que nosotros ______________ la naturaleza.

Javier: También, yo trabajo de voluntario en un grupo de la escuela.

Ana: Sí, es verdad que tú ______________ de voluntario.

Javier: Ustedes recogen la basura, ¿no?

Ana: No, no es cierto que nosotros ______________ la basura. Pero es verdad que ______________ ayudar a proteger el medio ambiente.

Javier: Sí, sé que quieren ayudar.

Nombre ______________________ Clase ______________ Fecha ____________

Gramática B *Other Impersonal Expressions*

Level 2, pp. 427-431

¡AVANZA! **Goal:** Use impersonal expressions to talk about the environment

1 Todos protegemos el medio ambiente. Completa las oraciones con el verbo correspondiente.

1. Es cierto que tú ____ de voluntario.
   a. trabajes **b.** trabajas **c.** trabaje **d.** trabaja
2. Es verdad que nosotros ____ la naturaleza.
   a. protejamos **b.** protegen **c.** protejan **d.** protegemos
3. No es cierto que Mario ____ demasiados recursos naturales.
   a. usa **b.** use **c.** usas **d.** usen
4. No es verdad que yo ____ un vehículo híbrido.
   a. tengas **b.** tengo **c.** tenga **d.** tiene
5. Es cierto que nosotros ____ la basura del parque.
   a. recogemos **b.** recojamos **c.** recoge **d.** recoja

2 Todos tenemos muchas cosas que hacer por nuestro mundo. Completa las oraciones con los verbos **recoger**, **reciclar** y **pensar**.

1. Es cierto que los chicos ______________ toda la basura que encuentran.
2. No es verdad que nosotros no ______________ la basura del parque.
3. No es cierto que yo no ______________ en los problemas de la contaminación.
4. Es cierto que tú ______________ el cartón y el vidrio.
5. Es verdad que las personas ______________ en la capa de ozono.

3 Escribe tres oraciones para decir cosas que son ciertas y cosas que no lo son. Usa **es cierto que** y **no es cierto que**.

1. ____
2. ____
3. ____

UNIDAD 8 • Gramática B
Lección 1

Nombre ______________________ Clase ______________ Fecha ________

Gramática C *Other Impersonal Expressions*

Level 2, pp. 427-431

¡AVANZA! **Goal:** Use impersonal expressions to talk about the environment

1 Cecilia trabaja de voluntaria en el parque. Completa el siguiente texto con los verbos entre paréntesis.

No es cierto que Cecilia sólo (trabajar) **1.** ______________ los sábados. Es verdad que ella, a veces, (estar) **2.** ______________ un poco cansada, pero ella va al parque casi todos los días. Es verdad que nosotros también (recoger) **3.** ______________ la basura, pero ella trabaja más. No es cierto que yo no la (ver) **4.** ______________ trabajando hasta tarde y tampoco es cierto que ella se (ir) **5.** ______________ sin terminar.

2 ¿Cuántas cosas sabes del medio ambiente? Completa las oraciones con las cosas que tú sabes.

1. Es verdad que ______________________________
2. No es verdad que ______________________________
3. No es cierto que ______________________________
4. Es cierto que ______________________________
5. No es verdad que ______________________________

3 Escribe un texto de tres oraciones completas sobre el medio ambiente con cosas que son ciertas y cosas que no lo son. Usa **es verdad que** y **no es verdad que**.

____

____

____

____

____

____

Nombre ______________________ Clase ______________ Fecha __________

Gramática A *Future Tense of Regular Verbs*

Level 2, pp. 432-434

¡AVANZA! **Goal:** Use future tense of regular verbs to talk about the environment

1 Hoy, Mario y sus amigos no hacen algunas cosas que sí harán en el futuro. Coloca al lado de las oraciones de la primera columna, la oración que le corresponde de la segunda columna.

1. Los chicos no conservan los recursos naturales. ____
2. Tú no reciclas la basura. ____
3. Yo no pienso en los problemas de la contaminación. ____
4. Nadie respira aire puro. ____
5. Marta no aprende nada sobre las especies en peligro de extinción. ____

a. En el futuro, la reciclarás.
b. En el futuro, todos lo respirarán.
c. En el futuro, todos los conservarán.
d. En el futuro, aprenderá más.
e. En el futuro, pensaré en ellos.

2 La próxima semana iremos a limpiar el parque. Subraya el verbo que mejor completa cada oración.

1. Yo ____________________ al parque a recoger basura. (ir)
2. Marta y Pedro también ____________________ el parque. (limpiar)
3. Pedro y yo ____________________ en el parque a las ocho de la mañana. (estar)
4. Sandra ____________________ a las nueve. (llegar)
5. Tú ____________________ a los otros voluntarios. (conocer)

3 ¿Qué harás la próxima semana? Completa las siguientes oraciones con verbos en futuro.

1. Yo ____________________ de voluntario.
2. Mi hermano no ____________________ más la capa de ozono.
3. Tú ____________________ la basura de cartón y vidrio.

Nombre ______________________ Clase ____________ Fecha ____________

Gramática B *Future Tense of Regular Verbs*

Level 2, pp. 432-434

¡AVANZA! **Goal:** Use future tense of regular verbs to talk about the environment

1 Lucas y sus amigos quieren hacer más cosas en el futuro para proteger el medio ambiente. Une con flechas las personas con lo que hará cada una.

a. Lucas	escribiré artículos en el periódico.
b. Lucas y yo	filmará documentales sobre la naturaleza.
c. Lucas y Lorena	traerás más chicos al grupo.
d. Yo	trabajarán para proteger las selvas.
e. Tú	organizaremos grupos de voluntarios.

2 Todos somos responsables de proteger la naturaleza. ¿Qué haremos por ella? Escribe oraciones completas con las palabras dadas. Usa el futuro.

1. Yo / reciclar la basura.
   ____
2. Tú / trabajar de voluntario.
   ____
3. Nosotros / encontrar más voluntarios.
   ____
4. Carmen / hablar con las personas.
   ____
5. Carmen y Diego / limpiar los parques.
   ____

3 Escribe tres oraciones completas con las cosas que tú o tus amigos harán en el futuro para proteger la naturaleza. Sigue el modelo.

modelo: Yo compraré un vehículo híbrido.

1. ______________________________
2. ______________________________
3. ______________________________

Nombre ______________________ Clase ______________ Fecha __________

Gramática C *Future Tense of Regular Verbs*

Level 2, pp. 432-434

¡AVANZA!

Goal: Use future tense of regular verbs to talk about the environment.

1 ¿Qué haremos para proteger nuestro mundo? Completa las oraciones con el verbo entre paréntesis.

1. Yolanda ______________ grupos de voluntarios. (organizar)
2. Yolanda y yo ______________ artículos sobre las especies en peligro de extinción. (escribir)
3. Yo ______________ toda la basura. (reciclar)
4. Armando y Yolanda ______________ a los parques para limpiarlos. (ir)
5. Tú ______________ a las personas cómo reciclar. (explicar)

2 ¿Qué haremos en el futuro por el medio ambiente? Escribe oraciones con lo que hará cada persona.

1. Yo ____
2. Mis amigos ____
3. Tú ____
4. Mis amigos y yo ____
5. El grupo de voluntarios ____

3 Escribe un párrafo de tres oraciones con las cosas que harás en el futuro.

____

____

____

UNIDAD 8 Lección 1 • Gramática C

Nombre ______________________ Clase ______________ Fecha ________

Integración: Hablar

Level 2, pp. 435-437
WB CD 04 track 21

Tú quieres ser responsable, pero a tu amigo no le interesa mucho el medio ambiente. Vas a usar la información que lees y escuchas para transformar su opinión.

Fuente 1 Leer

Lee el anuncio en el periódico sobre una película que estrenarán.

¡Nuestro mundo querido!

«No es cierto que nuestro mundo sea nuestro basurero.» Con estas palabras fuertes empieza el primer documental del director venezolano Iván Jiménez que él estrenará este viernes a las 20:00 horas en el Teatro Imperial.

La nueva película nos presentará los problemas más serios del medio ambiente de hoy, pero desde un punto de vista optimista. Por un lado, es verdad que hay mucha contaminación, deforestación y otras formas de destrucción por causa de las acciones humanas. Por otro lado, hay gente que trabaja de voluntario, hay programas de reciclaje y cada individuo puede aprender a ser responsable. Éste es el mensaje de Jiménez.

No es cierto que hoy protejamos bien el planeta, pero una cosa es cierta: después de salir del cine el viernes, ¡hasta los consumidores menos responsables reciclarán sus boletos de entrada!

Fuente 2 Escuchar *WB CD 04 track 22*

Escucha la publicidad en radio de esta película. Toma apuntes.

____

____

Hablar

Explícale a tu amigo por qué es importante que vayan a ver el documental. ¿Sobre qué es? ¿Qué investigó Jiménez para hacerlo? ¿Qué pasará si mucha gente va a verlo?

modelo: Presentarán un documental… El director...

Nombre ______________________ Clase ____________ Fecha ________

Integración: Escribir

Level 2, pp. 435-437
WB CD 04 track 23

Encuentras un volante en el parque, y luego el mismo día escucharás un reportaje en la radio sobre el mismo tema: el medio ambiente.

Fuente 1 Leer

Lee el volante.

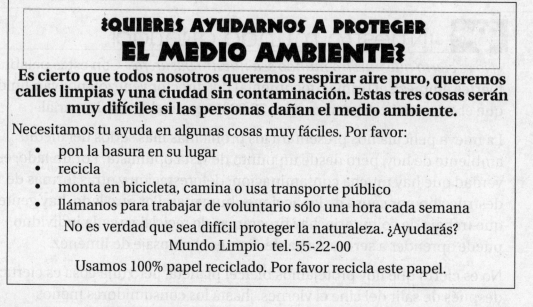

> **¿QUIERES AYUDARNOS A PROTEGER EL MEDIO AMBIENTE?**
>
> **Es cierto que todos nosotros queremos respirar aire puro, queremos calles limpias y una ciudad sin contaminación. Estas tres cosas serán muy difíciles si las personas dañan el medio ambiente.**
>
> Necesitamos tu ayuda en algunas cosas muy fáciles. Por favor:
>
> - pon la basura en su lugar
> - recicla
> - monta en bicicleta, camina o usa transporte público
> - llámanos para trabajar de voluntario sólo una hora cada semana
>
> No es verdad que sea difícil proteger la naturaleza. ¿Ayudarás?
>
> Mundo Limpio tel. 55-22-00
>
> Usamos 100% papel reciclado. Por favor recicla este papel.

Fuente 2 Escuchar *WB CD 04 track 24*

Escucha las noticias en la radio. Toma apuntes sobre lo que está pasando en la ciudad y qué pasará.

____

____

____

____

Escribir

Ahora, describe las cosas que la gente está haciendo en la ciudad para conservar y cómo será diferente el próximo año.

Modelo: Mucha gente está ayudando a limpiar la ciudad. Por ejemplo…

____

____

____

____

____

UNIDAD 8 Lección 1 • Integración: Escribir

Nombre ______________________ Clase ______________ Fecha ________

Escuchar A

Level 2, pp. 442-443
WB CD 04 tracks 25-26

¡AVANZA! **Goal:** Listen to people talk about how they protect the environment.

1 Escucha a Cristina. Marca con una cruz las cosas que dice Cristina que hace cada persona.

Cristina trabaja de voluntaria. ____

Cristina recoge la basura dentro del parque. ____

Los amigos de Cristina recogen la basura de fuera del parque. ____

Las personas no son responsables. ____

Las personas ponen la basura en los basureros. ____

Cristina piensa en el futuro ____

Cristina piensa en la responsabilidad ____

2 Escucha a Eduardo. Luego, completa las oraciones con las palabras de la caja.

la basura	contaminación
el medio ambiente	la naturaleza

1. Los amigos de Eduardo recogen ______________________.
2. Las personas no protegen ______________________.
3. Las personas no saben qué cosas dañan ______________________.
4. Una señora cree que la basura no es ______________________.

Nombre ______________________ Clase ______________ Fecha __________

Escuchar B

Level 2, pp. 442-443
WB CD 04 tracks 27-28

¡AVANZA! **Goal:** Listen to people talk about how they protect the environment.

1 Escucha a Natalia. Luego, une con flechas la persona con el tema del que hablará.

a. Luisa	especies en peligro de extinción
b. Maribel	uso de recursos naturales
c. Armando	reciclaje
d. Vilma	deforestación
e. Maximiliano	la destrucción de la capa de ozono

2 Escucha a Maximiliano. Luego, completa las oraciones.

1. Las especies en peligro de extinción son ______________.

2. Mañana no veremos algunos ______________.

3. Hay árboles que también están ______________.

4. Los árboles morirán por ______________, ______________ y ______________ causada por el hombre.

UNIDAD 8 Lección 1 • Escuchar B

Nombre _______________________ Clase _____________ Fecha _________

Escucchar C

Level 2, pp. 442-443
WB CD 04 tracks 29-30

¡AVANZA! **Goal:** Listen to people talk about how they protect the environment.

1 Escucha a Marcelo y toma notas. Luego, escribe cinco oraciones completas que empiecen con las frases de abajo.

1. Marcelo y sus amigos...
2. Este fin de semana los voluntarios...
3. La basura más reciclada...
4. El reciclaje...
5. Después de recoger la basura, los chicos...

1. _______________________
2. _______________________
3. _______________________
4. _______________________
5. _______________________

2 Escucha a Graciela y toma notas. Luego, contesta las siguientes preguntas con oraciones completas.

1. ¿Por qué Graciela tiene que llevar la basura a la puerta del parque?
____
____
2. ¿Qué hace el grupo de Graciela?
____
____
3. ¿Qué hace el otro grupo?
____
4. ¿Por qué es mejor hacer el trabajo en equipo?
____
____

Nombre ______________________ Clase ______________ Fecha ________

Leer A

Level 2, pp. 442-443

¡AVANZA! **Goal:** Read about how to protect the environment.

Los voluntarios que trabajan en el parque necesitan más chicos. Por eso, escriben este anuncio en el periódico.

¿QUIERES AYUDARNOS A PROTEGER NUESTRO MUNDO?

Somos un grupo de voluntarios que trabaja en el parque. Limpiamos el parque todos los sábados porque la gente no es responsable y no pone su basura en los basureros.

Es cierto que hay personas más responsables, pero no son muchas.

No es verdad que este trabajo sea fácil. Es difícil, pero si somos muchos podemos hacerlo mejor y más rápido.

El sábado a las ocho estaremos en el parque. Búscanos y ayúdanos a hacer un lugar más limpio.

¿Comprendiste?

Lee el anuncio en el periódico. Luego, lee cada oración y contesta **cierto** o **falso**.

C F **1.** Los voluntarios trabajan en el bosque.

C F **2.** Los voluntarios limpian los sábados.

C F **3.** Las personas responsables son pocas.

C F **4.** El trabajo es menos difícil si son muchos voluntarios.

C F **5.** Este sábado, los chicos no pueden ir.

¿Qué piensas?

¿Piensas que muchas personas no son responsables?

____

____

____

Nombre ______________________ Clase ______________ Fecha ______

Leer B

Level 2, pp. 442-443

¡AVANZA! **Goal:** Read about how to protect the environment.

Los chicos que protegen el parque pusieron este cartel en la entrada.

Protege nuestro parque

Es cierto que nuestro parque es hermoso pero es muy difícil conservarlo así. La basura contamina el parque y el medio ambiente.

Los voluntarios ‹‹Amigos de la naturaleza›› llevan la basura a reciclar. No es cierto que esto sea poco trabajo, porque, antes de hacer esto, tienen que recoger la basura que tú dejas en el suelo.

Por favor, pon la basura en los basureros. Nosotros la recogeremos todos los martes, jueves y domingos.

¿Comprendiste?

Lee el cartel que pusieron los chicos. Luego, marca con una X las cosas que tienen que hacer las personas que visitan el parque.

1. Poner la basura en los basureros. ____
2. Reciclar la basura. ____
3. Contaminar el medio ambiente. ____
4. Recoger la basura que dejan las personas. ____
5. Conservar el parque hermoso. ____
6. Hacer mucho trabajo de voluntario. ____

¿Qué piensas?

¿Piensas que si todos ayudan es más fácil conservar los parques limpios? ¿Por qué?

____

____

____

____

Nombre ________________________ Clase ______________ Fecha ______________

Leer C

Level 2, pp. 442-443

¡AVANZA! **Goal:** Read about how to protect the environment.

Roberto escribe artículos en el periódico sobre la naturaleza.

¡Queremos aire puro!

Es cierto que todos quieren vivir en un mundo mejor y respirar aire puro. Pero son muy pocos los que ayudan a conservar el aire sin contaminación. El uso de los coches causa, en gran parte, el smog de la ciudad. Las personas no ponen la basura en los basureros y no reciclan. Otras personas dañan el medio ambiente usando productos que contaminan. Hay también otros problemas como la deforestación de los bosques y los incendios forestales.

La contaminación es un problema de todos. Es cierto que no todos quieren trabajar de voluntarios para proteger la naturaleza, pero al menos tienen que ayudar a los que sí trabajan por el medio ambiente. ¿Cómo? Es fácil. Pon la basura en el basurero y recicla lo que puedes. Usa productos naturales que no causan contaminación. Y puedes hacer muchas otras cosas más. Sé responsable...

¿Comprendiste?

Lee el artículo de Roberto. Luego, completa las siguientes oraciones:

1. Todos quieren ______________________________
2. Hay pocas personas que ______________________________
3. Otros problemas para el medio ambiente son ______________________________

____

¿Qué piensas?

¿Piensas que el problema de la contaminación será más serio en el futuro? ¿Por qué?

____

____

____

____

Escribir A

Level 2, pp. 442-443

¡AVANZA! **Goal:** Write about protecting the environment.

Step 1

Escribe una lista de tres palabras o frases para describir problemas para el medio ambiente.

Step 2

Usa la lista para escribir tres oraciones de las cosas que tenemos que hacer para proteger el medio ambiente de los problemas que escribiste en la tabla. ¿Qué harás tú para proteger el medio ambiente?

____

____

____

____

____

____

Step 3

Evaluate your writing using the information in the table.

Writing Criteria	Excellent	Good	Needs Work
Content	You have stated three things that are necessary to protect the environment.	You have stated two things that are necessary to protect the environment.	You have not stated what is necessary to protect the environment.
Communication	Most of your response is clear.	Some of your response is clear.	Your response is not very clear.
Accuracy	You make few mistakes in grammar and vocabulary.	You make some mistakes in grammar and vocabulary.	You make many mistakes in grammar and vocabulary.

Nombre _______________ Clase _______________ Fecha _______________

Escribir B

Level 2, pp. 442-443

¡AVANZA! **Goal:** Write about protecting the environment.

Step 1

Vas a escribir un párrafo sobre cómo proteger el medio ambiente. Primero escribe una lista de cuatro conceptos importantes sobre el medio ambiente.

____

____

____

____

Step 2

Con los conceptos de arriba, escribe un texto de cuatro oraciones para explicar qué podemos hacer en el futuro para proteger más el medio ambiente. Usa el futuro y **(no) es cierto que**.

____

____

____

____

____

Step 3

Evaluate your writing using the information in the table.

Writing Criteria	Excellent	Good	Needs Work
Content	You include four sentences to explain how to protect the environment.	You include two to three sentences to explain how to protect the environment.	You include one or fewer sentences to explain how to protect the environment.
Communication	Most of your message is organized and easy to follow.	Parts of your message are organized and easy to follow.	Your message is disorganized and hard to follow.
Accuracy	You make few mistakes in grammar and vocabulary.	You make some mistakes in grammar and vocabulary.	You make many mistakes in grammar and vocabulary.

Nombre ______________________ Clase ______________ Fecha __________

Escribir C

Level 2, pp. 442-443

¡AVANZA! **Goal:** Write about protecting the environment.

Step 1

Vas a escribir un artículo sobre el medio ambiente. Primero, escribe una lista de cinco cosas que podemos hacer en el futuro para proteger la naturaleza.

____

____

____

____

Step 2

Usando las ideas de arriba, escribe un artículo de cinco oraciones para el periódico escolar. Habla sobre qué podemos hacer en el futuro para proteger la naturaleza.

____

____

____

____

____

Step 3

Evaluate your writing using the information in the table.

Writing Criteria	Excellent	Good	Needs Work
Content	You include five sentences to tell how to protect the environment.	You include three to four sentences to tell how to protect the environment.	You include two or fewer sentences to tell how to protect the environment.
Communication	Most of your sentences are organized and easy to follow.	Parts of your sentences are organized and easy to follow.	Your sentences are disorganized and hard to follow.
Accuracy	You make few mistakes in grammar and vocabulary.	You make some mistakes in grammar and vocabulary.	You make many mistakes in grammar and vocabulary.

Nombre ______________________________ Clase ________________ Fecha ________

Cultura A

Level 2, pp. 442-443

¡AVANZA! **Goal:** Review cultural information about Ecuador.

1 **Ecuador** Responde a las siguientes preguntas con una de las tres opciones.

1. ¿Cuál es la moneda de Ecuador? ____
   a. el peso ecuatoriano **b.** el dólar estadounidense **c.** la peseta ecuatoriana
2. ¿En qué mes se celebran las artes en Ecuador? ____
   a. junio **b.** diciembre **c.** agosto
3. ¿Cómo se llama la Fiesta del Sol? ____
   a. Inti Raymi **b.** Galápagos **c.** Quechua
4. ¿Dónde está la Estación Científica Charles Darwin? ____
   a. en Venezuela **b.** en Quito **c.** en las Islas Galápagos

2 **Los animales en peligro de extinción** Une con una línea el animal en peligro de extinción de la izquierda con sus característica a la derecha.

Las tortugas gigantes	Vive en las selvas de Centroamérica y Sudamérica.
El jaguar	Pueden vivir más de 100 años.
El oso de anteojos	La organización FUDENA trabaja para su protección.

3 **Conserva el medio ambiente** Describe tres maneras en que las personas y las organizaciones pueden ayudar a los animales en peligro de extinción y proteger el medio ambiente.

____

____

____

____

____

____

UNIDAD 8 Lección 1 • Cultura A

Nombre ______________________ Clase ______________ Fecha ________

Cultura B

Level 2, pp. 442-443

¡AVANZA! **Goal:** Review cultural information about Ecuador.

1 **La cultura en Ecuador** Escoge de las palabras en paréntesis y completa las oraciones.

1. Los ecuatorianos hablan español y (quechua / inglés).
2. Desde 2000, la moneda que se usa en Ecuador es el (dólar estadounidense/peso).
3. En la Fiesta del Sol el líder de los bailes se pone una máscara con dos caras, una que representa el día y otra que representa (el sol / la noche).
4. En Quito, agosto es el mes de (las artes / las ciencias).

2 **Los animales en peligro de extinción** Contesta las preguntas con oraciones completas.

1. ¿Qué animales hay en las Islas Galápagos?

____

____

2. ¿Qué animales están en peligro por la deforestación y la caza?

____

____

3. ¿Qué organización trabaja para proteger al oso de anteojos?

____

3 **La Estación Científica Charles Darwin** Quieres trabajar de voluntario(a) en la Estación Científica Charles Darwin. Escríbeles una carta y explícales cómo quieres ayudarles.

____

____

____

____

____

Nombre ______________________ Clase ______________ Fecha ______________

Cultura C

Level 2, pp. 442-443

¡AVANZA! **Goal:** Review cultural information about Ecuador.

1 **Ecuador** Responde a las siguientes preguntas con oraciones completas.

1. ¿Quién es el Aya Uma y qué hace? ____________________
2. ¿Qué pájaro observó Charles Darwin en las islas Galápagos? ____________________
3. ¿Qué se celebra cada junio en Ecuador? ____________________

2 **Los animales** Eres periodista en una revista científica. Escribe un artículo para describir los animales particulares de Ecuador y Venezuela.

____

3 **Visita Ecuador** Escribe un anuncio para animar *(encourage)* a los turistas a visitar Ecuador. Incluye información sobre las celebraciones, su naturaleza y los lugares que pueden visitar.

____

Nombre ______________________ Clase ______________ Fecha __________

Vocabulario A

Level 2, pp. 446-450

¡AVANZA! **Goal:** Talk about professions and about the future.

1 Mis amigos y yo estamos pensando en nuestra profesión. Une con flechas las profesiones con lo que hace cada una.

a. Profesor	Dibuja edificios.
b. Doctor	Enseña a jóvenes.
c. Arquitecto	Construye edificios.
d. Programador	Cura a enfermos.
e. Ingeniero	Trabaja con computadoras.

2 Observa las profesiones y oficios que mis amigos y yo queremos. Completa las siguientes oraciones:

1.

2.

3.

4.

5.

1. Marisa quiere ser ______________________.
2. Carlos quiere ser ______________________.
3. Carmen quiere ser ______________________.
4. Víctor quiere ser ______________________.
5. Emilio quiere ser ______________________.

3 Contesta las siguientes preguntas con una oración completa.

1. ¿Qué puedes hacer en la universidad?

____

____

2. ¿Qué necesitas para ser artista?

____

____

Nombre ______________________ Clase ______________ Fecha __________

Vocabulario B

Level 2, pp. 446-450

¡AVANZA! **Goal:** Talk about professions and about the future.

1 Los amigos de Gustavo hablan sobre sus profesiones futuras. Completa la oración con la palabra correcta. Elígela de las palabras entre paréntesis.

1. A Lucas le gusta escalar; él será ______________.
   (cartero / alpinista / piloto)
2. A Irma le gustan los animales; ella será ______________.
   (enfermera / abogada / veterinaria)
3. A Manuel le gusta el arte; él será ______________.
   (artista / agente de bolsa / político)
4. A Jimena le gusta dibujar edificios; ella será ______________.
   (ingeniera / diseñadora / arquitecta)
5. A Martín le gusta enseñar a los jóvenes; él será ______________.
   (carpintero / profesor / bombero)

2 Gustavo habla con su amiga Sofía sobre las profesiones que quieren tener. Completa el siguiente diálogo.

Gustavo: Sofía, me interesa curar a las personas enfermas. Pienso que me gustaría ser ______________.

Sofía: Es una profesión muy linda. A mí también me interesa la salud, pero sólo de la boca. A mí me gustaría ser ______________.

Gustavo: Es una profesión interesante. También hay otras profesiones para cuidar la salud de los animales, como la de los ______________.

Sofía: Sí, y también hay personas que descubren curas, como los ______________.

3 Escribe tres oraciones sobre las profesiones que te gustaría tener y por qué.

1. ____
2. ____
3. ____

UNIDAD 8 • Vocabulario B
Lección 2

Nombre ______________________ Clase ______________ Fecha ________

Vocabulario C

Level 2, pp. 446-450

¡AVANZA! **Goal:** Talk about professions and about the future.

1 Hay muchas profesiones para estudiar: las que necesitan imaginación, las que se relacionan con los negocios... Coloca las profesiones en la columna correspondiente.

mujer de negocios	policía	dentista	diseñador
cartero	carpintero	arquitecto	profesor
enfermero bombero	hombre de negocios	agente de bolsa	doctor
artista	veterinario		

Salud	Usan la imaginación y las manos	Dinero y números	Ayudan o enseñan a las personas
________	________	________	________
________	________	________	________
________	________	________	________
________	________	________	________

2 ¿Qué profesión te gustaría tener? Completa las siguientes oraciones con las profesiones relacionadas a lo que te gusta.

1. Me gusta investigar: ______________________
____
2. Me gustan los peces: ______________________
____
3. Me gustan los edificios: ______________________
____
4. Me gusta ayudar a la gente: ______________________
____

3 Escribe un texto de tres oraciones para describir cuál será tu profesión en el futuro y por qué.

____
____
____

Nombre _______________________ Clase _______________ Fecha __________

Gramática A *Future Tense of Irregular Verbs*

Level 2, pp. 451-455

¡AVANZA! **Goal:** Use future tense of irregular verbs to talk about professions.

1 Marcos y sus amigos están pensando qué profesión tendrán. Subraya la forma verbal correcta en las siguientes oraciones.

1. La próxima semana nosotros (sabemos / sabremos) qué profesión quiere tener Marcos.
2. Se dice que Marcos (querrá / querré) ser abogado.
3. Marcos y Ana (tendrán / tienen) que pensar en alguna profesión interesante.
4. Si algo no me interesa, yo no (podrá / podré) estudiar.
5. ¿Mañana tú me (dirás / dices) qué profesión quieres?
6. En la escuela se habla de las profesiones que (tenían / tendrán) los estudiantes.

2 La próxima semana los amigos de Marcos investigarán sobre profesiones. Escribe oraciones completas con la información de abajo.

1. Marcos / salir a conocer universidades.

   ____

2. Marcos y Elena / hacer muchas preguntas.

   ____

3. Yo / saber mi profesión.

   ____

4. Elena y yo / les decir a nuestros padres.

   ____

5. ¿Tú / venir con nosotros?

   ____

3 ¿Qué cosas harás en el futuro? Completa las siguientes oraciones con los verbos **salir**, **poder** y **tener**.

1. Mañana, yo ____
2. El próximo mes yo ____
3. El próximo año yo ____

UNIDAD 8 Lección 2 • Gramática A

Nombre _______________________ Clase _____________ Fecha _______

Gramática B *Future Tense of Irregular Verbs*

Level 2, pp. 451-455

¡AVANZA! **Goal:** Use future tense of irregular verbs to talk about professions.

1 Los amigos de Norma tendrán diferentes profesiones. Une con flechas las personas con lo que harán en el futuro.

a. Norma	sabrán dibujar edificios.
b. Norma y Ernesto	pondrás tus cuadros en venta.
c. Norma y yo	haré una buena carrera.
d. Yo	saldremos en la televisión.
e. Tú	podrá curar enfermos.

2 Escribe tres oraciones para describir las cosas que harán los chicos en el futuro. Usa el futuro de los verbos y la información de las cajas.

Norma Norma y Ernesto Yo	tener poder querer	una buena profesión una profesión interesante estudiar muchas cosas

1. ____

2. ____

3. ____

3 Escribe tres oraciones con las cosas que pasarán en el futuro. Sigue el modelo.

modelo: Se piensa que habrá más abogados.

1. ____

2. ____

3. ____

Nombre ______________________ Clase ______________ Fecha ________

Gramática C *Future Tense of Irregular Verbs*

Level 2, pp. 451-455

¡AVANZA! **Goal:** Use future tense of irregular verbs to talk about professions.

1 Santiago habla de qué profesión tendrá en el futuro. Completa el texto con los verbos correspondientes. Escógelos de la caja y conjúgalos en futuro según la persona.

poder
tener
decir
hacer

Con la profesión que quiero, **1.** ______________ descubrir curas para las enfermedades. Con la profesión que **2.** ______________ mi amigo Eduardo, él **3.** ______________ usar esas curas. Yo quiero ser científico y él quiere ser doctor. Nosotros les **4.** ______________ a nuestros padres qué profesión **5.** ______________. Sé que ellos **6.** ______________ todo para ayudarnos a ir a la universidad.

2 Los amigos de Santiago tendrán diferentes profesiones. Escribe oraciones con las cosas que ellos harán. Usa el futuro de los siguientes verbos.

1. (Se dice que) Saber: ______________________________
2. Hacer: ______________________________
3. (Se habla de que) Venir: ______________________________
4. Haber: ______________________________
5. Salir: ______________________________

3 Escribe tres oraciones completas con lo que tú o tus amigos harán en el futuro. Usa los verbos **hacer**, **poder** y **querer**.

1. ______________________________
2. ______________________________
3. ______________________________

Nombre ______________________ Clase ______________ Fecha ______________

Gramática A *Pronouns*

Level 2, pp. 456-458

¡AVANZA! **Goal:** Use pronouns to talk about professions.

1 Juan quiere estudiar en otra ciudad. Encierra en un círculo el pronombre correcto.

1. Yo (me / te) quiero ir a estudiar a otra ciudad.

2. Yo (le / les) dije esto a mis padres.

3. Papá, no (se / me) preguntes más sobre la universidad, no sé qué más puedo decir(se / te).

4. El padre compró el boleto para Juan. No sé cuándo (me / se) (las / lo) dará.

2 Los chicos hablan de sus profesiones. Completa las oraciones con los pronombres correspondientes.

1. Vilma piensa en un edificio y __________ lo dibuja a su amigo Andrés.

2. A nosotros __________ gustan las profesiones que requieren imaginación.

3. A mí __________ interesa una profesión como artista o diseñador.

4. Susana, no __________ vayas tan temprano. Hábla__________ de tu profesión; queremos saber.

5. No sé qué oficio quiero; tengo que pensar__________ bien.

3 Contesta las siguientes preguntas con oraciones completas. Usa pronombres:

1. ¿Adónde te vas en verano?

____

____

2. ¿Qué te interesa estudiar?

____

____

3. ¿Qué les dices a tus amigos sobre sus profesiones?

____

____

Nombre ______________________________ Clase ______________ Fecha ________

Gramática B *Pronouns*

Level 2, pp. 456-458

¡AVANZA! **Goal:** Use pronouns to talk about professions.

1 Completa las siguientes oraciones con el pronombre correspondiente.

me	le	la	nos

1. Por favor, no __________ digas a nadie mi secreto.
2. A mí no __________ interesa mucho el arte.
3. A nosotros sí __________ gusta mucho la clase de arte.
4. ¿Me dices la noticia? Díme__________ ahora.

2 Los chicos hablan de distintas profesiones. Coloca el pronombre en el lugar que corresponde.

1. Mi mamá está enferma, voy a llevar__________ al doctor.
2. Mi perro no come bien, yo __________ __________ diré al veterinario.
3. Soy buceador y veo peces en el mar, si quieres te __________ describo.
4. ¿Quieres llamar__________ mañana para ir juntas a la universidad?
5. A mí __________ interesa viajar en avión; seré piloto.

3 Éstas son las cosas que hacen los chicos. Reescribe las oraciones usando pronombres, como en la primera oración.

modelo: Me gusta enseñar historia a los jóvenes. Me gusta enseñársela.

1. No digas a las personas tu profesión; es una sorpresa.

____

2. ¿Puedes dibujar una casa para mí?

____

3. Por favor, mándale un correo electrónico al arquitecto.

____

4. Ese cartero lleva las cartas a mi barrio.

____

UNIDAD 8 Lección 2 • Gramática B

Nombre ______________________ Clase ______________ Fecha __________

Gramática C *Pronouns*

Level 2, pp. 456-458

¡AVANZA! **Goal:** Use pronouns to talk about professions.

1 No podemos entender bien qué están diciendo los chicos. Ordena las siguientes oraciones.

1. las No gustan nos profesiones peligrosas; dan nos miedo.
____
2. Julián la se vida se como ganará bombero; digas no a su madre lo.
____
3. universidad Marta va nueva mañana se a la; quiere la conocer.
____
4. ¿piensas Tú que veremos en la nos universidad?
____

2 Escribe cinco oraciones con las cosas que te gustan de una profesión. Usa los pronombres entre paréntesis.

1. (la) ____
2. (se) ____
3. (me) ____
4. (los) ____
5. (les) ____

3 Escríbe un correo electrónico de cuatro oraciones a un amigo para contarle sobre tu futuro. Usa pronombres.

____
____
____
____
____
____
____

Nombre ______________________ Clase ______________ Fecha __________

Integración: Hablar

Level 2, pp. 459-461
WB CD 04 track 31

Sonia investiga diferentes profesiones en la Feria de Trabajo.

Fuente 1 Leer

Lee el póster anunciando una feria de trabajo para estudiantes de la comunidad.

Se Buscan: Estudiantes jóvenes, inteligentes, con muchas preguntas sobre su futuro.

Feria de Trabajo Anual
sábado 18 de mayo 9 a.m.–7 p.m.
Auditorio, Colegio Sandoval

Agricultura * Artes * Construcción * Ciencias
Educación * Negocios * Salud * Turismo

En la Feria de Trabajo podrás hablar con representantes de muchas diferentes áreas de trabajo. Les podrás hacer preguntas sobre sus profesiones, y ellos te las contestarán. Saldrás con mucha información, algunos nuevos contactos y tal vez una decisión sobre algo muy importante para tu vida. ¿Vendrás?

Fuente 2 Escuchar *WB CD 04 track 32*

Escucha el anuncio para estudiantes que se presenta en la televisión local. Toma apuntes sobre la experiencia de Sonia.

____

____

____

____

Hablar

Explícales a tus amigos por qué piensas que es buena idea ir a la feria. ¿Qué dijo Sonia sobre la feria? ¿Qué profesiones podrán investigar? ¿Qué aprenderán y a quiénes conocerán?

modelo: La Feria de Trabajo será muy interesante porque...

Nombre ______________________ Clase ______________ Fecha __________

Integración: Escribir

Level 2, pp. 459-461
WB CD 04 track 33

Para muchos jóvenes, es difícil encontrar la profesión ideal. Francisco y Andrea tienen este problema, pero hoy Andrea encontró algo interesante.

Fuente 1 Leer

Lee la publicidad de una organización de la comunidad.

> ## Se necesitan: jóvenes responsables
>
> *¿Qué querrás hacer en el futuro?* Si quieres ayudar **ahora** a mejorar el mundo, trabaja de voluntario con nosotros. Te entrenaremos para una profesión mientras tú haces algo bueno para el mundo. Se buscan:
>
> - futuros arquitectos y carpinteros para construir casas para la gente que las necesitan;
> - futuros científicos e ingenieros para investigar sobre el medio ambiente y empezar programas en la comunidad para reducir la contaminación;
> - futuros profesores para dar clases divertidas a los niños sobre temas sociales y ecológicos;
> - futuros artistas y diseñadores para ayudar con nuestros anuncios y el sitio Web;
>
> ...y más.
>
> **Si quieres más información, pídesela a nuestro coordinador de voluntarios al siguiente número: 655-8080.**

Fuente 2 Escuchar *WB CD 04 track 34*

Escucha el mensaje que le dejó Andrea a su amigo Francisco. Toma apuntes.

____

____

____

____

Escribir

¿Cuál de las profesiones del anuncio podrán tener Andrea y Francisco? ¿Por qué? ¿Piensas que Francisco querrá participar en el programa?

modelo: Probablemente, Andrea será...

____

____

____

____

____

Nombre _______________ Clase _______________ Fecha _______________

Escuchar A

Level 2, pp. 466-467
WB CD 04 tracks 35-36

¡AVANZA! **Goal:** Listen to people talk about professions.

1 Escucha a Emiliano. Luego, lee cada oración y contesta **cierto** o **falso**.

C F **1.** Emiliano no quiere ir a la universidad.

C F **2.** Emiliano será científico.

C F **3.** Los científicos no saben muchas cosas.

C F **4.** Los científicos descubren curas.

C F **5.** Los doctores usan los descubrimientos de los científicos.

2 Escucha a Estela. Luego, completa las oraciones con las palabras entre paréntesis.

1. Estela quiere darles _______________ a las personas. (curas / descubrimientos)

2. Los enfermos van al doctor para _______________ . (verlo / mejorarse)

3. Para ser doctor, hay que tener muchos _______________. (conocimientos / enfermos)

4. Se dice que ser doctor es la _______________ más importante. (responsabilidad / profesión)

Nombre ______________________ Clase ______________ Fecha __________

Escucharate B

Level 2, pp. 466-467
WB CD 04 tracks 37-38

¡AVANZA! **Goal:** Listen to people talk about professions.

1 Escucha a Andrés. Encierra en un círculo las profesiones que él nombra.

doctor	ingeniero
arquitecto	abogado
veterinario	detective
científico	artista

2 Escucha a Mónica. Luego, completa las oraciones.

1. Mónica será ______________________ .
2. Mónica quiere esta profesión para ______________________ .
3. El padre de Mónica es ______________________ .
4. El padre de Mónica dibujará edificios y ella ______________________ .

Escuchar C

Level 2, pp. 466-467
WB CD 04 tracks 39-40

¡AVANZA! **Goal:** Listen to people talk about professions.

1 Escucha a Sonia. Luego completa la tabla con la profesión que tendrá cada chico y qué dice Sonia sobre cada uno.

Nombre	Profesión	¿Qué dice Sonia?
Sonia		
Federico		
Gastón		
Viviana		
Emiliano		

2 Escucha a Federico y toma notas. Luego, contesta las siguientes preguntas con oraciones completas.

1. ¿Qué quiere ser Federico?

____

____

2. ¿Para qué quiere estudiar Federico?

____

____

3. ¿Qué podrá hacer en su profesión?

____

____

4. ¿Cuáles son los animales favoritos de Federico?

____

____

Nombre ______________________ Clase ______________ Fecha __________

Leer A

Level 2, pp. 466-467

¡AVANZA! **Goal:** Read about professions.

Esta mañana, Julieta fue al consultorio del doctor pero no pudo verlo. Entonces, ella le escribió esta nota.

Doctor:

No puedo quedarme porque tengo que estudiar. Vendré mañana temprano. Necesito una cita porque hace días que me duele la cabeza. Creo que es por estudiar mucho, pero es preferible que usted me lo diga. Saldré de mi casa a las siete para tener la primera cita mañana. Si no puede verme mañana, por favor, llámeme al 555-6543

Julieta Mendoza

¿Comprendiste?

Lee la nota de Julieta. Luego, marca con una X las cosas que ella dice.

1. Julieta quiere ver al doctor. ____
2. El doctor no quiere verla. ____
3. Julieta no puede quedarse. ____
4. Julieta tiene que ir a trabajar. ____
5. A Julieta le duele la cabeza. ____
6. A Julieta no le gusta ir al consultorio del doctor. ____
7. El doctor puede decirle a Julieta por qué le duele. ____
8. Julieta sabe mejor que el doctor por qué le duele. ____

¿Qué piensas?

¿Qué piensas de la profesión de doctor?

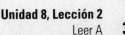

____

____

____

____

Nombre ______________________ Clase ______________ Fecha __________

Leer B

Level 2, pp. 466-467

¡AVANZA! **Goal:** Read about professions.

El próximo año, Miguel y sus amigos irán a la universidad. Ellos escriben en una hoja de papel qué harán en el futuro. En diez años, todos quieren leerla para ver si hicieron lo que pensaron antes de entrar a la universidad.

Raúl: Yo dibujaré los edificios más importantes de la ciudad. Unos años después, me casaré y tendré tres hijos.

Jimena: Yo estudiaré una profesión para ayudar a los enfermos y a los viejitos. Ayudaré a los doctores y atenderé a las personas. Después, habrá tiempo para el esposo y los hijos.

Ernesto: Con mi profesión podré descubrir peces que nadie vio antes. Viajaré por todos los mares del mundo.

Viviana: Yo haré las pinturas más famosas de la historia. La gente vendrá de todos los lugares del mundo para verlas.

¿Comprendiste?

Lee la hoja que escribieron los chicos. Luego, une con flechas las personas con la profesión que tendrán.

a. Raúl	Buceador(a)
b. Jimena	Arquitecto(a)
c. Ernesto	Artista
d. Viviana	Enfermero(a)

¿Qué piensas?

1. ¿Qué piensas que harás en el futuro? ¿Por qué?

____

____

____

Nombre ______________________ Clase ______________ Fecha __________

Leer C

Level 2, pp. 466-467

¡AVANZA! **Goal:** Read about professions.

Verónica está pensando qué profesión tendrá. Ella le escribe un correo electrónico a su mejor amigo para decirle lo que piensa.

> Hola, Omar.
>
> Este año tengo que saber qué profesión tendré. Mi problema es que me interesan muchas profesiones pero ninguna me interesa más que otra. Al menos sé que me gusta usar la imaginación. Por lo tanto, puedo estudiar para ser arquitecta, pero también puedo estudiar para ser diseñadora. El arte me interesa mucho pero pienso que no puedo ganarme la vida como artista.
>
> Me parece que nunca sabré qué profesión quiero tener, ¿tú, qué me dices?, ¿qué podré hacer?
>
> Verónica

¿Comprendiste?

Lee el correo electrónico de Verónica. Luego, contesta las preguntas con oraciones completas.

1. ¿Qué problema tiene Verónica?

____

2. ¿Qué le gusta usar a Verónica?

____

3. ¿Qué profesiones puede tener Verónica?

____

¿Qué piensas?

¿Piensas que es fácil ganarse la vida con la profesión de artista? ¿Por qué?

____

____

____

____

Nombre ______________________ Clase ______________ Fecha ________

Escribir A

Level 2, pp. 466-467

¡AVANZA! **Goal:** Write about professions.

Step 1

Escribe una lista de tres profesiones que te gustaría tener.

1. ______________________
2. ______________________
3. ______________________

Step 2

Escribe cuatro oraciones completas para describir las profesiones que escribiste arriba. Usa pronombres y di cuál de las profesiones tendrás.

____

____

____

____

____

Step 3

Evaluate your writing using the information in the table.

Writing Criteria	Excellent	Good	Needs Work
Content	You have included four sentences that describe the professions you would like to have.	You have included three sentences that describe the professions you would like to have.	You have included two or fewer sentences that describe the professions you would like to have.
Communication	Most of your sentences are clear.	Some of your sentences are clear.	Your sentences are not very clear.
Accuracy	You make few mistakes in grammar and vocabulary.	You make some mistakes in grammar and vocabulary.	You make many mistakes in grammar and vocabulary.

Nombre _______________________ Clase _____________ Fecha ___________

Escribir B

Level 2, pp. 466-467

¡AVANZA! **Goal:** Write about professions.

Step 1

Escribe una lista de las profesiones que tú y tus amigos quieren tener.

____

____

____

Step 2

Usa la lista para escribir un texto de cuatro oraciones para describir qué profesión tendrán tú y tus amigos en el futuro. Usa pronombres y el futuro.

____

____

____

____

____

____

Step 3

Evaluate your writing using the information in the table.

Writing Criteria	Excellent	Good	Needs Work
Content	You have included four sentences that describe the profession you and your friends will have in the future.	You have included two to three sentences that describe the profession you and your friends will have in the future.	You have included one sentence that describes the profession you and your friends will have in the future.
Communication	Most of your sentences are organized and easy to follow.	Parts of your sentences are organized and easy to follow.	Your sentences are disorganized and hard to follow.
Accuracy	You make few mistakes in grammar and vocabulary.	You make some mistakes in grammar and vocabulary.	You make many mistakes in grammar and vocabulary.

Nombre ______________________ Clase ______________ Fecha __________

Escribir C

Level 2, pp. 466-467

¡AVANZA! **Goal:** Write about professions.

Step 1

Escribe qué hacen las personas que tienen las siguientes profesiones:

1. Doctor: ______________________
2. Arquitecto: ______________________
3. Carpintero: ______________________
4. Veterinario: ______________________

Step 2

Escribe cinco oraciones sobre las profesiones de la lista. Di qué prefieres estudiar y por qué. Usa el futuro y pronombres.

____

____

____

____

____

____

Step 3

Evaluate your writing using the information in the table.

Writing Criteria	Excellent	Good	Needs Work
Content	You include five sentences to describe the professions you would like to have in the future.	You include three to four sentences to describe the professions you would like to have in the future.	You include two or fewer sentences to describe the professions you would like to have in the future.
Communication	Most of your message is organized and easy to follow.	Parts of your message are organized and easy to follow.	Your message is disorganized and hard to follow.
Accuracy	You make few mistakes in grammar and vocabulary.	You make some mistakes in grammar and vocabulary.	You make many mistakes in grammar and vocabulary.

Nombre _______________ Clase _______________ Fecha _______________

Cultura A

Level 2, pp. 466-467

¡AVANZA! **Goal:** Review cultural information about Ecuador.

1 **Los concursos intercolegiales** Completa las oraciones con una palabra entre paréntesis.

1. Los concursos intercolegiales son concursos de escuelas contra (otras escuelas / los maestros).
2. Los estudiantes compiten en asignaturas como música, poesía, oratoria, ciencias, arte y (matemáticas / arquitectura).
3. Los estudiantes ganan premios como trofeos, medallas y (dinero / becas).
4. Los concursos les dan experiencia para sus (profesiones / escuelas)

2 **El artista** Contesta las siguientes preguntas.

1. Eduardo Kingman ¿es escritor o es pintor? Eduardo Kingman es _______________.
2. ¿Qué caracteriza a sus pinturas, las cabezas grandes o las manos grandes?

   _______________ caracterizan a sus pinturas.
3. ¿Qué representa la pintura de Kingman en la página 453 de tu libro?

   ____

3 **Iván Vallejo y el andinismo** Contesta las siguientes preguntas con oraciones completas.

1. ¿Dónde escaló montañas Iván Vallejo?

   ____
2. ¿Cómo compró su equipo de andinismo?

   ____
3. ¿Qué estudió en la universidad?

   ____
4. ¿Por qué es especial su viaje al Everest?

   ____

   ____

Nombre ______________________ Clase ______________ Fecha __________

Cultura B

Level 2, pp. 466-467

¡AVANZA! **Goal:** Review cultural information about Ecuador.

1 **El artista** Completa las oraciones sobre Eduardo Kingman con las palabras correctas.

Me llamo Eduardo Kingman y soy un artista **1.** (ecuatoriano / mexicano).

En mis pinturas hay **2.** (personas / animales) con manos muy grandes.

2 **En Ecuador** Completa las oraciones con las palabras correctas.

1. ¿Qué especies de animales de las Galápagos van a ver los turistas? Van a ver

______________ y las tortugas gigantes.

2. Los concursos intercolegiales son competencias contra ______________

3. En el mes de agosto puedes ver muchos ______________ culturales en Quito.

4. La Fiesta del Sol, o Inti Raymi, se celebra en ______________ en Ecuador.

3 **Dos profesiones únicas** Escribe un párrafo sobre Iván Vallejo y Yucef Merhi. Primero, organiza tus ideas en el organigrama *(chart)*, usando palabras de la caja. Después, escribe tu párrafo comparando los dos y sus profesiones.

la tecnología	las montañas	los juegos de video
la cima	el arte	los Alpes

Iván Vallejo	Yucef Merhi

____

____

____

____

Nombre ______________________ Clase ______________ Fecha ________

Cultura C

Level 2, pp. 466-467

¡AVANZA! **Goal:** Review cultural information about Ecuador.

1 **Los concursos intercolegiales** Contesta las siguientes preguntas con oraciones completas.

1. ¿Quiénes participan en los concursos intercolegiales? ______________________

____

2. ¿En qué asignaturas se compite? ______________________

____

3. ¿Qué premios ganan los competidores? ______________________

____

2 **El artista Eduardo Kingman** Eres un crítico de arte. Escribe una crítica de la pintura de Eduardo Kingman.

____

____

____

____

3 **El diario** Escoge a Iván Vallejo o a Yucef Merhi. Escribe qué cosas crees que él escribió en su diario personal cuando era niño, qué cosas hacía y qué cosas quería hacer de mayor. Sigue el modelo.

modelo: Me llamo Iván Vallejo. Tengo siete años. Quiero ser alpinista. En el futuro, yo...

____

____

____

____

____

____

Nombre ______________________ Clase ______________ Fecha ________

Comparación cultural: Las profesiones y el mundo de hoy

Level 2, pp. 244-245

Lectura y escritura

After reading the paragraphs about different professions by Mario, Roberto, and Tania, write a paragraph about a profession that would allow you to help others or protect the environment. Use the information in your chart to write sentences, and then write a paragraph that describes the profession you choose.

Step 1

Complete the chart describing as many details as you can about a profession that would allow you to help others or protect the environment.

Profesión	Qué se hace	Cómo ayuda	Por qué me gusta

Step 2

Now take the details from your chart and write a sentence for each topic on the chart.

____

____

____

____

____

____

____

____

UNIDAD 8 • Lección 2 Comparación cultural

Nombre ______________________ Clase ______________ Fecha ________

Comparación cultural: Las profesiones y el mundo de hoy

Level 2, pp. 244-245

Lectura y escritura (continued)

Step 3

Now write your paragraph using the sentences you wrote as a guide. Include an introduction sentence and use the phrases **es cierto que, es verdad que,** and **es importante que** to write about your profession.

____

____

____

____

____

____

____

Checklist

Be sure that…

- ☐ all the details about your profession from your chart are included in the paragraph;
- ☐ you use details to describe each aspect of the profession and how it helps others or the environment;
- ☐ you include impersonal expressions and new vocabulary words.

Rubric

Evaluate your writing using the rubric below.

Writing criteria	Excellent	Good	Needs Work
Content	Your description includes many details about your profession.	Your description includes some details about your profession.	Your description includes little information about your profession.
Communication	Most of your description is organized and easy to follow.	Parts of your description are organized and easy to follow.	Your description is disorganized and hard to follow.
Accuracy	Your description has few mistakes in grammar and vocabulary.	Your description has some mistakes in grammar and vocabulary.	Your description has many mistakes in grammar and vocabulary.

Nombre ______________________ Clase ______________ Fecha ______________

Comparación cultural: Las profesiones y el mundo de hoy

Level 2, pp. 244-245

Compara con tu mundo

Now write a comparison about your profession and that of one of the three students from page 469. Organize your comparison by topics. First, compare what people do in each profession and then how each profession helps others or protects the environment.

Step 1

Use the chart to organize your comparison by topics. Write details for each topic about your chosen profession and that of the student you chose.

	Mi profesión	La profesión de ______
Nombre de la profesión		
Qué se hace		
Cómo ayuda		

Step 2

Now use the details from the chart to write a comparison. Include an introduction sentence and write about each topic. Use the phrases **es cierto que, es verdad que,** and **es importante que** to describe your profession and that of the student you chose.

____

____

____

____

____

____

____

Identify and Describe People

PEOPLE	
el (la) director (a) de la escuela	*school principal*
el hombre	*man*
el (la) maestro (a)	*teacher*
la mujer	*woman*
APPEARANCES	
alto (a)	*tall*
bajo (a)	*short*
pelirrojo (a)	*red-haired*
rubio (a)	*blond*
QUALITIES	
artístico(a)	*artistic*
atlético(a)	*athletic*
bonito (a)	*handsome/pretty*
cómico (a)	*funny*
desorganizado (a)	*disorganized*
estudioso (a)	*studious*
organizado (a)	*organized*
perezoso (a)	*lazy*
serio (a)	*serious*
simpático (a)	*nice*
trabajador (a)	*hardworking*

Say Where You Go

la biblioteca	*library*
el café	*café*
la cafetería	*cafeteria*
la casa del amigo	*friend's house*
el centro	*center; downtown*
el centro comercial	*shopping center; mall*
el cine	*movie theater; the movies*
el concierto	*concert*
la escuela	*school*
el estadio	*stadium*
la fiesta	*party*
el gimnasio	*gymnasium*
la oficina	*office*
el parque	*park*
el partido	*. . .game*
de fútbol	*soccer . . .*
de béisbol	*baseball . . .*
de básquetbol	*basketball . . .*
la piscina	*pool*
el restaurante	*restaurant*
la clase	*class; classroom*
el teatro	*theater*
la tienda	*store*

Describe How You Feel

estar...	*to be...*
alegre	*happy*
bien	*well; fine*
contento (a)	*happy*
cansado (a)	*tired*
deprimido (a)	*depressed*
emocionado (a)	*excited*
enfermo (a)	*sick*
enojado	*angry*
mal	*bad*
más o menos	*so-so*
nervioso (a)	*nervous*
ocupado (a)	*busy*
regular	*okay*
tranquilo (a)	*calm*
triste	*sad*
tener...	*to be . . .*
calor	*hot*
frío	*cold*
hambre	*hungry*
miedo	*scared*
sed	*thirsty*
razón	*right*

Food

el almuerzo	*lunch*
la carne	*meat*
la cena	*dinner*
la comida	*food*
el desayuno	*breakfast*
la ensalada	*salad*
los frijoles	*beans*
la fruta	*fruit*
la hamburguesa	*hamburger*
la manzana	*apple*
la naranja	*orange*
el pescado	*fish*
el pollo	*chicken*
el postre	*dessert*
el sándwich	*sandwich*
las verduras	*vegetables*

Activities

almorzar	*to eat lunch*
beber refrescos	*to have soft drinks*
escribir correos electrónicos	*to write e-mails*
escuchar música	*to listen to music*
estudiar	*to study*
ir de compras	*to go shopping*
jugar al fútbol	*to play soccer*
pasar un rato con los amigos	*to spend time with friends*
leer un libro	*to read a book*
mirar la televisión	*to watch television*
practicar deportes	*to practice/play sports*

¡Avancemos! Lección preliminar
VOCABULARIO

Copyright © by McDougal Littell, a division of Houghton Mifflin Company. All rights reserved.

¡Avancemos! Unidad 1, Lección 1
VOCABULARIO

Discuss Travel Preparations

PLANNING	
la agencia de viajes	*travel agency*
el (la) agente de viajes	*travel agent*
confirmar el vuelo	*to confirm a flight*
hacer la maleta	*to pack a suitcase*
hacer un viaje	*to take a trip*
ir de vacaciones	*to go on vacation*
llamar a	*to call someone (by phone)*
viajar	*to travel*

Ask For Information

Por favor, ¿dónde queda...?	*Can you please tell me where . . . is?*
ITEMS	
el boleto	*ticket*
el boleto de ida y vuelta	*roundtrip ticket*
el equipaje	*luggage*
la identificación	*identification*
el itinerario	*itinerary*
la maleta	*suitcase*
el pasaporte	*passport*
la tarjeta de embarque	*boarding pass*
el traje de baño	*bathing suit*

Around Town

la estación de tren	*train station*
la oficina de turismo	*tourist office*
la parada de autobús	*bus stop*
tomar un taxi	*to take a taxi*

At the Airport

BEFORE DEPARTURE	
abordar	*to board*
el aeropuerto	*airport*
el (la) auxiliar de vuelo	*flight attendant*
facturar el equipaje	*to check one's luggage*
hacer cola	*to get in line*
la pantalla	*monitor; screen*
el (la) pasajero(a)	*passenger*
la puerta	*gate*
la salida	*departure*
el vuelo	*flight*
AFTER ARRIVAL	
la llegada	*arrival*
pasar por la aduana	*to go through customs*
pasar por seguridad	*to go through security*
el reclamo de equipaje	*baggage claim*

¡Avancemos! Unidad 1, Lección 2
VOCABULARIO

Going on Vacation

VACATION ACTIVITIES	
acampar	*to camp*
dar una caminata	*to hike*
estar de vacaciones	*to be on vacation*
hacer una excursión	*to go on a day trip*
mandar tarjetas postales	*to send postcards*
montar a caballo	*to ride a horse*
pescar	*to fish*
el tiempo libre	*free time*
tomar fotos	*to take photos*
el (la) turista	*tourist*
ver las atracciones	*to go sightseeing*
visitar un museo	*to visit a museum*
VACATION LODGINGS	
el alojamiento	*lodging*
el ascensor	*elevator*
la habitación	*hotel room*
la habitación individual	*single room*
la habitación doble	*double room*
hacer/tener una reservación	*to make/to have a reservation*
el hostal	*hostel; inn*
el hotel	*hotel*
la llave	*key*
la recepción	*reception desk*

Describe the Past

anteayer	*the day before yesterday*
el año pasado	*last year*
el mes pasado	*last month*
la semana pasada	*last week*

Expressions

Le dejo... en...	*I'll give . . . to you for . . .*
Me gustaría...	*I would like . . .*
¿Podría ver...?	*Could I see / look at . . . ?*
¡Qué...!	*How . . .*
¡Qué caro(a)!	*How expensive!*
¡Qué bello(a)!	*How beautiful!*

Gifts and Souvenirs

ITEMS	
el anillo	*ring*
el arete	*earring*
las artesanías	*handicrafts*
el collar	*necklace*
las joyas	*jewelry*
el recuerdo	*souvenir*
la tarjeta postal	*postcard*
BUYING	
bello(a)	*beautiful; nice*
caro(a)	*expensive*
demasiado(a)	*too; too much*
el dinero en efectivo	*cash*
el mercado al aire libre	*open-air market*
regatear	*to bargain*
la tarjeta de crédito	*credit card*

Preterite of –ar Verbs

The **preterite** tense in Spanish tells what happened at a particular moment in the past. You form the **preterite** tense of regular verbs by adding tense endings to the verb stem.

Visitar *to visit*	
yo visit**é** tú visit**aste** usted, él, ella visit**ó**	nosotros(as) visit**amos** vosotros(as) visit**asteis** ustedes, ellos(as) visit**aron**

Preterite of ir, ser, hacer, ver, dar

ir *to go* / **ser** *to be*	
fui fuiste fue	fuimos fuisteis fueron

hacer *to do; make*	
hice hiciste hizo	hicimos hicisteis hicieron

ver *to see*	
vi vi vio	vimos visteis vieron

dar *to give*	
di diste dio	dimos disteis dieron

Nota gramatical: Each interrogative word has a written accent and some have masculine, feminine, and plural forms.

ad**ó**nde *to where*	cu**á**ntos *how many*
c**ó**mo *how*	d**ó**nde *where*
cu**á**l (es) *which (ones)*	por qu**é** *why*
cu**á**ndo *when*	qu**é** *what*
cu**á**nto(a) *how much*	qui**é**n (es) *who*

Qué can be followed directly by a noun but **cuál** cannot.

¿**Qué** hotel es el mejor? *What hotel is the best?*

¿**Cuál** de las llaves necesito? *Which key do I need?*

Direct Object Pronouns

Ser means ***to be.*** Use ser to identify a person or say where he or she is from.

Singular		Plural	
me	me	nos	us
te	you (familiar)	os	you (familiar)
lo	you (formal), him, it	los	you, them
la	you (formal), her, it	las	you, them

Indirect Object Pronouns

Singular		Plural	
me	me	nos	us
te	you (familiar)	os	you (familiar)
le	you (formal), him, her	les	you, them

Nota gramatical: When a person is the object of a **verb,** the **personal a** must be used after the **verb** and before the person that is the object. In general, **tener** does not take the **personal a.**

¿Conoce usted **a la professora** de ciencias? *Do you know the science teacher?*

Talk About Sporting Events

el campeonato	*championship*
el ciclismo	*bicycle racing*
la competencia	*competition*
competir (i)	*to compete*
estar empatado	*to be tied*
jugar (ue) en equipo	*to play on a team*
meter un gol	*to score a goal*
el premio	*prize; award*

Sports Equipment

la pista	*track*
la red	*net*
el uniforme	*uniform*

Express Emotions

¡Ay, por favor!	*Oh, please!*
¡Bravo!	*Bravo!*
¡Dale!	*Come on!*
¡Uy!	*Ugh!*

Discuss Ways to Stay Healthy

Es bueno...	*It's good . . .*
Es importante...	*It's important . . .*
Es necesario...	*It's necessary . . .*
hacer ejercicio	*to exercise*
mantenerse (ie) en forma	*to stay in shape*
saludable	*healthy; healthful*
seguir (i) una dieta balanceada	*to follow a balanced diet*

Sports Competitions

la Copa Mundial	*The World Cup*
los Juegos Olímpicos	*The Olympic Games*
los Juegos Panamericanos	*The Panamerican Games*
la Vuelta a Francia	*The Tour de France*

Describe Athletes

activo(a)	*active*
el (la) deportista	*sportsman / woman*
lento(a)	*slow*
musculoso(a)	*muscular*
rápido(a)	*fast*

Talk About Your Daily Routine

acostarse (ue)	*to go to bed*
afeitarse	*to shave oneself*
apagar la luz	*to turn off the light*
arreglarse	*to get ready*
bañarse	*to take a bath*
cepillarse los dientes	*to brush one's teeth*
despertarse (ie)	*to wake up*
dormirse (ue)	*to fall asleep*
ducharse	*to take a shower*
encender (ie) la luz	*to turn on the light*
entrenarse	*to train*
lavarse	*to wash oneself*
levantarse	*to get up*
maquillarse	*to put on makeup*
peinarse	*to comb one's hair*
ponerse la ropa	*to put on clothes*
la rutina	*routine*
secarse	*to dry oneself*
tener prisa	*to be in a hurry*
tener sueño	*to be sleepy*

Personal Care Items

el cepillo (de dientes)	*brush (toothbrush)*
el champú	*shampoo*
la crema de afeitar	*shaving cream*
el desodorante	*deodorant*
el jabón	*soap*
la pasta de dientes	*toothpaste*
el peine	*comb*
el secador de pelo	*hair dryer*
la toalla	*towel*

Parts of the Body

la cara	*face*
el codo	*elbow*
el cuello	*neck*
el dedo	*finger*
el dedo del pie	*toe*
el diente	*tooth*
la garganta	*throat*
el hombro	*shoulder*
la muñeca	*wrist*
el oído	*inner ear (hearing)*
la uña	*nail*

Clarify Sequence of Events

primero	*first*
entonces	*then; so*
luego	*later; then*
más tarde	*later on*
por fin	*finally*

How Often You Do Things

a veces	*sometimes*
frecuentemente	*frequently*
generalmente	*in general; generally*
normalmente	*usually; normally*

Reflexive Verbs

All **reflexive verbs** are expressed with a **reflexive pronoun.** The **pronoun** appears before the conjugated **verb.**

bañarse *to take a bath*			
yo	**me baño**	nosotros(as)	**nos bañamos**
tú	**te bañas**	vosotros(as)	**vos bañáis**
usted, él, ella	**se baña**	ustedes, ellos(as)	**se bañan**

Present Progressive

Use the present tense of **estar** plus the **present participle** to form the **present progressive.**

estar *to be*	
estoy	estamos
estás	estais
está	están

becomes	
comprar	comprando
comer	comiendo
excribir	escribiendo

Estoy comprando los boletos.

***I am buying** the tickets.*

Nota gramatical: When the verb **pensar** is followed by an **infinitive,** it means *to plan* or *to plan on.*

Pienso acostarme temprano esta noche. ***I plan** to go (on going) to bed early tonight.*

Preterite of –er, –ir verbs

The **preterite** tense endings are the same for **–er** and **–ir** verbs.

comer *to eat*	
comí comiste comió	comimos comisteis comieron

escribir *to write*	
escribí escribiste escribió	escribimos escribisteis escribieron

Demonstrative Adjectives and Pronouns

	Demonstrative Adjectives					
	close		not close		far away	
	m.	*f.*	*m.*	*f.*	*m.*	*f.*
Singular	**este**	**esta**	**ese**	**esa**	**aquel**	**aquella**
	this	*this*	*that*	*that*	*that*	*that*
Plural	**estos**	**estas**	**esos**	**esas**	**aquellos**	**aquellas**
	these	*these*	*those*	*those*	*those*	*those*

	Demonstrative Pronouns					
Singular	**éste**	**ésta**	**ése**	**ésa**	**aquél**	**aquélla**
Plural	**éstos**	**éstas**	**ésos**	**ésas**	**aquéllos**	**aquéllas**

Nota gramatical: **Adverbs** can be formed by adding **–mente** to the singular feminine form of an adjective.

rápido / rápida: Ricardo corre rápida**mente.** *Ricardo runs rapid**ly**.*

If the adjective has only one form, just add **–mente.**

¡Avancemos! Unidad 3, Lección 1
VOCABULARIO

Talk About Shopping

CLOTHING AND ACCESSORIES	
el abrigo	*coat*
las botas	*boots*
el chaleco	*vest*
el cinturón	*belt*
la falda	*skirt*
la gorra	*cap*
la pulsera	*bracelet*
el reloj	*watch*
las sandalias	*sandals*
el suéter	*sweater*
el traje	*suit*
CLOTHING FIT AND FASHION	
de cuadros	*plaid*
de rayas	*striped*
estar de moda	*to be in style*
el número	*shoe size*
la talla	*clothing size*
vestirse (i)	*to get dressed*
¿Cómo me queda(n)?	*How does it (do they) fit me?*
quedar...	*to fit . . .*
bien	*well*
mal	*badly*
flojo(a)	*loose*
apretado(a)	*tight*
WHERE YOU SHOP	
el almacén	*department store*
la farmacia	*pharmacy*
Internet	*Internet*
la joyería	*jewelry store*
la librería	*bookstore*
la panadería	*bakery*
la zapatería	*shoe store*

OTHER SHOPPING EXPRESSIONS	
Está abierto(a).	*It's open.*
Está cerrado(a).	*It's closed.*

Express Preferences and Opinions

Creo que sí.	*I think so.*
Creo que no.	*I don't think so.*
En mi opinión...	*In my opinion . . .*
Es buena idea / mala idea.	*It's a good idea / bad idea.*
Me parece que...	*It seems to me . . .*
encantar	*to delight*
interesar	*to interest*
importar	*to be important*
recomendar (ie)	*to recommend*

¡Avancemos! Unidad 3, Lección 2
VOCABULARIO

Items at the Market

los artículos	*goods*
barato(a)	*inexpensive*
la escultura	*sculpture*
fino(a)	*fine*
una ganga	*a bargain*
la pintura	*painting*
el retrato	*portrait*
único(a)	*unique*
(estar) hecho(a) a mano	*(to be) handmade*
ser de...	*to be made of . . .*
cerámica	*ceramic*
cuero	*leather*
madera	*wood*
metal	*metal*
oro	*gold*
piedra	*stone*
plata	*silver*

Expressions of Courtesy

Con mucho gusto.	*With pleasure.*
Con permiso.	*Excuse me.*
De nada.	*You're welcome.*
Disculpe.	*Excuse me; I'm sorry.*
No hay de qué.	*Don't mention it.*
Pase.	*Go ahead.*
Perdóneme.	*Forgive me.*

Ask for Help

¿Me deja ver...?	*May I see...?*

Irregular Preterite Verbs

The verbs **estar, poder, poner, saber,** and **tener** have a unique stem in the preterite, but they all take the same endings.

Verb	Stem	Preterite Endings	
estar	**estuv–**	**–e**	**–imos**
poder	**pud–**	**–iste**	**–isteis**
poner	**pus–**	**–o**	**–ieron**
saber	**sup–**		
tener	**tuv–**		

Note that there are no accents on these endings.

Preterite of –ir Stem-changing Verbs

Stem changing **–ir** verbs in the preterite change only in the **usted / él / ella** and the **usted / ellos / ellas** forms.

e → i in 3rd person singular and plural

pedir *to ask for*	
pedí	pedimos
pediste	pedisteis
p**i**dió	p**i**dieron

o → u in 3rd person singular and plural

dormir *to sleep*	
dormí	dormimos
dormiste	dormisteis
d**u**rmió	d**u**rmieron

Nota gramatical: To describe how long something has been going on, use:
hace + the period of time + que + the present tense.

Hace meses que quiero comprar esa pintura, pero todavía no tengo el dinero.
***I've been wanting** to buy that painting **for months,** but I still don't have the money.*

To ask how long something has been going on, use:
cuánto tiempo + hace + que + the present tense.

¿**Cuánto tiempo hace que quieres** comprar esa pintura?
***How long have you been wanting** to buy that painting?*

Nota gramatical: To describe how long ago something happened, use:
hace + the period of time + que + the preterite.

Hace dos años que fui a Puerto Rico.

I went** to Puerto Rico **two years ago.

Repaso: Present Tense Irregular yo Verbs

Some present-tense verbs are irregular only in the **yo** form.

hacer	poner	salir	traer
ha**go**	pon**go**	sal**go**	tra**igo**

conocer	dar	saber	ver
cono**zco**	d**oy**	s**é**	v**eo**

decir	venir	tener
d**igo**	ven**go**	ten**go**

Pronouns after Prepositions

Pronouns that follow **prepositions** are different from subject pronouns and object pronouns. Use these **pronouns** after prepositions like **para, de, a,** and **con.**

Pronouns after Prepositions	
mí	nosotros(as)
ti	vosotros(as)
él, ella, usted	ellos, ellas, ustedes

When you use **mí** and **ti** after the preposition **con,** they combine with **con** to form the word **conmigo** and **contigo.**

Nota gramatical: Other verbs are conjugated like gustar, such as encantar, interesar, importar, and quedar.

A Marta **le encantan** las pulseras. *The bracelets **delight** Marta.*

Copyright © by McDougal Littell, a division of Houghton Mifflin Company. All rights reserved.

To Tell a Legend

CHARACTERS	
el (la) dios(a)	*god / goddess*
el emperador	*emperor*
el (la) enemigo(a)	*enemy*
el (la) guerrero(a)	*warrior*
el ejército	*army*
el héroe	*hero*
la heroína	*heroine*
el (la) joven	*young man / woman*
la princesa	*princess*
EVENTS	
la batalla	*battle*
la guerra	*war*
casarse	*to get married*
contar (ue)	*to tell (a story)*
llevar	*to take; to carry*
llorar	*to cry*
morir (ue)	*to die*
pelear	*to fight*
regresar	*to return*
transformar	*to transform*
DESCRIPTIONS	
azteca	*Aztec*
estar enamorado (a) (de)	*to be in love (with)*
heroico(a)	*heroic*
histórico(a)	*historic; historical*
hermoso(a)	*handsome; pretty*
querido(a)	*beloved*
los celos	*jealousy*
tener celos	*to be jealous*
valiente	*brave*
PLACES	
la montaña	*mountain*
el palacio	*palace*
el volcán	*volcano*

PARTS OF A LEGEND	
la leyenda	*legend*
el mensaje	*lesson; message*
la narración	*narration*
el personaje	*character*
NARRATE PAST EVENTS	
Había una vez...	*Once upon a time there was / were . . .*
Hace muchos siglos...	*Many centuries ago . . .*
sobre	*about*

Ancient Civilizations

CHARACTERISTICS	
antiguo(a)	*ancient*
avanzado(a)	*advanced*
el calendario	*calendar*
la civilización	*civilization*
la estatua	*statue*
la herramienta	*tool*
el monumento	*monument*
el objeto	*object*
la pirámide	*pyramid*
la religión	*religion*
las ruinas	*ruins*
el templo	*temple*
la tumba	*tomb*
ACTIVITIES	
la agricultura	*agriculture*
cazar	*to hunt*
construir	*to build*
la excavación	*excavation*
PEOPLE	
el (la) agricultor(a)	*farmer*
los toltecas	*Toltecs*

Modern Civilizations

CITY LAYOUT	
la avenida	*avenue*
la acera	*sidewalk*
el barrio	*neighborhood*
la catedral	*cathedral*
la ciudad	*city*
la cuadra	*city block*
el edificio	*building*
moderno(a)	*modern*
la plaza	*plaza; square*
el rascacielos	*skyscraper*

ASK FOR AND GIVE DIRECTIONS	
¿Cómo llego a...?	*How do I get to . . . ?*
cruzar	*to cross*
doblar...	*to turn...*
a la derecha	*to the right*
a la izquierda	*to the left*
seguir (i) derecho	*to go straight*
desde	*from*
hasta	*to*
entre	*between*
frente a	*across from*
(en) la esquina	*(on) the corner*
el semáforo	*traffic light*

Preterite of –car, –gar, and –zar verbs

In the preterite, verbs that end in **–car, –gar,** and **–zar** are spelled differently in the **yo** form to maintain the pronunciation.

bus**car**	**c**	becomes	**qu**	(yo) bus**qué**
pa**gar**	**g**	becomes	**gu**	(yo) pa**gué**
empe**zar**	**z**	becomes	**c**	(yo) empe**cé**

More Verbs with Irregular Preterite Stems

The verbs **venir, querer, decir,** and **traer** have irregular **preterite stems.**

Verb	Stem	Irregular Preterite Endings	
venir querer	**vin–** **quis–**	**–e** **–iste** **–o**	**–imos** **–isteis** **–ieron**

Verb	Stem	ustedes/ ellos/ ellas
decir traer	**dij–** **traj–**	dij**eron** traj**eron**

Nota gramatical: Verbs such as **leer** and **construir** change the **i** to **y** in the él/ella/usted and ellos/ellas/ustedes forms of the preterite.

leer:	leí	leímos	**contruir:**	contruí	construimos
	leíste	leísteis		construiste	construisteis
	le**y**ó	le**y**eron		cóntru**y**ó	constru**y**eron

The Imperfect Tense

The **imperfect** is used to describe something that was not perfected or not completed in the past. Regular verbs in the **imperfect** take these endings:

est**ar**	hac**er**	sal**ir**
est**aba** est**abas** est**aba** est**ábamos** est**abais** est**aban**	hac**ía** hac**ías** hac**ía** hac**íamos** hac**íais** hac**ían**	sal**ía** sal**ías** sal**ía** sal**íamos** sal**íais** sal**ían**

Preterite and Imperfect

Use the **preterite** if the action started and ended at a definite time.

La guerra **empezó** en 1846.
*The war **began** in 1846.*

Use the **imperfect** to talk about past actions without saying when they began or ended.

Los guerros no **tenían** miedo del enemigo.
*The warriors **were not afraid** of the enemy.*

You can apply both tenses to talk about two overlapping events.

Cuando la guerra **terminó,** Santa Ana ***era*** presidente de México.
*When the war **ended,** Santa Ana **was** president of Mexico.*

Nota gramatical: To form most **past participles,** drop the infinitive ending and add **–ado** for **–ar** verbs or **–ido** for **–er** and **–ir** verbs.

cerrar	La oficina está cerr**ada.**	*The office is **closed.***
perder	Estamos perd**idos.**	*We're **lost.***
vestir	Carmen está bien vest**ida** hoy.	*Carmen is well **dressed** today.*

If the verb is reflexive, drop the **se** from the infinitive

peinar**se** → pein**ado**

¡Avancemos! Unidad 5, Lección 1
VOCABULARIO

Ingredients

el aceite	*oil*
el ajo	*garlic*
el azúcar	*sugar*
la cebolla	*onion*
las espinacas	*spinach*
la fresa	*strawberry*
la lechuga	*lettuce*
el limón	*lemon*
la mayonesa	*mayonnaise*
la mostaza	*mustard*
la pimienta	*pepper*
la sal	*salt*
el vinagre	*vinegar*
la zanahoria	*carrot*
el ingrediente	*ingredient*
el supermercado	*supermarket*
la tortilla de patatas	*potato omelet*

Describe Food

el sabor	*flavor*
agrio(a)	*sour*
caliente	*hot (temperature)*
delicioso(a)	*delicious*
dulce	*sweet*
fresco(a)	*fresh*
picante	*spicy; hot*
sabroso(a)	*tasty*
salado(a)	*salty*
¡Qué asco!	*How disgusting!*

Discuss Food Preparation

añadir	*to add*
batir	*to beat*
freír (i)	*to fry*
hervir (ie)	*to boil*
mezclar	*to mix*
probar (ue)	*to taste*
la receta	*recipe*

Having Meals

cenar	*to have dinner*
desayunar	*to have breakfast*
la merienda	*afternoon snack*

¡Avancemos! Unidad 5, Lección 2
VOCABULARIO

Phrases used in Restaurants

ORDERING	
¿Cuál es la especialidad de la casa?	*What is the specialty of the house?*
¿Me puede traer...?	*Can you bring me . . .?*
Y para comer (beber)...	*And to eat (drink) . . .*
¡Buen provecho!	*Enjoy!*
COMPLIMENTS	
¡Excelente!	*Excellent!*
Muy atento(a).	*Very attentive.*
Muy amable.	*Very kind.*
Gracias por atenderme.	*Thank you for your service.*

Restaurant Dishes

el caldo	*broth*
la chuleta de cerdo	*pork chop*
el entremés	*appetizer*
los espaguetis	*spaghetti*
la especialidad	*specialty*
el filete a la parrilla	*grilled steak*
el flan	*custard*
el gazpacho	*cold tomato soup*
la paella	*traditional Spanish rice dish*
el plato vegetariano	*vegetarian dish*
el pollo asado	*roasted chicken*
la tarta de chocolate	*chocolate cake*
el té	*tea*

Dessert Places

la heladería	*ice cream shop*
la pastelería	*pastry shop*

Setting the Table

la cuchara	*spoon*
el cuchillo	*knife*
la servilleta	*napkin*
el tenedor	*fork*
el vaso	*glass*

Food Preparation

batido(a)	*beaten*
cocido(a)	*cooked*
crudo(a)	*raw*
frito(a)	*fried*
hervido(a)	*boiled*
mezclado(a)	*mixed*
molido(a)	*ground*

Affirmative and Negative Words

Affirmative Words		Negative Words	
algo	something	nada	nothing
alguien	someone	nadie	no one
algún / alguno(a)	some	ningún/ ninguno(a)	none, not any
o… o	either . . . or	ni… ni	neither . . . nor
siempre	always	nunca	never
también	also	tampoco	neither, either

Double Object Pronouns

With both object pronouns, indirect object pronoun goes first.

indirect object ↓ ↓ *direct object*

La camarera **nos lo** trajo.

*The waitress brought **it** to **us.***

Pronouns can also go before the conjugated verb, or can attach to the infinitive or **–ndo** form.

↓ ↓ *before* — *attached* ↓ ↓

Me los vas a pedir. ***or*** Vas a **pedírmelos.**

Usted/Ustedes Commands

Ustedes **commands** take the **yo** form of verbs in the present tense.

Infinitive	Present Tense	usted	ustedes
probar (ue)	yo prueb**o**	prueb**e**	prueb**en**
com**er**	yo com**o**	com**a**	com**an**
añad**ir**	yo añad**o**	añad**a**	añad**an**

Pronoun Placement with Commands

In **Affirmative Commands,** object pronouns are attached to the end of the **verb.**

Llévenos al supermercado. ***Take us** to the supermarket.*

In **Negative Commands,** object pronouns are before the verb and after **no.**

No le venda esta camisa. ***Don't sell her** this shirt.*

Nota gramatical: To add emphasis to some adjectives, you can attach the ending **–ísimo(a, os, as).**

bello(a) ¡Esta cocina es **bellísima!** *This kitchen is **very (extremely)** beautiful!*

When the last consonant in the adjective is c, g, or z, spelling changes are required.

c→**qu** ri**c**o→ri**qu**ísimo

g→**gu** lar**g**o→lar**gu**ísimo

z→**c** feli**z**→feli**c**ísimo

¡Avancemos! Unidad 6, Lección 1
VOCABULARIO

Making Movies

ON THE SET	
el argumento	*plot*
editar	*to edit*
los efectos especiales	*special effects*
la escena	*scene*
esperar	*to wait (for)*
filmar	*to film*
fracasar	*to fail*
el guión	*screenplay*
hacer un papel	*to play a role*
el maquillaje	*makeup*
el sonido	*sound*
tener éxito	*to be successful*
EQUIPMENT	
la cámara de cine	*movie camera*
la cámara digital	*digital camera*
la cámara de video	*video camera*
el software	*software*
el micrófono	*microphone*
PEOPLE INVOLVED WITH MOVIES	
el actor	*actor*
la actriz	*actress*
el (la) camarógrafo(a)	*cameraman / camerawoman*
el (la) director(a)	*director*
la estrella de cine	*movie star*
la gente	*people*
el (la) guionista	*screenwriter*
famoso(a)	*famous*

Types of Movies

la animación	*animation*
la comedia	*comedy*
el documental	*documentary*
el drama	*drama*
la película...	*. . . film*
de aventuras	*action*
de ciencia ficción	*science fiction*
de fantasía	*fantasy*
de terror	*horror*

How Movies Affect You

Me hace reír.	*It makes me laugh.*
Me hace llorar.	*It makes me cry.*
Me da miedo.	*It scares me.*

¡Avancemos! Unidad 6, Lección 2
VOCABULARIO

Extendimg and Responding to Invitations

BY E-MAIL	
la dirección electrónica	*e-mail address*
estar en línea	*to be online*
hacer clic en	*to click on*
el icono	*icon*
el mensajero instantáneo	*instant messaging*
el ratón	*mouse*
el teclado	*keyboard*
ON THE TELEPHONE	
dejar un mensaje	*to leave a message*
el teléfono celular	*cellular phone*
¿Aló?; ¿Bueno?; ¿Diga?	*Hello?*
¿Está...?	*Is . . . there?*
No, no está.	*No, he's / she's not.*
Un momento.	*One moment.*
¿Puedo hablar con...?	*May I speak to . . .?*
CONVINCING OTHERS	
¡Cómo no!	*Of course!*
¡Te lo juro!	*I swear to you!*
¡Estoy convencido(a)!	*I'm convinced!*
¡Te digo la verdad!	*I'm telling you the truth!*
Te lo aseguro.	*I assure you.*
THE INVITATION	
la invitación	*invitation*
el fin de semana	*weekend*
el (la) próximo(a)	*next*
ACCEPTING AND DECLINING	
¡Claro que sí!	*Of course!*
Sí, me encantaría.	*Yes, I would love to.*
¡Qué lástima!	*What a shame!*

The Movie Premiere

la corbata	*tie*
el corbatín	*bow tie*
la gala	*gala; formal party*
la ropa elegante	*formalwear*
estrenar	*to premiere*
el estreno	*premiere*
la crítica	*review*

Express Hopes and Wishes

¡Ojalá!	*I hope so!*

Acceptance Speech Phrases

Estoy muy emocionado(a).	*I'm overcome with emotion.*
Quisiera dar las gracias a...	*I would like to thank . . .*

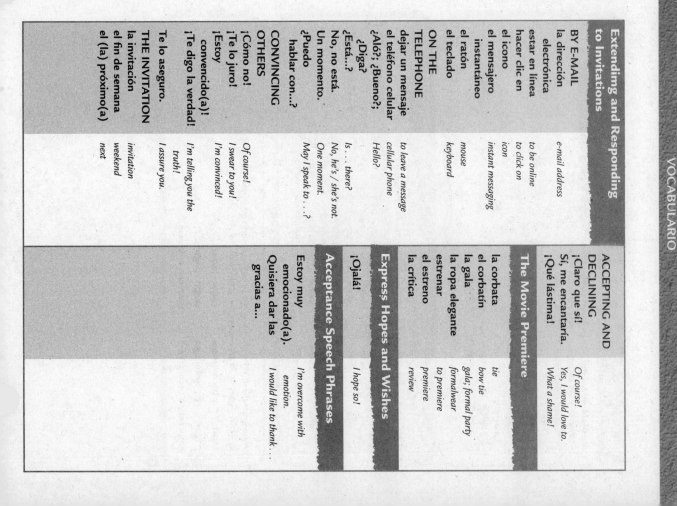

Present Subjunctive with **Ojalá**

Use **ojalá que...** with the **present subjunctive** to express hopes and wishes.
–ar verbs = **–e** endings **–er, –ir** verbs = **–a** endings

hablar	tener	escribir
hable	tenga	escriba
hables	tengas	escribas
hable	tenga	escriba
hablemos	tengamos	escribamos
habléis	tengáis	escribáis
hablen	tengan	escriban

More Subjunctive Verbs with **Ojalá**

The verbs **dar, estar, ir, saber,** and **ser** are irregular in the subjunctive.

dar	estar	ir	saber	ser
dé	esté	vaya	sepa	sea
des	estés	vayas	sepas	seas
dé	esté	vaya	sepa	sea
demos	estemos	vayamos	sepamos	seamos
deis	estéis	vayáis	sepáis	seáis
den	estén	vayan	sepan	sean

Nota gramatical: When forming the present subjunctive of verbs ending in **–car, –gar,** or **–zar,** change the spelling of the verb stem.

sa**car**	**c** becomes **qu**	sa**qu**e, sa**qu**es...
pa**gar**	**g** becomes **gu**	pa**gu**e, pa**gu**es...
empe**zar**	**z** becomes **c**	empie**c**e, empie**c**es...

Affirmative **Tú** Commands

Regular **affirmative tú commands** are the same as the **usted / él / ella** form in present tense.

Él **escribe** el guión y **filma** la película. **Escribe** el guión y **filma** la película.

*He **writes** the script and **films** the movie.* ***Write** the script and **film** the movie.*

Irregular Tú Commands		
	(yo form)	(**tú** command)
decir	digo	**di**
poner	pongo	**pon**
salir	salgo	**sal**
tener	tengo	**ten**
venir	vengo	**ven**

Some irregular **tú commands** are based on the present-tense **yo** form.

Negative **Tú** Commands

Negative tú commands begin with "**no**" and change verb ending.

–ar verbs: **–o** → **–es**

–er and **–ir** verbs: **–o** → **–as**

Infinitive	Present Tense	Negative tú command
mirar	yo miro	No mires...
comer	yo como	No comas
escribir	yo escribo	No escribas

Nota gramatical: When you want to say *Let's...!*, use **vamos + a + infinitive.**

¡**Vamos a ver** una película! ***Let's see** a movie!*

¡Avancemos! Unidad 7, Lección 1
VOCABULARIO

Discussing Important Issues

la cuestión	*question; issue*
la opinión	*opinion*
el punto de vista	*point of view*
por un lado...	*on the one hand*
y por otro lado...	*on the other hand . . .*
por eso	*for that reason; that's why*
sin embargo	*however*
no sólo... sino también	*not only . . . but also*
estar / no estar de acuerdo con	*to agree / disagree with*

The School Newspaper

CONTENTS	
el anuncio	*advertisement*
el artículo	*article*
la entrevista	*interview*
la información	*information*
las noticias	*news*
el periódico	*newspaper*
el titular	*headline*
ROLES	
el (la) editor(a)	*editor*
el (la) escritor(a)	*writer*
el (la) fotógrafo(a)	*photographer*
el (la) periodista	*reporter*
FUNCTIONS	
investigar	*to investigate*
entrevistar	*to interview*
publicar	*to publish*
explicar	*to explain*
describir	*to describe*
presentar	*to present*

School-related Issues

la amistad	*friendship*
la comunidad	*community*
escolar	*school (adj.); school-related*
la presión de grupo	*peer pressure*
la vida	*life*

Expressing Opinions

Es importante que...	*It's important that . . .*
Es bueno que...	*It's good that . . .*
Es malo que...	*It's not good that . . .*
Es preferible que...	*It's preferrable that . . .*
Es necesario que...	*It's necessary that . . .*

¡Avancemos! Unidad 7, Lección 2
VOCABULARIO

The Extended Family

el apellido	*last name*
la esposa	*wife*
el esposo	*husband*
la suegra	*mother-in-law*
el suegro	*father-in-law*
la cuñada	*sister-in-law*
el cuñado	*brother-in-law*
el (la) niño(a)	*child*
la novia	*girlfriend; fiancé*
el novio	*boyfriend; fiancé*
la sobrina	*niece*
el sobrino	*nephew*
la madrina	*godmother*
el padrino	*godfather*
el (la) pariente	*relative*

Relationships with Others

discutir	*to argue*
enojarse	*to get angry*
entenderse (ie) bien	*to understand each other well*
entenderse (ie) mal	*to misunderstand each other*
estar orgulloso(a) (de)	*to be proud (of)*
llevarse bien	*to get along well*
llevarse mal	*to not get along*

Personality Characteristics

generoso(a)	*generous*
impaciente	*impatient*
paciente	*patient*
popular	*popular*
sincero(a)	*sincere*
tímido(a)	*shy*

Other Important People

el (la) entrenador(a) de deportes	*coach*
el (la) compañero(a) de equipo	*teammate*

Pets

el pájaro	*bird*
el pez	*fish*

Doing Errands

el banco	*bank*
el consultorio	*doctor's / dentist's office*
el correo	*post office*
irse	*to go; to leave*
quedarse	*to stay*
tener una cita	*to have an appointment*

Repaso: Comparatives

Use the following phrases with an **adjective** to compare *qualities.* Use them with a **noun** to compare *quantites.*

más...que	**menos...que**	**tan...como**
more...than	*less...than*	*as...as*

Tengo **menos *dinero* que** Tania.

*I have **less money** than Tania.*

When a comparison doesn't involve qualities or quantities, use these phrases.

más que...	**menos que...**	**tanto como...**
more than...	*less than...*	*as much as...*

Viajo **tanto como** tú.

*I travel **as much as** you.*

Superlatives

When you want to say that something has the *most* or the *least* of a certain quality, use a definite article with **más** or **menos.**

el (la) más los (las) más	*the most*
el (la) menos los (las) menos	*the least*

When the **noun** is part of the superlative phrase, place it *between* the article and the superlative word.

Nota gramatical: The long forms of possessive adjectives agree in gender and number with the nouns they describe. They either follow the noun for emphasis or are used without a noun as a pronoun.

Juan es un **amigo mío.** *Juan is a friend **of mine.***

Nota gramatical: To compare numbers with más and menos, you use **de** instead of **que.**

Susana tiene **más de** diez peces. *Susana has **more than** ten fish.*

Subjunctive with Impersonal Expressions

When an **Impersonal expressions** gives an opinion that something should happen, the verbs that follow are in the **subjunctive.**

Fact: Mis amigos y yo **estudiamos** para los exámenes.
*My friends and I **study** for the exams.*

Opinion: Es importante que todos **estudiemos** para los exámenes.
*It's important that **we all study** for the exams.*

In the second example, the speaker thinks it is important that everybody study, but is uncertain that everyone will.

Por and Para

Por indicates cause rather than purpose

Para moves you towards the word, or destination, that follows.

Nota gramatical: The subjunctive form of haber is **haya.**

Es importante que **haya** entrevistas con los estudiantes en el periódico escolar.

*It's important that **there be** interviews with students in the school papers.*

¡Avancemos! Unidad 8, Lección 1
VOCABULARIO

The Environment and Conservation

NATURAL RESOURCES	
el árbol	*tree*
el aire puro	*clean air*
el bosque	*forest; woods*
la naturaleza	*nature*
el petróleo	*oil*
los recursos naturales	*natural resources*
la selva	*jungle*
ENVIRONMENTAL ISSUES	
la capa de ozono	*ozone layer*
la contaminación	*contamination; pollution*
dañar	*to damage*
la deforestación	*deforestation*
la destrucción	*destruction*
las especies en peligro de extinción	*endangered species*
los incendios forestales	*forest fires*
el medio ambiente	*environment*
el mundo	*world*
respirar	*to breathe*
el smog	*smog*
RECYCLING	
el basurero	*trash can*
el cartón	*cardboard*
el (la) consumidor(a)	*consumer*
el reciclaje	*recycling*
los vehículos híbridos	*hybrid vehicles*
el vidrio	*glass*

ENVIRONMENTAL RESPONSIBILITIES	
conservar	*to conserve*
proteger	*to protect*
reciclar	*to recycle*
recoger	*to pick up*
la responsabilidad	*responsibility*
responsable	*responsible*

Community Service

el (la) voluntario(a)	*volunteer*
trabajar de voluntario(a)	*to volunteer*

Expressing Truth and Doubt

Es cierto que...	*It is true that . . .*
Es verdad que...	*It is true that . . .*
No es cierto que...	*It is not true that . . .*
No es verdad que...	*It is not true that . . .*

Other Words and Phrases

apenas	*barely*
poco a poco	*little by little*
sumamente	*extremely*

¡Avancemos! Unidad 8, Lección 2
VOCABULARIO

Careers and Professions

el (la) abogado(a)	*lawyer*
el (la) agente de bolsa	*stockbroker*
el (la) arquitecto(a)	*architect*
el (la) artista	*artist*
el (la) bombero(a)	*firefighter*
el (la) carpintero(a)	*carpenter*
el (la) cartero(a)	*postman / postwoman*
el (la) científico(a)	*scientist*
el (la) dentista	*dentist*
el (la) detective	*detective*
el (la) diseñador(a)	*designer*
el (la) doctor(a)	*doctor*
el (la) enfermero(a)	*nurse*
el hombre / la mujer de negocios	*businessman / businesswoman*
el (la) ingeniero(a)	*engineer*
el (la) piloto	*pilot*
el (la) policía	*policeman / policewoman*
el (la) político(a)	*politician*
el (la) profesor(a)	*teacher; professor*
el (la) programador(a)	*programmer*
el (la)veterinario(a)	*veterinarian*

Pastimes

el (la) alpinista	*mountain climber*
escalar montañas	*to climb mountains*
el (la) buceador(a)	*scuba diver*

Talk About the Future

Algún día...	*Some day . . .*
En el futuro...	*In the future . . .*

Discuss Career Choices

ganarse la vida como...	*to earn a living as . . .*
el oficio	*occupation*
la profesión	*profession*
¿Qué profesión te gustaría tener?	*What do you want to be?*

Discuss Scientific Advances

el conocimiento	*knowledge*
la cura	*cure*
descubrir	*to discover*
mejorar	*to improve*
el robot	*robot*

Future Tense of Irregular Verbs

Irregular verbs in the future tense use the same endings as regular verbs, but infinitive stem changes.

Some infinitives lose a letter

saber becomes **sabr-**

Some infinitives change a letter

poner becomes **pondr-**

saber *to know*	**poner** *to know*
sabré	pondré
sabrás	pondrás
sabrá	pondrá
sabremos	pondremos
sabréis	pondréis
sabrán	pondrán

Repaso: Pronouns

Reflexive		Indirect Object		Direct Object	
me	nos	me	nos	me	nos
te	os	te	os	te	os
se	**se**	**le**	**les**	**lo/ la**	**los**

- **Reflexive pronouns** appear with reflexive verbs. Together they refer to the same person, place, or thing as the subject.
- **Indirect object** pronouns answer *to whom?* or *for whom?* about the verb.
- **Direct object** pronouns answer *whom?* or *what?* about the verb.

Nota gramatical: The **impersonal** se can be used with a verb when the subject of a sentence does not refer to any specific person.

Aquí **se** habla español. *Spanish is spoken here.*

Other Impersonal Expressions

Impersonal expressions with **cierto** and **verdad** express certainty in the **affirmative** and take the ***present tense.***

Es cierto que *respiramos* aire puro.

***It's certain that we breathe** clean air.*

Impersonal expressions that imply **doubt** or **disbelief** take the ***subjunctive.***

No es cierto que *respiremos* aire puro.

***It's not true that we breathe** clean air.*

Future Tense of Regular Verbs

Attach **endings** to the infinitive to form the **future tense** of regular verbs.
The endings are the same for **–ar, –er** and **–ir** verbs.

Infinitive		Future Tense Endings	
trabajar		**–é**	**–emos**
recoger	+	**–ás**	**–éis**
escribir		**–á**	**–án**

¿***Recorgerán*** la basura en el parque mañana?

***Will they pick** up trash in the park tomorrow?*

Nota gramatical: To keep the pronunciation of the verb stem the same, the verbs **recoger** and **proteger** change the **g** to **j** before the vowels **o** and **a.**

¿Reco**j**ás basura en las calles? Sí, yo la reco**j**o.